本书为国家社会科学基金"公共卫生应急管理的区域协同机制研究"
（立项号：20BGL265）项目资助成果

聚焦窗口：

构建共同富裕治理共同体

高燕 等著

浙江工商大学 出版社
ZHEJIANG GONGSHANG UNIVERSITY PRESS
·杭州·

图书在版编目(CIP)数据

聚焦窗口：构建共同富裕治理共同体 / 高燕等著.
— 杭州：浙江工商大学出版社，2023.11
ISBN 978-7-5178-5687-0

Ⅰ.①聚… Ⅱ.①高… Ⅲ.①共同富裕－研究－浙江
Ⅳ.①F127.55

中国国家版本馆 CIP 数据核字(2023)第 168503 号

聚焦窗口：
构建共同富裕治理共同体
JUJIAO CHUANGKOU：
GOUJIAN GONGTONG FUYU ZHILI GONGTONGTI

高燕 等著

出 品 人	郑英龙
策划编辑	郑　建
责任编辑	沈明珠
责任校对	夏湘娣
封面设计	朱嘉怡
责任印制	包建辉
出版发行	浙江工商大学出版社
	(杭州市教工路 198 号　邮政编码 310012)
	(E-mail：zjgsupress@163.com)
	(网址：http://www.zjgsupress.com)
	电话：0571－88904980，88831806(传真)
排　版	杭州朝曦图文设计有限公司
印　刷	浙江全能工艺美术印刷有限公司
开　本	710 mm×1000 mm　1/16
印　张	16.5
字　数	243 千
版印次	2023 年 11 月第 1 版　2023 年 11 月第 1 次印刷
书　号	ISBN 978-7-5178-5687-0
定　价	68.00 元

前　言

　　党的十九大提出,要牢牢把握习近平新时代中国特色社会主义思想这一主线。党的十九届五中全会在描绘到 2035 年基本实现社会主义现代化的远景目标中提出"全体人民共同富裕取得更为明显的实质性进展",在改善人民生活品质部分突出强调了"扎实推动共同富裕"。2021 年 1 月 28 日,习近平总书记在十九届中央政治局第二十七次集体学习时再次强调,进入新发展阶段,完整、准确、全面贯彻新发展理念,必须更加注重共同富裕问题。共同富裕是中国共产党自成立时起就孜孜以求的奋斗目标,历经百年,如今仍然在路上。浙江是中国革命红船的启航地,如今又被赋予了高质量发展建设共同富裕示范区的历史使命。回顾百年来中国共产党追求共同富裕的奋斗历程,就是要学史明理,揭示史实背后的原理和逻辑,以指导和镜鉴未来的实践。

一、共同富裕是中国共产党的初心使命

　　共同富裕一直是我们党带领全体人民不懈奋斗的初心使命。习近平总书记指出:"我们党干革命、搞建设、抓改革,都是为了让人民过上幸福生活。"①回顾中国共产党的历史,不管是处于顺境还是逆境,中国共产党始终

---

① 《习近平在山西考察工作时强调 扎扎实实做好改革发展稳定各项工作 为党的十九大胜利召开营造良好环境》,《人民日报》2017 年 6 月 24 日第 1 版。

坚守为中国人民谋幸福、为中华民族谋复兴这一初心使命,义无反顾、矢志不渝向着这个目标前进。中国共产党自诞生之日起就将实现共同富裕作为自己的奋斗目标。为了争取民族独立和国家富强,早期中国共产党人在救亡图存的斗争中产生了共同富裕思想的萌芽。1915 年 9 月,陈独秀在《青年杂志》创刊号上发表的《法兰西人与近世文明》一文中指出:"财产私有制虽不克因之遽废,然各国之执政及富豪,恍然于贫富之度过差,决非社会之福。"1920 年,李大钊在北京大学讲授"社会主义与社会运动"课程时高呼,社会主义"不是使人尽富或皆贫,是使生产、消费、分配适合的发展,人人均能享受平均的供给,得最大的幸福"。中华人民共和国成立之初,毛泽东就提出国家富强的发展目标,指出"这个富,是共同的富,这个强,是共同的强,大家都有份"①。改革开放之后,邓小平认为,共同富裕是社会主义区别于资本主义的最大优越性所在,是衡量改革开放事业成败的重要标准,并将"解放生产力,发展生产力,消灭剥削,消除两极分化,最终达到共同富裕"②作为社会主义的本质。进入新时代以后,习近平总书记指出,共同富裕是中国特色社会主义的根本原则,实现共同富裕是我们党的重要使命。

二、中国共产党追求共同富裕的主要历程

(一)新民主主义革命时期:探索实现共同富裕的最初尝试(1921—1949)

新民主主义革命时期,实施"耕者有其田"的政策,改善农民贫穷状况是中国共产党探索实现共同富裕的最初尝试。农民占全国人口的绝大多数,而且在"三座大山"的重重压迫下处于十分贫困的境地,中国的民主革命必须解决农民问题。1925 年,党的四大肯定了农民是无产阶级的同盟者。1925 年 5 月,全国第二次劳动大会通过的《工农联合的决议案》把引导农民参加民主革命、与农民建立巩固的同盟作为民主革命胜利的保证,因而组织和动员农民投身民主革命变为极其迫切的任务。按照当时的社会发展阶段

---

① 《毛泽东文集》第 6 卷,人民出版社 1999 年版,第 495 页。
② 《邓小平文选》第 3 卷,人民出版社 1993 年版,第 373 页。

和生产力水平,土地是农民最重要甚至是唯一的生产资料,是农民的根本利益所在。1925 年 10 月,中共中央执委会扩大会议提出,要在政治纲领中列入解决农民土地问题。农民分得了土地,自然就具备了实现富裕的基本前提。因此,在新民主主义革命时期,"打土豪、分田地"成为实现农民富裕的主要手段,"耕者有其田"的理想成为争取共同富裕的时代写照。在革命战争年代,中国共产党人始终把救亡图存的政治斗争和以土地革命为重点的经济斗争紧密结合起来,从而开启了中国共产党带领中国人民探索实现共同富裕的第一步。

(二)社会主义革命和建设时期:实现共同富裕的初步探索(1949—1978)

在社会主义革命和建设时期,中国共产党主要通过农业合作化、区域均衡发展等政策,探索实现共同富裕的途径。中国共产党成立后,以毛泽东为主要代表的中国共产党人在社会主义革命和建设中更加注重农民群众的共同富裕。对于土地改革后农村出现的两极分化现象,毛泽东高度警惕,认为农村中的富农所有制和个体农民所有制的发展将导致"农村中向两极分化的现象必然一天一天地严重起来"[①]。1953 年 10 月,在谈到过渡时期的总路线时,毛泽东就提出要发展生产力,使所有农民真正摆脱贫困的境地而日益富裕起来。1953 年 12 月,他又指出,社会主义道路是全体农民富裕和生产迅速发展的光明道路。1955 年 10 月,在《关于农业合作化和资本主义工商业改造的关系问题》的报告中,毛泽东首次提出"要巩固工农联盟,我们就得领导农民走社会主义道路,使农民群众共同富裕起来"[②]。在他看来,互助合作的方式能克服中国农民千百年来力量分散、难抵天灾等弊端,可以使农业快速生产而让农民摆脱贫困,并为工业发展提供充足的粮食保障。到1956 年底"三大改造"完成后,农民土地所有制变成了集体土地所有制。农业合作化和人民公社化则避免了农村中出现两极分化和部分人因失去生产资料而陷入极端贫困,从而造成社会的动荡,是这一时期中国共产党对共同

---

① 《建国以来重要文献选编》第 7 册,中央文献出版社 1993 年版,第 79 页。
② 《建国以来重要文献选编》第 7 册,中央文献出版社 1993 年版,第 308 页。

富裕路径的初步探索。

中华人民共和国成立以来,中国共产党从理论和实践的结合上对统筹区域发展进行了艰辛探索。结合当时的政治经济情况,毛泽东提出了优先发展内地、平衡布局生产力的思想。1956年,毛泽东在《论十大关系》中提出,要正确处理沿海工业和内地工业的关系,使工业布局逐步平衡。在区域均衡发展战略指导下,国家投资建设的重点在内陆地区,进行了156项工程建设和"三线"建设。在此阶段,中西部地区迅速建成了一批工业城市,带动了中西部地区基础工业的发展,使中西部地区的工业结构逐步趋于合理。这对于改变中西部地区的工业布局和推动地区经济社会发展,缩小区域发展差距具有至关重要的作用。

(三)改革开放及新时代:开创中国特色的共同富裕之路(1978年至今)

在改革开放时期,中国共产党确立了共同富裕作为社会主义本质的地位,并找到了实现共同富裕的现实途径,开创了中国特色的共同富裕之路。

1.共同富裕是社会主义的本质要求和根本原则

在领导中国改革开放的伟大实践中,邓小平认真总结了中国在社会主义建设中正、反两方面的经验和教训,明确了社会主义的根本目标就是要实现共同富裕。1990年,邓小平指出:"社会主义最大的优越性就是共同富裕,这是体现社会主义本质的一个东西。"[1]1992年初,邓小平在南方谈话中进一步强调:"社会主义的本质,是解放生产力,发展生产力,消灭剥削,消除两极分化,最终达到共同富裕。"[2]在马克思主义发展史上,邓小平第一次把马克思主义有关共同富裕的思想归纳提升到社会主义本质的高度。

2.实现共同富裕的现实途径是允许和鼓励一部分地区、一部分人先富起来,先富带后富,最终达到共同富裕

早在1978年,邓小平就明确指出:"在经济政策上,我认为要允许一部分地区、一部分企业、一部分工人农民,由于辛勤努力成绩大而收入先多一

---

① 《邓小平文选》第3卷,人民出版社1993年版,第364页。
② 《邓小平文选》第3卷,人民出版社1993年版,第373页。

些,生活先好起来。一部分人生活先好起来,就必然产生极大的示范力量,影响左邻右舍,带动其他地区、其他单位的人们向他们学习。这样,就会使整个国民经济不断地波浪式地向前发展,使全国各族人民都能比较快地富裕起来。"①1986 年,邓小平在视察天津时说:"我的一贯主张是,让一部分人、一部分地区先富起来,大原则是共同富裕。一部分地区发展快一点,带动大部分地区,这是加速发展、达到共同富裕的捷径。"②1992 年初,邓小平在南方谈话中再次强调:"走社会主义道路,就是要逐步实现共同富裕。共同富裕的构想是这样提出的:一部分地区有条件先发展起来,一部分地区发展慢点,先发展起来的地区带动后发展的地区,最终达到共同富裕。"③这就为中国实现共同富裕找到了现实途径。

3.实施西部大开发战略

世纪之交,以江泽民为核心的党的第三代中央领导集体审时度势,提出了西部大开发战略。这一战略是贯彻邓小平"两个大局"的伟大构想,总揽全局、与时俱进所做出的重大决策,是实现我国现代化第三步战略目标的重大举措,是实现共同富裕目标的重要步骤。1999 年 9 月,党的十五届四中全会通过了《中共中央关于国有企业改革和发展若干重大问题的决定》,明确提出国家要"实施西部大开发战略",指出加快西部地区发展,是促进各地区共同繁荣、共同富裕的必然要求。2000 年 3 月,江泽民再次强调实施西部大开发对于促进地区经济协调发展,实现共同繁荣、共同富裕的重大意义。西部大开发有利于逐步缩小地区之间的发展差距,促进各地区共同繁荣、共同富裕。2002 年 11 月,党的十六大提出了全面建设小康社会的奋斗目标,为实现共同富裕指明了新的发展方向。

4.建设社会主义新农村

新世纪、新阶段,以胡锦涛同志为总书记的党中央深刻总结中华人民共和国成立以来,特别是改革开放以来我国农村改革发展的经验,从我国实际

---

① 《邓小平文选》第 2 卷,人民出版社 1994 年版,第 152 页。
② 《邓小平文选》第 3 卷,人民出版社 1993 年版,第 166 页。
③ 《邓小平文选》第 3 卷,人民出版社 1993 年版,第 373—374 页。

情况出发并借鉴国际成功经验,对解决我国"三农"问题进行了全面深入的思考,提出了"建设社会主义新农村"的战略思想。2005年10月,党的十六届五中全会提出了"建设社会主义新农村"这一时代课题,强调建设社会主义新农村是我国现代化进程中的重大历史任务,要按照生产发展、生活富裕、乡风文明、村容整洁、管理民主的要求,扎实稳步地加以推进。2007年10月,党的十七大报告进一步强调要"统筹城乡发展,推进社会主义新农村建设"。2008年10月,党的十七届三中全会通过了《中共中央关于推进农村改革发展若干重大问题的决定》,进一步明确了当前和今后一个时期推进我国农村改革发展的总体思路,提出了一系列建设社会主义新农村的新思路、新举措。建设社会主义新农村,要求我们坚持把"三农"问题作为全党工作的重中之重,统筹城乡发展,大力推进改革创新,加强农村制度建设。

党的十八大以来,以习近平同志为主要代表的中国共产党人继续朝着实现全体人民共同富裕的目标不断迈进。习近平总书记从全局高度对新时代共同富裕问题进行了更加深入的思考,提出精准扶贫、高质量发展和共享发展理念,这是对共同富裕理论和实践的丰富和发展。

精准扶贫是共同富裕的先导措施。到2020年底,现行标准下9899万农村贫困人口全部脱贫,832个贫困县全部摘帽,12.8万个贫困村全部出列,14个集中连片特困地区区域性贫困问题得到解决,消除绝对贫困的艰巨任务完成,标志着中华民族向着共同富裕迈出了一大步,创造了又一个彪炳史册的人间奇迹。

高质量发展是共同富裕的重要基础。过去人们常说,"分好蛋糕的前提是做大蛋糕";在新形势下,我们的任务不仅是将蛋糕"做大",还要"做好""做优"。推进经济高质量发展是适应我国经济发展进入新常态、建设现代化经济体系的主动选择,是保障人民实现共同富裕的必由之路。

共享发展理念是共同富裕的价值体现。共享发展是人人享有、各得其所,而不是少数人的共享,是新时代全体中国人民在经济、政治、文化、社会、生态文明各方面的全面共享。

总的来看,精准扶贫着眼于消除绝对贫困这一基本民生问题,高质量发展解决的是共同富裕的前提和动力问题,共享发展理念解决的是分配结果和价值取向的问题,三者是中国共产党人对共同富裕的创新发展。

三、中国共产党追求共同富裕的经验启示

(一)守牢初心勇担使命,坚定不移地扎实推动共同富裕

扎实推动共同富裕,充分彰显了中国共产党人"为中国人民谋幸福,为中华民族谋复兴"的初心和使命。我们推动经济社会发展,归根结底是要实现全体人民共同富裕。要始终坚持人民主体地位,坚持共同富裕方向,始终做到发展为了人民、发展依靠人民、发展成果由人民共享,把实现好、维护好、发展好最广大人民的根本利益作为发展的出发点和落脚点,尽力而为、量力而行。

(二)推动共同富裕要正确处理效率与公平的关系

效率与公平的有机统一是共同富裕的内在要求。共同富裕不是传统意义上的"均富""共富",而是生产力发展基础上的发展成果共享,不仅涉及"切蛋糕",也关系"做蛋糕",是社会主义发展过程中效率与公平的有机统一。脱离公平片面强调效率,将会走向两极分化;脱离效率片面强调公平则会陷入共同贫穷。任何一种生产方式存在的绝对前提都是公平和效率最低限度的统一。

(三)扎实推动共同富裕,关键是更好地推动高质量发展

发展是解决我国一切问题的基础和关键。当前,我国发展中的矛盾和问题集中体现在发展质量上,这就要求我们必须把发展质量摆在更为突出的位置,着力提升发展质量和效益,坚定不移贯彻新发展理念,以深化供给侧结构性改革为主线,唯此才能使发展成果更好地惠及全体人民。

(四)实现共同富裕是一个历史过程,既要反对两极分化又要反对平均主义

共同富裕不等于同步富裕、同等富裕,在促进共同富裕的过程中,我们必然要经历先富带后富等阶段,逐步走向共同富裕。平均主义是空想社会主义的特征,与科学社会主义的共同富裕是根本不同的。马克思、恩格斯认

为,平均主义的分配将导致社会向懒散发展,导致人们把劳动当作一种沉重的负担加以摆脱,导致懒散的竞赛。因此,社会主义决不能与平均主义相混淆。平均主义致使干多干少一个样、干好干坏一个样,没有体现奖勤罚懒、奖优罚劣的按劳分配原则,不利于社会生产力的发展。平均主义的实质是不干活的人占有干活的人的劳动成果。因此,从无偿占有他人劳动成果的角度看,平均主义也是一种剥削。把平均主义提高到对他人劳动成果无偿占有的高度来认识,这是对平均主义在认识上的重大飞跃。

浙江工商大学的人文薪火百年传承,回望学校110多年办学历程,学校始终坚持正确办学方向,与时代同呼吸,与祖国共命运,先后涌现了爱国民主先驱、中华人民共和国粮食部首任部长章乃器,著名经济学家、国家计委原副主任骆耕漠等一大批杰出校友。作为以人文社科见长的省属重点建设高校,学校在浙江省人民政府、商务部和教育部共建的基础上对标国家战略和发展需求,深入贯彻习近平总书记关于推进共同富裕的重要论述,以全面落实《中共中央、国务院关于支持浙江高质量发展建设共同富裕示范区的意见》和《浙江高质量发展建设共同富裕示范区实施方案(2021—2025年)》,充分发挥哲学社会科学在高质量发展建设共同富裕示范区中的重要作用,以理论创新,守好"红色根脉"、打造"重要窗口"为高质量发展建设共同富裕示范区提供理论支撑和智力支持,以"浙江之答"解"时代之题",不断谱写新时代中国特色社会主义在浙江生动实践的崭新篇章。

本书的第一章到第十章,分别由浙江工商大学任婉婉、商辉、陈小华、张丙宣,黄红华、诸竹君、彭庆鸿、孙豪、张海霞、郭墨寒等老师完成,创作过程得到邱毅、柴斌锋等教授和研究生的积极参与与大力支持,得到郁建兴教授、王永贵教授、苏为华教授、陈衍泰教授的关心指导,在此深表感谢!

目　录

第二部分　实践篇

第一部分

理论篇

1

共同富裕目标下开启社会主义现代化建设新征程

党的十九届五中全会提出,开启全面建设社会主义现代化国家新征程,浙江把握新发展阶段的新要求,着眼于贯彻新发展理念、构建新发展格局,旗帜鲜明地提出"十四五"时期争创社会主义现代化先行省的奋斗目标。高水平推进省域现代化先行,为全国现代化建设探路是"秉持浙江精神,干在实处、走在前列、勇立潮头"的新要求,是打造"重要窗口"的题中之义,也是浙江创造新发展优势、继续发挥先行示范作用的战略需要。

1.1 开启社会主义现代化建设新征程的浙江内涵

建设社会主义现代化国家,实现中华民族伟大复兴,是建设中国特色社会主义伟大事业的基本内容和主要方面,是从第一个五年规划到第十四个五年规划一以贯之的主题,是历届党和国家领导人的不懈追求。随着时代的变迁,中国共产党人与时俱进,不断拓展社会主义现代化建设领域,从最初侧重生产力和物质基础层面发展到"四位一体",再到党的十八大提出的"五位一体",社会主义现代化建设的内涵越来越丰富、越来越全面。在高度评价决胜全面建成小康社会取得决定性成就的基础上,立足新发展阶段,党的十九届五中全会明确提出全面建设社会主义现代化国家,并对到 2035 年基本实现社会主义现代化的远景目标进行了更为详尽、细致的描述,提升了社会主义现代化建设的境界,使中国现代化具有了新时代的新内涵。作为践行中国特色社会主义的模范省,浙江省委十四届八次全会提出了浙江社会主义现代化建设的重大战略目标、"五大历史使命"和"十三项战略抓手",并聚焦"十个先行",打造"四高地两区一家园",以省域现代化先行为全国现代化建设探路,赋予了社会主义现代化建设鲜明的浙江内涵,主要表现为以下几方面。

1.1.1 浙江高水平推进社会主义现代化建设的新征程,是以"八八战略"为根本遵循的新征程

"八八战略"是习近平总书记为浙江量身定做的总纲领,是一个与时俱进、内在统一、包容协调、以人为本的理论体系,构建了中国特色社会主义在浙江实践的"五位一体"总体布局,在省域层面率先回答了"实现什么样的发展""怎样实现发展"等重大问题,是浙江推进社会主义现代化建设最为重要的战略指引。忠实践行"八八战略"、奋力打造"重要窗口",是指引和推动浙江改革发展的"根"和"源"。新时代新阶段,浙江未来发展必须依靠"八八战略"指引,坚定不移打造"重要窗口",从思想溯源、制度成果、实践成果相结合,历史、现实、未来相贯通的角度,不断推进"八八战略"细化深化具体化,彰显"八八战略"理论价值和实践力量,向世界展示习近平新时代中国特色社会主义思想的真理力量,全面展示中国特色社会主义制度的优越性。

1.1.2 浙江高水平推进社会主义现代化建设的新征程,是更加突出以人为核心的现代化的新征程

人是现代化建设的实践主体和价值主体。社会主义现代化是全体人民共建、共治、共享的现代化,是不断满足人民对美好生活需要的过程。人的现代化是影响社会整体现代化的核心关键。物的现代化要围绕人的现代化来进行,要服务和服从于人的现代化。在争创社会主义现代化先行省的新征程中,浙江要以人的现代化为核心全面推进各领域各方面现代化建设,始终把满足人民对美好生活的新期待作为发展的出发点和落脚点,把促进全

体人民共同富裕摆在更加重要的位置。更加突出以人为核心的现代化重点表现为：一要在现代化建设的新形势新任务中坚持人民群众的发展主体地位，推动以人民为发展主体的现代化；二要弘扬人文精神，落实以人为本、以民为本的执政理念，促进人的思想观念和思维方式现代化、能力现代化、行为现代化和社会关系现代化，推动以人的发展为目的的现代化；三要树立以人民为中心的价值取向，把人民的发展程度、人民的素质提升作为检验现代化实践效果、理论成效和成败得失的标准，推动以人民为中心的现代化。

1.1.3 浙江高水平推进社会主义现代化建设的新征程，是一个不断确立引领性、全面性和普遍性的新征程

习近平总书记考察浙江时，赋予了其努力成为新时代全面展示中国特色社会主义制度优越性的重要窗口的新目标新定位，将浙江省域的发展层次和工作要求提升到前所未有的高度，赋予了浙江面向全国、面向世界、面向未来展示中国方案、中国道路、中国智慧的鲜活的浙江实践、浙江素材和浙江样本的新使命。"重要窗口"应当具备时代性、全面性、典型性、内源性。高水平推进现代化浙江建设，就是重点突出"秉持浙江精神，干在实处、走在前列、勇立潮头"的实践要求，争当示范，强化"最多跑一次"改革、数字经济、生态经济、"千万工程"、基层社会治理等改革发展特色亮点品牌，尽快补齐科技创新、高等教育和人才支撑等短板，率先解决发展不平衡、不充分等问题，高质量建设共同富裕示范区。在经济建设、政治建设、文化建设、社会建设、生态文明建设以及党的建设等各个领域树立标杆，在破解普遍性发展难题新题上勇当开路先锋，加快取得更多实质性、系统性、突破性成果，形成更健全的省域现代化体系，为中国特色社会主义现代化贡献浙江经验。

1.2 高水平推进社会主义现代化建设的现实基础

"十三五"期间，在"八八战略"的科学指引下，浙江实现了从经济大省到经济强省、从对内对外开放向深度融入全球、从总体小康向高水平全面小康

的"三个跃变",新发展成就为开启高水平全面建设社会主义现代化新征程
奠定了坚实基础。[①]

1.2.1 经济发展成效显著,全面小康走在前列

"十三五"期间,浙江省 GDP 体量从 4 万亿级扩增至 6 万亿级。2020 年
浙江 GDP 达到 64613 亿元,位列广东、江苏、山东之后,稳居全国第 4 位。浙
江人均 GDP 突破 10 万元,高于世界银行 2020 年划定的高收入经济体标准。
经济高质量发展特征不断显现,浙江财政总收入由 2015 年的 8549 亿元增
至 2020 年的 12421 亿元;一般公共预算收入规模居全国第 3 位。2020 年全
省居民人均可支配收入稳居全国 31 个省(区、市)第 3 位、省(区)第 1 位。根
据国家统计局 2019 年修订的《全面建成小康社会统计监测指标体系》,按
"国标"(对接全国"十三五"规划统一设定的目标值)测算,浙江全面建成小
康社会实现度由 2015 年的 85.8%提升至 2019 年的 98.7%,居全国前列。

1.2.2 经济结构不断优化,产业转型强力推进

从需求结构看,消费对经济增长的拉动率为 55.1%,经济发展后劲充
足。从产业结构看,服务业,尤其是金融业、信息传输等知识密集型和高技
术服务业发展迅速,第三产业占比上升,第一、二产业占比下降,形成"三、
二、一"的现代化产业格局。全面实施乡村振兴战略,推动农业现代化、生态
化发展。至 2019 年末,累计创建省级现代农业园区 59 个、特色农业强镇
113 个,建成单条产值 10 亿元以上的示范性农业全产业链 80 条。大力打造
"制造强省",工业结构迈向中高端,规模以上工业中,高技术、装备制造产业
增加值占比提升,八大高耗能产业占比下降。品牌企业和实施"浙江制造"
标准企业销售占比超过 30%,标准强省、质量强省、品牌强省成为经济发展
新趋势。"三新"经济蓬勃发展,"三新"经济增加值占 GDP 比重由 2015 年
的 21.6%提升至 2020 年的 27.0%,年均增速达 13.2%,高于 GDP 现价增

---

① 注:本部分数据均来自国家统计局网站(http://www.stats.gov.cn/)及浙江省统计
局网站(http://tjj.zj.gov.cn/)。

速 6.7 个百分点。实施数字经济"一号工程",数字技术与各产业融合加快,数字经济核心产业增加值年均增长 15.8%,占 GDP 比重提升至 10.9%,成为推动经济高质量发展的重要驱动力。

1.2.3 实施科技人才新政,创新型省份初步建成

"十三五"期间,浙江扎实实施科技新政、人才新政,全省研发经费支出占生产总值比重从 2.3% 提高到 2.8%,研究与开发人员由 36.5 万人年增至 56 万人年,科技进步贡献率由 57.3% 升至 65%,发明专利授权量增至 5.0 万件,高新技术企业增至 22158 家,高新技术产业增加值占规上工业比重高达 59.6%,创新型省份建设走在全国前列。加快形成"互联网+"、生命健康、新材料三大科创高地。之江实验室、西湖实验室、杭州城西科创大走廊等成为有全国影响力的创新策源地。实施"尖峰、尖兵、领雁、领航"计划,形成 73 项自主可控进口替代成果;实施"鲲鹏行动",新引进培育领军型创新创业团队 35 个。累计建成 5G 基站 6.26 万个,大型数据中心 20 个,工业互联网平台体系初步建成,积极推进企业上云。积极推进产业基础再造和产业链提升工程,新培育认定首台(套)产品 263 项;雄鹰行动、凤凰行动、雏鹰行动深入实施,新增单项冠军企业 33 家、上市公司 86 家,入围世界 500 强企业 5 家。省级特色小镇集聚大批创业创新人才。2020 年末,101 个创建小镇和 42 个命名小镇共入驻企业 9 万余家,吸纳就业 150 万人。

1.2.4 区域统筹协调发展,协调发展持续优化

浙江脱贫攻坚走在前列,低收入农户同步迈向高水平全面小康,城乡收入倍差由 2015 年的 2.07 降至 2019 年的 2.01,11 个地级市中最高与最低市倍差由 1.75 降至 1.67,是区域差距最小的省份之一。浙江率先落实长三角一体化发展国家战略,高质量促进长江经济带协同发展,持续推进省域开放与合作。以新型城镇化为抓手,大力实施"四大建设",不断完善由长三角区域中心城市、省域中心城市、县(市)域中心城市、重点镇和一般镇构成的五级城镇体系。2019 年浙江城镇化率为 70.0%,居全国各省(区)第 3 位。城镇环境综合整治效果显著。2020 年,城市生活垃圾无害化和分类处理率均

达100％,城市用水普及率100％,城市燃气普及率99.1％。全省11个地级
市全部跻身全国文明城市行列。大力推进城乡基础设施建设,水、陆、空立
体交通网络四通八达,更趋完善。建立了覆盖城乡、技术先进的通信基础网
络,实现了全部行政村通邮、通电话,光纤网络建制村全覆盖。能源供给不
断智能化、清洁化,"多气源、一环网"的天然气网络初步形成。持续推进"千
万工程",美丽乡村建设走在前列。至2020年底,累计建成美丽乡村示范县
45个、示范乡镇500个、特色精品村1500个,新时代美丽乡村达标村11290
个,农村人居环境整治评测全国第1,美丽乡村创建先进县(市、区)数量居全
国第1。

1.2.5 生态文明建设持续深化,生态大省地位稳固

浙江践行"绿水青山就是金山银山"理念,扎实推进美丽浙江建设,成为
全国首个生态省。至2022年底,累计建成国家生态文明建设示范区42个,
国家"绿水青山就是金山银山"实践创新基地12个、省级生态文明建设示范
市8个、省级生态文明建设示范县(市、区)81个,数量在全国均属前列。加
快建成资源节约型社会,万元GDP能耗和万元GDP用水量分别累计下降
14.2％和33.7％。大力推进治水、治气、治土、治废、治城、治乡,全力打好污
染防治攻坚战。森林覆盖率上升至61.15％(含灌木林),居全国第3。环境
质量持续改善,县级以上城市空气质量6项指标首次全部达标。2020年设
区市空气质量优良天数比例高达88.6％。省控断面Ⅲ类以上水质比例升至
91.4％,连续3年无劣Ⅴ类水质断面。城镇垃圾分类覆盖面达到91.5％。
受污染耕地安全利用面积138.4万亩,新增年危险废物利用处置能力144
万吨,生态系统保护力度加大,山水林田湖海生态保护修复工程加快实施,
完成造林57万亩,发布全国首个省级生态系统生产总值核算技术规范。

1.2.6 深度融入全球经济,对外开放能级增强

作为改革开放先行地的浙江,对标建设"重要窗口"新目标新定位,形成
了全方位、多层次、宽领域的对外开放新格局,对外贸易持续增长。2020年
进出口总额为4879亿美元,相比于2015年增长了40.69％。"一带一路"重

要枢纽建设取得阶段性成效,对"一带一路"沿线国家进出口 11576 亿元,占全省进出口的 34.2%。大力推进数字丝绸之路、杭州数字丝绸之路核心区建设,使移动支付、城市大脑等走向"一带一路"沿线国家,形成"引进来"和"走出去"双向互动格局,"十三五"时期累计利用外资 656 亿美元。全球浙商积极开拓海外市场。至 2020 年,国外经济合作营业额累计 355 亿美元,境外直接投资备案额累计 679 亿美元。对外开放载体建设成效显著,建成了以中国(浙江)自由贸易试验区为龙头的高能级开放平台体系,打造了中国—中东欧国家博览会、世界互联网大会、世界浙商大会、浙江省推进"一带一路"建设大会等若干张"金名片"。充分发挥通道优势,初步形成"两核一带两辐射"格局,"四港联动"取得实质性进展,国际物流枢纽地位全面提升。"义新欧"班列开行 1399 列,增长 165%。宁波舟山国际枢纽港年货物吞吐量连续 11 年蝉联世界首位,成为全球首个"11 亿吨"大港。

1.2.7 社会事业全面进步,富民惠民安民走在前列

浙江认真贯彻科教兴省、人才强省战略,教育事业进入崭新阶段。2020年,普惠性幼儿园覆盖率达到 88.8%,学前 3 年到高中段 15 年教育普及率在 99% 以上,高等教育毛入学率上升至 62.4%。推进文化浙江建设,文化软实力不断提升。2020 年文化及相关特色产业增加值为 4900 亿元,占GDP 的 7.6% 左右。县级文化馆和图书馆、乡镇文化站和行政村文化活动室等文化设施基本实现城乡全覆盖。文化遗产保护不断加强,全省世界遗产增至 4 处,中国重要农业文化遗产增至 12 个,总量位居全国第 1。文艺创作活跃,出版规模和出版物品种居全国前列。体育事业蓬勃发展,2020 年,城乡居民国民体质合格率增至 93.5%。卫生服务体系逐步完善,人民健康水平不断提高,平均预期寿命提高到 79.2 岁,相当于中高收入国家水平。公共卫生突发事件应急能力提升,面对新冠疫情,防范举措有力,为全国提供了浙江方案。社会保障覆盖面不断扩大。基本养老保险和医疗保险参保率分别达98.4% 和 99.8%。最低生活保障标准年均增长 8.9%,最低工资标准提升至2010 元,低收入群体获得感稳步提升。

1.2.8　数字改革不断突破，省域治理加快推进

浙江坚持治理社会化、法治化、智能化、专业化"四化"同步，形成了浙江特色的社会治理现代化模式。"最多跑一次"改革和政府数字化转型牵引各领域改革取得重大突破，"互联网＋监管"平台、公共信用平台、"雪亮工程"、金融风险防控"天罗地网"系统、网络安全风险监测平台等数字治理系统得到广泛应用，法治浙江、文化浙江、平安浙江建设全面深化，清廉浙江建设成效明显，省域治理现代化加快推进。2020年，"浙里办"用户数超过5500万，"浙政钉"用户数达141万，初步建成"掌上办事之省""掌上办公之省"。法治和公共安全体系逐渐完善，行政复议机构和行政争议调解中心率先实现省、市、县三级全覆盖。全省创建了4237个"智安小区"，2371个小区实现零发案。平安建设不断深化，县级社会矛盾纠纷调处化解中心实现县（市、区）全覆盖，全省信访量下降28.5％；各类生产安全发生事故起数和死亡人数已连续17年"双下降"。群众安全感满意率提升至97.25％，连续17年居全国前列。

1.3　高水平推进社会主义现代化建设的机遇挑战

当前和今后一个时期，浙江省发展环境将面临深刻复杂的变化。一方面，当今世界正经历百年未有之大变局，新一轮科技革命和产业革命深入发展，国际环境日趋复杂，国际经济政治格局复杂多变，不稳定性、不确定性明显增加；另一方面，我国已转向高质量发展阶段，经济长期向好，但发展不平衡不充分问题仍然突出，关键领域核心环节仍存在短板，社会主要矛盾呈现出新特征。在此背景下，浙江开启社会主义现代化建设要深刻认识错综复杂的国际环境带来的新矛盾、新挑战和新发展阶段的新特征、新要求，准确把握新机遇与新挑战，增强"窗口"意识，在危机中育先机、于变局中开新局。

1.3.1 浙江推进高水平社会主义现代化建设的五重机遇

第一,"重要窗口"的目标定位为浙江省现代化建设带来了新机遇。"重要窗口"的新目标新定位,实际上是要求浙江努力成为新时代中国特色社会主义的展示之窗和实践范例,这是浙江必须扛起的历史责任,更是前所未有的历史机遇。忠实践行"八八战略"、奋力打造"重要窗口"是浙江独有的优势和资源,是总旗帜、金名片,有助于推动浙江在社会主义现代化建设的新征程中争当示范、探路破题、全面展示。

第二,数字经济新优势为浙江省高水平现代化建设注入了新活力。数字革命是世界百年未有之大变局的关键变量,其核心要义是运用数字化技术、思维及认知对生产、生活和治理方式进行全方位系统性重塑。"四张清单一张网"改革、"最多跑一次"改革、政府数字化转型等重大改革接续推出,为浙江积累了强大的数字经济先发优势。"数字浙江"已上升为"八八战略"重要内容。加快构建"1+5+2"工作体系,搭建"四梁八柱",将进一步为浙江省实现高质量发展、高效能治理和高品质生活注入新活力。

第三,构建新发展格局为浙江高水平现代化建设带来了新空间,是着眼于"两个大局"的重大战略部署。新发展格局成为"十四五"规划时期乃至更长时期的主导格局,必将引导全面建设社会主义现代化国家第一个阶段的发展方向,为浙江全面深化改革、高质量发展、开拓新发展境界指明方向、提供遵循、创造发展空间。

第四,国家战略叠加红利为浙江高水平现代化建设提供了新动能。"一带一路"、长江经济带、长三角一体化发展等国家战略红利在浙江密集叠加,日益成为推动浙江经济社会持续发展的重要引擎。国家战略叠加产生的理念红利、载体红利、改革红利、开放红利、创新红利及人才红利,为浙江经济转型升级、增创发展新优势、全面提升发展质量和效益、构建开放型经济新体制、提升国际竞争力、增强抗风险能力、破解突出矛盾和问题创造了有利条件。

第五,扎实推进共同富裕为浙江高水平现代化建设带来了新契机。共同富裕是社会主义的本质要求,也是社会主义现代化建设的根本奋斗目标,是中国式现代化的重要特征与标志。作为全国首个高质量发展建设共同富裕示范区,浙江需坚持以人民为中心的发展思想,科学确定"路线图"、制定"任务书"、绘好"时间表",明确主攻方向和着力点。在此过程中,聚焦突出问题和明显短板、回应人民群众诉求和期盼,如率先解决发展不平衡不充分等问题,必将有助于推进社会主义现代化建设。

1.3.2　浙江推进高水平社会主义现代化建设的四大挑战

第一,经济高质量发展的产业基础尚不牢靠。浙江是制造业大省,但制造业"大而不强"、产业能级不高、产业链供应链协作配套体系不完善等问题依然突出。相比广东、山东等地,浙江制造业缺乏龙头企业,没有出现规模与水平能够比肩华为、海尔等的世界级企业。从结构来看,战略性新兴产业支撑力不足,传统产业改造升级有待加强。浙江省累计创建国家级两化融合管理体系贯标试点企业数量占规上企业数量的比例明显低于广东、江苏等省,企业云服务的种类和创新服务能力也有待提高。工控安全保障体系亟待完善,工业大数据作为企业核心资源面临严峻的安全风险。从产业链来看,浙江产业基础薄弱,产业链自主可控能力有待提高。高端半导体材料、芯片设计工具、芯片制造装备、汽车电子、高端纺织装备、高档基础原材料和基础件等核心部件对外依存度较大,仿真软件、开源软件、核磁共振成像设备基本被发达国家供应商垄断,接口标准和互联网分发渠道多依赖大型跨国公司。

第二,科技创新支撑高质量发展动力不足。关键核心技术上的创新突破是高质量发展的关键。浙江制造业总体仍处于价值链中低端,一些关键核心技术、共性技术尚未取得突破,一些关键零部件仍依赖进口,多数企业难以开展长周期、大规模、高层次的研发活动,技术"卡脖子"问题亟待破解。2020年,浙江省开展自主创新活动的规上工业企业不足 2/3,企业户均利润相当于广东、江苏的 3/5。每家企业单个研发项目的平均经费水平、研发人员、有效发明专利数等均低于广东、江苏。浙江省基础研究经费占比基本稳定在 2%—3% 之间,明显落后于美国(18%)、日本(12%)、广东(4% 以上)、全国平均水平(5.6%)。目前,浙江宁波有 1 家国家石墨烯创新中心,为国家制造业创新中心。

第三，治理体系及治理能力面临新挑战。世界经济低迷和全球化逆流加大了开放型经济发展的风险，金融、网络、供应链、安全生产等领域还存在风险隐患，一些领域的监管还存在薄弱环节，人口老龄化、社会转型和公共卫生等突发事件频发对政府治理能力提出了更高要求。未来，把经济发展、民主法治、社会治理、文化发展、生态建设和党的建设等领域作为数字化转型的主战场，推动数字化转型从政府治理领域向省域治理各领域延伸覆盖，从支撑政府治理现代化向全方位支撑省域治理现代化迭代升级，成为浙江发展的重要方向。

第四，发展的不平衡不充分问题仍然突出。一方面，发展不平衡问题亟待改善。浙西南山区发展相对不足、都市区和中心城市能级偏弱、美丽乡村建设惠及面不够广、城乡社会保障差距较明显、文化产品供给质量不高、环境承载力不足等问题依然存在，个别领域道德失范、个体诚信缺失等现象时有发生，距离城乡和区域一体化发展、绿色生态发展、高品质生活仍有一定差距。另一方面，发展不充分问题仍需关注。如，市场在资源配置中发挥决定性作用还面临一些体制机制约束，监管体系、产品质量、食品安全、知识产权保护等方面的制度缺口明显，行政性垄断、所有制歧视等不公平竞争时有发生，资本投资效率逐年降低，有效供给严重不足，生态环保、民生保障、社会治理、安全生产、防灾减灾等领域仍存在短板弱项。

1.4 高水平推进社会主义现代化建设的对策建议

1.4.1 构建以省规划纲要为统领的统一规划体系

现代化发展的国际经验表明，制定和实施系统、协调发展战略，妥善处理社会矛盾和利益，有助于现代化顺利推进。社会主义现代化也应当有明确的目标和前瞻性的战略规划加以引导。浙江省在高水平推进社会主义现代化建设的进程中，要以省"十四五"规划纲要为统领，以专项规划、区域规划为支撑,以国土空间规划为基础,构建省、市、县各级规划共同组成的"三级四类"规划统一体系。在此基础上,强化政策协同,坚持项目与要素跟着规划走,向"四个重大"倾斜的原则。要完善规划实施机制,深化细化重点任务,加强年度计划与长期目标衔接,做好长短期政策协调,健全规划年度监测、中期评估、总结评估、动态调整和修订、监督考核等实施机制。要创新规划宣传和实施监督,强化以人为核心,持续问计于民、问需于民,让人民成为规划实施的监督者与阅卷人。

1.4.2 加强全面小康与社会主义现代化的有机衔接

全面建设小康社会与社会主义现代化在进程上紧密衔接,在各项事业上全面对接,但二者之间存在着本质差异。社会主义现代化建设是对全面建设小康社会成果的继续巩固和不断超越,是从量变到质变的飞跃。与全面建设小康社会"扬长避短"式发展不同,社会主义现代化建设在进一步提升经济发展水平和发展质量的同时,要兼顾经济、政治、社会、文化、生态的协调发展,满足人民群众对美好生活的向往,推动全体人民共同富裕取得实质性进展。因此,社会主义现代化建设需要做好与全面建设小康社会的实践对接与政策对接,突出浙江特色,强调因地制宜,从制度、产业、区域、社会、生态等多方面进行结构优化和动力转换,促进均衡发展和可持续发展。

1.4.3 实施分类施策与协调推进相结合的发展路径

立足浙江现有优势和潜在优势分类实施相关政策,正确处理继承和创新、市场和政府、开放和自主、发展和安全的关系,统筹推进经济建设、政治建设、文化建设、社会建设、生态文明建设总体布局,争创社会主义现代化先行省。在政府治理现代化等强优势领域,要实施超常规引领工程,强化领先优势,努力在更高水平、更深层次、更广领域推进现代化建设,打造浙江标杆和浙江样本。在开放领域,实施合作共赢工程,采取高质量外资"引进来"、高水平浙商"走出去",世界电子贸易平台(eWTP)全球化布局等手段,主动化解贸易摩擦、单边主义、保护主义、产业空心化挑战,培育国际竞争和合作新优势。针对科技创新、高等教育、人才支撑、生态、文化等短板领域,强化精准发力,实施提标追赶工程和攻坚工程,努力把浙江建设成为创新强省,高等教育强省,生态文明、文化发展先行省,美丽中国先行示范省。

1.4.4 充分发挥科学指标体系的引导检测预测作用

构建社会主义现代化发展评价指标体系,不仅要遵循可比性、科学性、可行性、全面性的原则,还要立足新发展阶段、贯彻新发展理念、构建新发展格局,突出体现以人为核心的本质要求,准确、系统刻画浙江社会主义现代化建设的深刻内涵。社会主义现代化指标体系,不仅要全面反映经济、政治、文化、生态、社会等发展的综合情况,还要为经济发展现代化、民主法治现代化、文化发展现代化、社会发展现代化、生态文明现代化和人的现代化科学设置相应二级指标。现代化评价体系,既要体现全面建成小康社会的最终成果,也要反映现代化建设的初步成效。并且在监测、反馈的基础上,及时做好现代化指标体系的动态完善。

2

构建新发展格局赋能共同富裕

2020 年 8 月 24 日,习近平总书记在经济社会领域专家座谈会上指出,要深刻认识错综复杂的国际环境带来的新矛盾新挑战,增强机遇意识和风险意识,准确识变、科学应变、主动求变,勇于开顶风船,善于转危为机,努力实现更高质量、更有效率、更加公平、更可持续、更为安全的发展。面对国内国际两个大局,安全和发展两件大事,中央适时提出推动形成以国内大循环为主体、国内国际双循环相互促进的新发展格局。"勇于开顶风船",率先打造国内大循环的战略节点和国内国际双循环的战略枢纽,形成构建新发展格局的浙江方案,是践行"八八战略"、打造"重要窗口"的成果体现,是争创社会主义现代化先行省的重要实践,是实现"五大历史使命"的关键支撑。

2.1 准确把握构建新发展格局的时代背景及内涵

立足全球视野,透视"国内国际双循环"战略背后的深层逻辑及历史必然,是浙江开好顶风船、探索构建新发展格局有效路径的重要前提。

当前,世界正在面临百年未有之大变局,受新冠疫情全球大流行与复杂国际形势影响,贸易保护主义日益盛行,全球产业链供应链受到严重冲击,全球化进行深刻调整,风险和不确定性骤增,"东升西降"趋势越发明显,但

"西强东弱"的态势依然存在。同时,改革开放以来我国的经济发展取得了巨大成就,2020 年全面建成小康社会取得了决定性成就,但仍存在一些深层次问题和挑战,尤其是发展的不平衡不充分问题仍然突出。在复杂的国内国际形势下,中央适时提出推动形成以国内大循环为主体、国内国际双循环相互促进的新发展格局。新发展格局是以习近平同志为核心的党中央根据我国发展阶段、环境、条件变化做出的战略决策,是事关全局的系统性、深层次变革。

国内国际两个大局、安全和发展两件大事,是新发展格局提出的底层逻辑。该战略的提出是在全球百年未有之大变局的重要关口,是解决中国经济自身发展不平衡问题的需要,更契合国内经济高质量发展的要求。构建新发展格局是影响未来我国经济发展模式的重要战略举措。对新发展格局内涵的准确剖析需要把握以下三点:第一,"以国内大循环为主体"意味着未来我国经济的发展需要更多依赖自主的力量。在经济增长驱动力上更多依靠内需,在生产要素实现上更多依赖要素改革和自主科技创新。对国内循环的理解需超越扩大内需或供求匹配的逻辑,从整个经济动态循环系统中去理解内循环运行机制,并尝试厘清加强创新、产业升级、数字经济等供给侧结构性改革与统一市场、扩大内需的内在逻辑,以填充国内大循环运转框架。第二,以国内大循环为主体并不意味着闭关锁国。相反,我国需要打造更高层次的开放型经济体系,用更高水平的开放解决开放中遇到的问题,立足自身发展参与国际循环,将国际循环作为国内大循环的有益补充。第三,国内国际双循环能否实现良性互动是构建新发展格局的关键。在全球化步入调整的窗口期,需认清全球化所遭遇的深层阻碍,在新的层面衔接国内经济与全球分工体系,构建双循环良性互动桥梁。

2.2 清晰标注构建新发展格局中的浙江坐标方位

"踩准点,更有效。"着眼于"两个大局"和"两件大事",浙江要走在前列、勇立潮头,展现探索构建新发展格局有效路径的新担当,首要之处在于辨明自身发展的"形"与"势",厘清浙江在新发展阶段所面临的新机遇新挑战。

2.2.1 共同富裕与新发展格局

当前,促进共同富裕已经进入了实质性推进阶段。2020 年我国完成了全面建成小康社会的重大目标,共同富裕是全面建成小康社会之后的一种更高级的社会形态。国家"十四五"规划和 2035 年远景目标纲要提出,支持浙江高质量发展建设共同富裕示范区,这意味着浙江将要在更高质量、更具竞争力和更加现代化的道路上先行先试,以重大理论创新、实践创新、制度创新和文化创新等成果为全国提供推动共同富裕的省域范本。在建设共同富裕示范区和打造国内大循环的战略节点、国内国际双循环的战略枢纽的双重目标下,我们有必要厘清推进共同富裕与构建新发展格局的内在逻辑关系:从理论逻辑上,畅通国内大循环需要打通生产关系中的生产、分配、流通和消费四个环节,而推进共同富裕与分配有直接关联,分配会对消费产生影响,消费又会进一步影响生产;从实践路径上,国内大循环需坚持扩大内需这个战略基点,而共同富裕是一场以改革创新为根本动力,以缩小地区差距、城乡差距、收入差距为主攻方向的社会变革,实现共同富裕、居民收入水平的上升将有利于挖掘内需潜力。可见,推进共同富裕是畅通循环、构建新发展格局的重要助力。同时,构建新发展格局的核心在于实现高水平的自立自强,安全和发展两件大事缺一不可,实现共同富裕是实现高水平自立自强、构建新发展格局的坚实后盾。

2.2.2 新机遇与新挑战

国内需求加速释放期。近年来,新产业新业态新模式不断涌现,在展现强大的抗风险韧性的同时,也在加速释放社会需求。国家统计局数据显示,2021 年 1—7 月,全国规模以上工业增加值同比增长 14.4%,社会消费品零售总额同比增长 20.7%,全国固定资产投资(不含农户)同比增长 10.3%。浙江要充分发挥消费对经济发展的基础作用,构建"增数量、提质量、调结构、转理念"四位一体的消费型经济;高度重视投资的支撑作用,打造具备"补短板、调结构、增后劲、惠民生"四大功能的有效投资体系。

补链、稳链、强链、畅链机遇期。构建新发展格局最本质的特征是实现高水平的自立自强,科技创新是实现经济结构转型升级和高质量经济发展的关键。打好关键技术核心攻坚战、填补国内产业链空白,对于未来经济发展布局有着牵一发而动全身的重要意义,随着国家对创新驱动战略实施的不断深入,瞄准重点领域整合力量,深入分析和研究关键领域"卡脖子"技术、补齐产业链创新链中的短板势必带来产业发展升级机遇。此外,新一轮科技革命具有智能化、分散化、高速化和生态化的特征。以"互联网＋""智能＋"为代表的数字经济蓬勃发展,正在驱动人类进入数字化、网络化、智能化和万物互联时代。数字赋能产业升级必将对产业结构和形态、社会生产生活方式等带来重大影响。

长三角区域经济一体化发展期。区域经济发展为浙江发展建设提供了难得的机遇与平台。《长江三角洲区域一体化发展规划纲要》已明确"一极三区一高地"战略定位,使长三角成为全国经济发展强劲活跃的增长极、全国经济高质量发展的样板区、率先基本实现现代化的引领区、区域一体化发展的示范区、新时代改革开放的新高地。浙江可以借助长三角一体化的辐射效应和溢出效应,优化资源配置,推动省内以及浙江与长三角一体化区域的经济联动与循环发展,发挥国内国际双循环的节点作用。

自贸试验区高质量发展机遇期。自贸试验区是为国家全面深化改革和进一步扩大开放探索新路径、积累新经验的综合性试验平台,是改革的掘进机、开放的破冰船。双循环引导自贸试验区发展的方向,为新时期自贸试验区的发展提供了系统化的、最新的强大动力。2020 年 9 月 21 日,国务院发布了浙江自由贸易试验区扩展区域方案,浙江自贸试验区将在原先位于舟山的约 120 平方千米的基础上,再增加宁波片区、杭州片区、金义片区。浙江自贸试验区率先扩区,是党中央、国务院对浙江自贸试验区开放创新成果的高度肯定,对浙江省实现创新驱动下的高质量发展,奋力打造"重要窗口"和争创社会主义现代化先行省,具有极其重要的意义。在百年未有之大变局的复杂背景下,加快建设高质量自贸区,是推动更深层次改革、更高水平开放的必然要求,是打造我国融入世界经济前沿地带的实际行动,是构建新发展格局的强大动力。

浙江省经济发展具有良好的发展和基础,但是对照构建新发展格局的
要求,浙江省经济高质量发展还存在一些短板,仍有扩大开放和深化改革的
空间。

科技创新和科技攻坚能力还不够强。重点领域、关键环节改革任务仍
然艰巨,科技创新支撑高质量发展的动能不够强劲。浙江省"十三五"时期
研发投入迅猛增加,但是市场需求对企业增加研发投入的牵引作用较小,工
业企业平均研发投入仍低于广东、江苏等国内发达地区,战略性新兴产业增
加值占 GDP 比重较低。农业科技创新驱动力仍然不足,农业生产率与发达
国家以及国内江苏省相比仍有发展的潜力和空间。

现代流通体系对新发展格局的支撑力有待提高。浙江省作为国内商贸
流通的大省,流通效率优势不突出。2019 年浙江社会物流总费用占 GDP 比
重为 14.33%,比全国平均水平仅低了 0.37 个百分点,优势不明显。此外,
流通基础设施存在薄弱环节,许多出口企业反映"一柜难求",成为阻碍出口
的重要因素。

省内外多层次良性联动格局尚未形成。浙江自贸试验区扩区方案落地
不久,由于各片区的功能定位、作用定位及产业定位均有不同的侧重,在差
异化定位下各片区之间的协调程度还不够高,省内自贸试验区与其他区域,
以及省内外尚未形成相互协作的统一开放体系。具体而言,省内外在制度
对接、产业协同、平台共建等方面需要进一步加强,提升跨区域、跨领域的多
层次协同性,推进统一开放体系下的大平台、大产业、大通道和大环境的建
设和发展。

2.3　深化改革加快打通大循环

聚焦于筑牢高质量之基、激活竞争力之源、走好现代化之路,畅通高端
要素循环,打通大循环。

2.3.1 筑牢高质量之基

构建科技创新专业服务平台。推动建立"募资＋投融资＋孵化＋行业咨询"的科技创新专业服务平台,培育一批高质量、高成长性的科技项目落地发展。探索"企业—政府—高校—金融机构"一体化科技创新模式。创新核心在企业,争取实现"6个多数"的创新格局,即多数的创新企业是本土企业,多数的研发人员在企业,多数的研发投入来源于企业,多数的专利产生于企业,多数的研发机构建在企业,以及多数的重大科技项目由龙头企业承担。政府要通过"财税支持＋创新环境塑造"模式,促进研发创新企业落地浙江。通过政府采购等方式支持刚刚步入市场的新技术和新产品,积极引导和鼓励各类天使投资、风险投资等与众创空间相结合,完善投融资模式。"人才培养＋技术输出"模式下的高校是科技创新的重要支撑点,探索研发合作、战略合作、技术转让、成果孵化、共建研发机构等多种产学研合作模式,提高科技成果产品转化率。发挥金融机构的"资金支持＋成果转化"作用,为科技创新型企业发展提供丰富的金融资源和多层次的退出渠道。同时,加强科技创新在农业发展中的重要驱动作用,通过推进关键技术的联合攻关、改革农业创新平台、建设农业产学研联盟等方式,提升农业生产效率。

推动高端要素资源共享和联动发展先行区。第一,推动开放平台联动。统筹自贸试验区、跨境电商综试区、综合保税区、国际贸易综合改革试验区,杭州数字经济发展赋能牵引宁波和金义的新型国际贸易中心建设,探索数字贸易新业态,打造全球数字贸易中心和全球数字贸易博览会。加快eWTP全球布局,推进自贸试验区与eWTP海外数字贸易枢纽衔接。搭建完备的跨境贸易支付结算服务平台,发展针对大宗商品、小商品和跨境电商的多元化支付清算服务,支持舟山构建国际能源贸易交易和结算中心、杭州和金义打造跨境支付结算中心。第二,强化数字物流联动。以数字物流为支撑,整合国内外物流专线服务商和物流基础设施供应商,搭建自贸试验区综合性物流服务中心。搭建数字监管平台,从海陆空运输、口岸服务、分拨转运、保税仓储、快递配送等环节,实时记录并追踪货物运输轨迹,沉淀运输交易数据。建立信息共享机制,为营销商、采购商等客户提供一站式、可视化的国际数字物流服务,基于实时和沉淀的交易数据规划货物运输最优路径,打造成本最低、效率最高的国际物流体系。第三,深化特色产业联动。推动舟山和宁波的油气产业链协同发展,共建国际油气资源配置基地。融合产学研创新基地与国际产业合作园区建设,依托甬江科创大走廊,建设化工新材料、电子信息材料和高性能磁性材料等全球协同研发中心,培育万亿级绿色石化和新材料等先进制造业集群;依托杭州城西科创大走廊,推进智能技术的开发与应用,服务杭州、宁波和金义的智能制造创新示范区建设。超前布局人工智能、智能复合材料、海洋新材料等新兴产业。

2.3.2　激活竞争力之源

培育现代特色产业体系市场主体。大力发展总部经济,着力吸引总部企业落户,重点引进世界 500 强企业、中国 500 强企业、跨国公司、行业领军企业、隐形冠军企业以及大型央企等总部企业,以及区域性总部、功能性总部落户浙江。建立龙头企业服务机制,建立面向产业龙头企业的专项数据库,各级政府完善落实跟踪服务机制。针对计算芯片、高性能材料、人工智能、生物制药等产业链核心领域,培育领域广泛、动能强劲、特色鲜明的行业"隐形冠军"群落;搭建隐形冠军国际化交流平台,深入开展"浙江制造"全球推广活动。同时,提升智能制造关键技术能力,推动关键共性技术攻关取得突破,实现制造业软硬件更加高端智能。实施新兴技术赋能制造行动,整合新一代工业革命技术成果,加快关键技术赋能制造业等现代特色产业。充分发挥"1＋N"工业互联网平台作用,吸纳智能制造行业龙头企业,建设若干工业互联网公共服务平台,实现区域集群内部上下游企业互联互通、高效协同。

推动多层次创新协同和产业融合。立足科技创新圈、技术产能转化创新圈、中试与生产创新圈"三圈一体"的科技创新走廊,坚持"智能制造"与"创新科技"双轮驱动的总体产业发展路径,提升生产性服务业与新兴制造业比重,降低传统制造业与一般制造业比重。完善产业链和创新链协同升级机制,促进政府与企业之间、企业与产业之间、产业与产学研之间各类产业创新要素的动态组合、协同发力,力争形成一条明晰的"协同研发—产品化—融资—制造—销售"产业链条。完善创新单元的协同与串联机制,以创新为主轴,串联各创新单元,完善并强化多心同创机制,建设引领型产业创新策源地,提高原始创新能力。

2.3.3　走好现代化之路

推动数字经济全面赋能。第一,构建全球数字贸易中心。依托浙江省国家数字经济创新发展试验区建设的"5752"体系,融合跨境电商综试区、eWTP海外数字贸易枢纽优势,从市场拓展、金融服务、物流配套和产业布局等方面完善跨境电商生态系统,培育万亿级跨境电商产业。创办全球数字贸易博览会等国际展会平台,推动数字贸易园区在宁波和金华落地,构建数字贸易特色集群。创新发展数字服务贸易,推动数字与实体服务领域深度融合,以高端服务、创新服务为主发展新业态。第二,培育数据要素市场。加快数据标准制定、数据采集产业发展;设立大数据交易所,推动数据确权,探索除可信第三方定价以外的自由定价、协议定价、拍卖式定价和捆绑式定价等可行定价规则;加强数据安全保护,探索数据造假控制机制、信用证明机制和数据保密机制。成立专门的数字贸易规则研发小组,探索数据确权、数据交互、数据安全等数字贸易规则,积极申报国家支持,成为数字贸易规则试验田。第三,完善数字化治理体系。推进依法治理,加快数字经济立法进程,提高立法层级。强化技术治理,加快推进数字共享、流程再造和业务协同,实现现代信息技术赋能监管治理,推进线上线下、技术管理相结合的治理模式。实现多元共治,构建省市县一体、四片区联动、各部门协同的高效治理体系。

提升产业基础能力和产业链现代化水平。构建安全可控、富有韧性、以内为主、占据世界经济关键环节的经济体系,是构建新发展格局的关键。完善现代特色产业体系创新生态,强化创新生态新型关键节点、打造创新生态新型合作模式、优化创新生态整体运行效能。扶持重点行业龙头企业,培育行业隐形冠军企业,推动大、中、小型企业协同发展。实施产业集群培育升级行动,大力培育绿色石化、现代纺织、新材料、汽车及关键零部件等万亿级世界先进制造业集群,支持智能装备、数字安防、网络通信、智能家居、生物医药、新能源及新能源装备、集成电路、智能计算等千亿级产业链式提升，打造一批百亿级"新星"产业群。打造高能级产业平台，建设万亩千亿新产业平台，打造制造业特色小镇升级版，优化小微园区发展空间。建设未来产业试验特区，加强试验特区制度创新，形成试验特区产业承载，加快试验特区场景测试。推动制造业智能化转型，推动服务业制造业深度融合以及制造业绿色发展。

2.4　发展高层次开放畅通双循环

2.4.1　发展更高层次开放型经济

浙江不断提升国际贸易规则话语权，打造国际商业变革枢纽。顺应新兴国际贸易、跨境电商、数字贸易等发展趋势，加快 eWTP 试点建设，率先制定数字贸易国际规则，率先推动对标《区域全面经济伙伴关系协定》(RCEP)的数字经贸规则。探索全球数字经济新规则新模式，探索数字贸易新型监管模式。深化外部自贸网络合作机制，打造改革探索领跑地。着力稳外贸稳外资，大力发展外贸新业态新模式，积极拓展多元化外贸市场；同时，优化营商环境，实现"政府端、企业端和平台端"三端协同改革，构建"亲清"新型政商关系。积极扩大进口，创建国家进口贸易促进创新示范区。积极培育本土跨国公司，发展高能级总部经济，推进与境外产业园的合作，强化合作机制。率先建设多元平衡、安全高效的产业链体系，促进产业链、供应链和价值链在 RCEP 等高等贸易网络内的区域融合。加强海外风险的预警研判，健全风险防范体系建设。

2.4.2　高质量打造浙江自贸试验区2.0版

2020年浙江自贸试验区赋权、扩区先后落地，建设内容全面拓展，开放水平和辐射能级大大提升。第一，升级油气全产业链，打造油气全产业链全球资源配置基地。围绕油气资源打造"油气＋"等融合性新产业、新业态和新模式。强化油气产业下游的快速航修、海事检验、船员服务等国际海事服务业态,提升油气全产业链信息共享能力。发挥舟山和宁波优势互补性,有效协同两地油气等大宗商品资源优势,形成强强联合的新格局。第二,构建能源和粮食等大宗商品全球资源配置基地。聚焦能源和粮食安全,油气全产业链建设内容更加丰富,从单纯油品拓展至天然气、铁矿石、粮食以及其他大宗农产品,先行先试大宗商品政府储备和企业储备相结合的政策保障体系,更好地发挥企业储备在保障粮食安全方面的作用。助力内外联动发展,构建双循环新发展格局战略平台。第三,推动区内新型国际贸易联动发展。有效发挥跨境电商、小商品贸易、大宗商品贸易平台叠加效应。探索新型进口贸易、新型易货贸易等新模式。创新数字化综合监管制度,进一步优化贸易便利化措施。第四,推动区内国际航运物流联动发展。促进"海港、陆港、空港、信息港"四港联动发展,加强杭州、宁波临空经济示范区协同发展,推动宁波舟山港与义乌港双核港口一体化和口岸监管无缝对接,打造全球航运物流的重要枢纽。第五,推动区内先进制造业联动发展。加强新材料、生命健康、智能制造、工业互联网等新兴产业联动创新,共建关键零部件国际国内双回路供应政策体系,实现区域产业集群上下游紧密协同,产业链供应链国际合作优势互补。

2.4.3　建立面向全球的贸易服务平台

浙江携手阿里巴巴集团推动实体贸易链数字化,基于跨境电商外综服平台、eWTP示范园、跨境电商学院、跨境电商法庭、跨境供应链金融平台,构建全国首个新型跨境电商全生态体系。鼓励境内外跨境电商企业在重点国家或地区建立国际转口配送基地,整合海外仓等全球供应链服务体系,将其作为连接国内大市场和国际市场的重要支点和跳板。完善跨境人民币结算、数字一体化监管服务平台等。打造全球数字贸易博览会,建设"数字丝绸之路",加快建设杭州国家数字服务出口基地。通过构建以"数字＋"为先导的服务贸易产业体系,大力发展数字服务贸易,打造线上线下联动、数据与实体联动的"数字＋"服务贸易新业态。

2.4.4　打造高水平跨国合作开放平台,加快构建跨境产业链

浙江鼓励开展国际产能合作,落实"一带一路"及 RCEP 的国际产能合作规划,建立重点产业合作项目储备库,支持国内外企业以中国和"一带一路"沿线国家及 RCEP 成员国为主要市场,布局产业链重要环节,打造内联外合、承上接下的区域性国际制造业基地。加快构建跨境物流、数字经济和生物医药等跨境产业链。创新推进跨境劳务合作。规范外籍劳务人员试点工作,建立健全跨境劳务进出便利化制度,实行"一表在线申请",实现健康证、用工证、停留证"一窗发放",积极推动浙江省内务工的外来人员可办理有效期较长的停留证件。加强与"一带一路"沿线国家、RCEP 成员国的劳务合作,推动双方同步完善劳务招募、派遣、接收和管理等机制,支持符合条件的合法中介机构规范务工人员管理。应用大数据等现代信息技术,建立跨境劳务多部门联合监管平台,严格防控跨境劳务合作风险。

3

优化政府治理能力赋能共同富裕

2019 年，浙江省委十四届六次全会提出要坚持以"八八战略"为统领推进省域治理现代化，重点健全党的领导制度体系、现代法治体系、高质量发展制度体系、社会治理体系、基层治理体系和治理能力保障体系。如今，省域治理"四梁八柱"制度体系基本成形后，如何加快从"事"到"制"和"治"的转变，用制度固化优势并转化为治理效能？显然，这是关系浙江省域治理现代化的重大议题。

3.1　加快从"事"到"制"和"治"的转变

"事"是指政府治理中的具体公共事务，涉及经济调节、公共服务、社会治理、市场监管、生态环境保护等职能领域各项改革创新。而制度的"制"就是演化中的制度规则，尤其是把改革创新带来的优势形成制度，"制"本质上是一些人为设计的用于形塑人们互动关系的约束。而"治"就是制度的实施，即通过系列制度去引领具体实践，实现高质量治理的"治"。

从逻辑而言，"事""制"和"治"之间是内在统一的，从"事"到"制"和"治"的转变是一种递进关系。这种关系可以从两方面得到体现。一方面，是"事"与"制"的关系。制度的形成与创新不是在真空中进行的，而是依赖于对人类公共事务的实践探索。例如,浙江治理现代化的探索为制度创新和变迁提供了良好的环境,浙江政府遵循"八八战略",面向经济社会发展的重大需求,在现实世界中发现问题、分析问题、解决问题,在这一过程中不断寻求改革办法、破解利益固化难题,最终将改革成果固化为有效的制度体系,从而形成"事"与"制"的良性互动。另一方面,是"制"与"治"的关系。公共治理的实施过程是一个理念、技术、组织和制度互动的动态过程。制度的稳定性和科学性为治理实践的展开提供了可预期和规范性边界,进而提高公共治理的有效性;而丰富的公共治理实践有助于产生各种具体规则,形成治理共识,进而生成新的制度共识并转化为制度优势。① 可见,"制"和"治"之间是相互转化、有机联系的。

从"事"到"制"和"治"的转变,不仅在逻辑上是一种递进关系,而且是新时代浙江高质量发展的客观要求和现实需要。这主要体现在以下三个方面。

3.1.1 浙江忠实践行"八八战略"、奋力打造"重要窗口"的必然选择

围绕忠实践行"八八战略"、奋力打造"重要窗口",浙江省委提出了"十三项战略抓手",这些战略抓手具有牵引性、创新性、突破性等鲜明特征,是浙江改革发展的任务书和路线图。为了抓紧抓实"十三项战略抓手",需要加快从"事"到"制"和"治"的转变,建立健全高质量的工作落实机制,保持优良传统和巩固已有制度,创新指标化、项目化、闭环化、协同化工作体系。

3.1.2 浙江"争创社会主义现代化先行省"的内在要求

围绕争创社会主义现代化先行省目标,浙江省委提出涵盖经济、政治、文化、社会、生态文明和党的建设等十个先行领域,争创社会主义现代化先行省的"四高地两区一家园",即努力打造经济高质量发展高地、三大科创高地、改革开放新高地、新时代文化高地、美丽中国先行示范区、省域现代治理先行示范区、人民幸福美好家园。要实现这些目标,迫切要求大胆创设能够

---

① 参见汪锦军:《以制度优势提升治理效能》,《浙江日报》2020 年 10 月 12 日第 7 版。

更好地实现制度与治理效能有机统一的新载体,探索构建高质量发展、高品质生活、高效能治理的现代化途径,助力争创社会主义现代化先行省。

3.1.3 浙江高质量发展建设共同富裕示范区的重要保证

2021—2025 年,浙江发展的一个主要目标是率先破解发展不平衡不充分问题,推动共同富裕,建成共同富裕示范区。为此,需要加强"制"和"治"的建设,把已经稳定成熟的治理形式制度化,使制度成为有效提升治理效能和共同富裕的保障。坚持城乡融合、陆海统筹、山海互济,着重推进山区 26 个县跨越式高质量发展,努力推动山区同步迈向现代化和共同富裕。同时,强化民生发展导向的公共政策,全面提升人民群众的获得感、幸福感和安全感,走出促进浙江全省人民共同富裕的道路。

3.2 固化制度优势并转化为治理效能的机理与途径

诸多社会科学研究成果发现,制度与治理效能之间存在因果关系,良好的制度有助于提升治理效能,而不合理的制度则会妨碍治理效能。例如,经济史学者诺斯认为,"制度在社会中具有更为基础性的作用,它们是决定长期经济绩效的根本因素"。诺斯通过对欧洲近代经济史上英国和西班牙两个国家实例的对比分析,发现在欧洲近代历史上英国是一个成功的例子。在英国,相对价格的变化曾诱发了政治经济体系的演进,导致了一系列法律制度和自由民主政治的生成,进而解决了财政危机,并使其在第一次工业革命和近代西方世界兴起中成为领头羊。西班牙则是另一个相反的例子。尽管西班牙的初始条件相较于英国更为优越,但是其内部相对价格的变化所带来的却是无法解决的财政危机、破产和资产充公,财产保护制度没有建立。最后所导致的历史结果是,西班牙经济相对停滞了长达三个多世纪。[①]

---

① North, D.: *Institutions, Institutional Change and Economic Performance*, Cambridge University Press,1990.

诺斯进一步发现:"在前者(指英国和后来的美国),一种促进非个人化交换的制度框架演化和生成了,而非个人化交换是政治稳定以及获取现代技术的潜在经济收益所必需的。在后者(指西班牙和拉美国家),人情关系依然是许多政治与经济交换的关键。产生这种人情关系的制度框架在演化中既不能带来政治的稳定,也不能使现代技术的潜力得到持续的发挥。"①

以诺斯为代表的新制度主义学派认为关于制度与治理效能之间因果关系的观点颇具启发性,但这个理论观点用于具体国家时,需要防止进入一个误区,即有的人认为只要建立了制度,就自然能够实现有效治理。事实上,现实并非如此简单。从历史的角度来看,制度体系与治理有效性的关联,需要考虑不同的条件和因素。就一个国家而言,制度体系要想巩固优势并转为有效治理,除了制度体系本身必须稳定和有效运行外,还要有一个能保障公民权利和规范权力行为的法治基础,一种能代表民众利益的民主治理体制和方式,一种能充分释放生产力的市场经济模式,一个负责任的、能实现自主治理的现代社会。

因此,应全面理解和正确处理制度体系与治理效能之间的关系,倡导基于国别情境实现制度体系与治理效能的有机统一。正如习近平总书记指出的:必须适应国家现代化总进程,提高党科学执政、民主执政、依法执政水平,提高国家机构履职能力,提高人民群众依法管理国家事务、经济社会文化事务、自身事务的能力,实现党、国家、社会各项事务治理制度化、规范化、程序化,不断提高运用中国特色社会主义制度有效治理国家的能力。习近平总书记的讲话,为我们进一步解放思想、优化制度环境、创新制度要素、改进治理方式提供了重要指引。从现实来看,追求制度体系与治理效能的有机统一,将制度优势固化并转化为治理效能,需要不断创新和改善以下几大治理方式和途径。

3.2.1　依法治理

善用法治思维和法治方式治国理政,把法治理念、法治精神、法治原则

---

① 韦森:《再评诺斯的制度变迁理论》,《经济学(季刊)》2009 年第 2 期,第 743—768 页。

和法治方法贯穿到政治、经济、社会、文化、生态等治理实践中,形成办事依法、遇事找法、解决问题用法、化解矛盾靠法的良好法治习惯。[①] 加快打造党建引领的法治环境,坚持依宪执政、依法执政、依规治党,建设守信践诺政府,加强高质量法律制度供给;加快以数字化牵引法治建设,推进立法工作全流程网络化智能化,深化"互联网＋监管"应用,实现公检法机关数字化协同办案,健全以"基层治理四平台"为核心的基层治理数字化平台;加快推进综合行政执法改革,实现政府监管全覆盖,形成全闭环行政执法体系,提升全方位执法能力;加快构建规范高效的司法监督体系,深化司法体制综合配套改革,全面落实司法责任制,深入推进司法公开;加快推进社会治理法治化,提升普法守法工作的针对性和实效性,加快建成普惠均等、便捷高效、智能精准的现代公共法律服务体系。

3.2.2 民主治理

民主治理是制度转化为治理效能过程中具有显著优势的治理方式。社会主义民主政治建设要求我们开展民主治理探索,进一步创新和完善党内民主制度、人民代表大会制度、多党合作制度、协商民主制度、民族区域自治制度和基层民主制度,充分发挥现有的民主制度的作用。[②] 民主治理是在党的领导下,面对人民群众生活中存在的问题和矛盾,通过人大代表、政协委员、社会公众等的参与,讨论公共事务中问题的性质,找到解决矛盾和问题的政策方案,然后达成广泛共识,最终制定公共政策并对政策予以执行和落实。例如,民生实事是浙江民主治理的典型案例,2004 年以来,浙江省政府每年开展"十方面民生实事",推动民生公共服务供给,经过十多年的实践,逐渐形成了由民意反映机制、民主决策机制、任务落实机制、财政投入机制、督查考评机制等构成的制度体系,体现了以民主促进民生发展的治理模式。

---

① 张文显:《法治与国家治理现代化》,《中国法学》2014 年第 4 期,第 5—27 页。
② 余逊达:《余逊达:有质量的民主能提升治理绩效》,《红旗文稿》2014 年第 14 期,第 40—41 页。

3.2.3　智慧治理

近年来,浙江积极推进政府数字化转型,打造"整体智治、唯实惟先"的现代政府。浙江省委提出数字化改革,在数字技术的驱动下,智慧治理模式逐渐成形,智治成为一种与法治、德治、自治并重的治理模式。所谓智慧治理,是指通过数字技术带动组织、程序、价值观念的转变,结合智慧与治理的要素,生成解决公共问题的新方案。智慧治理包括如下机制:一是信息收集机制。通过传感器、手机软件、摄像头等工具收集治理对象的信息,并将信息以数据方式量化呈现。二是算法机制。将复杂的公共管理事务进行归纳、分类和比对,使得公共事务的模糊性转化为清晰的事实,同时将其转化为数字化指标,从而形成可视化的分析结果。三是精细化管理机制。管理精细化是数字治理的重要特征。通过网格划分、个体追踪等技术,治理单元逐渐从群体组织转向自然个体,捕捉自然人的异质性与偏好,实现精准化治理。四是智能处置机制。公共管理者在智能处置的辅助下,实现发现问题、分析问题和处理问题的智能化过程,提升了问题处置的速度。智慧治理通过数字技术使得政务服务智能化、决策执行智能化、社会治理智能化,实现了对制度向治理现代化转化过程的技术赋能。①

改革开放以来,浙江市场经济发展比较活跃,公共治理创新活动层出不穷,在全国都具有较大影响力。浙江良好的创新环境使得制度优势固化并转化为治理效能的案例非常丰富。浙江省将"制"转化为"治"颇具代表性的是抗击新冠疫情案例。自 2020 年新冠疫情发生以来,浙江省委、省政府基于实时情况评判,当机立断,发挥国家制度和国家治理体系的根本性作用,首创推出"一图一码一指数",形成了一套精密型智慧管控体系,动员社会各界力量积极参与疫情防控,统筹推进疫情防控与复工复产,最终取得了抗疫的战略性成果,保障了广大人民的生命安全,赢得了人民群众的充分信任。浙江取得抗疫斗争的关键性胜利,充分表明党的领导优势、组织优势、密切

---

①　陈小华、潘宇航:《数字政府:演进阶段、整体形态与治理意蕴》,《观察与思考》2021年第 1 期,第 97—106 页。

联系群众的优势,可以通过法治、民主和技术的方式把这些制度优势转化为
治理效能。

3.3　数字化改革是制度固化优势并转化为治理效能的关键

　　为了立足新发展阶段、贯彻新发展理念、构建新发展格局,按照习近平
总书记在浙江工作期间做出的"数字浙江"建设部署,浙江省委、省政府提出
要加快数字化改革。数字化改革是政府数字化转型的升级和拓展,是浙江
立足新发展阶段的重大发展战略,是浙江经济社会发展的新征程。首先,从
数字化改革的内涵来看,其是从技术理性向制度理性的新跨越,是提升省域
治理体系和治理能力现代化;其次,从数字化改革的领域来看,其涉及全方
位、全过程、全领域的改革实践,撬动经济社会全方位数字化转型;最后,从
数字化改革的价值来看,其树立数字思维、培养数字能力、形成数字方法、构
建数字治理体系、提升数字智慧等,为全球数字化变革提供浙江经验和中国
智慧。①

　　数字化改革是制度固化优势并转化为治理效能的关键。那么,该如何理
解这个重大命题呢? 学者鲍德温"三级约束"(Three Cascading Constraints)的
洞见为之提供了很好的思路。鲍德温认为,人类交往活动是有成本的并受成
本约束,这些成本主要有交通运输成本、思想交流成本和人本身流动的成
本。在人类历史发展的进程中,尤其是在 19 世纪 20 年代以前,由于三种成
本都极高,人们基本生活在自给自足的小共同体内,除了少数贵族,大多数
人的生产和消费都被捆绑在同一地点。例如,19 世纪之前的英国普通民众
很难享用到印度和中国的茶叶。之后,由于技术革命和制度创新,三种成本
的约束条件渐次放松,产生了"三次松绑"。第一次松绑发生于 19 世纪 20
年代之后,由于蒸汽机、蒸汽船以及铁路的技术创新,交通运输成本大大降
低,出现了生产和消费的第一次松绑(First Unbundling),但思想交流成本

---

① 袁家军:《改革突破争先　建设数字浙江》,《人民日报》2021 年 3 月 17 日第 7 版。

和人本身流动的成本仍然很高,电报和固定电话的发明尚且不能把思想交流成本真正降下来。因此,生产和消费的第一次松绑导致了"大分流"(The Great Divergence)的全球化,即工业生产集中在少数西方发达国家,从而使其拉开了与其他欠发达国家的差距。第二次松绑发生于20世纪90年代之后,信息通信技术(ICT)革命带来的移动电话和互联网,大大降低了思想交流成本。信息技术的发展遵循摩尔定律,即计算能力呈现指数增长,芯片的性能每18个月就会翻倍。而吉尔德定律则表明,带宽的增长速度要比运算能力的增长快3倍,即每6个月就会翻倍。梅特卡夫定律进一步指出,一个局域网对用户的效用和用户数量的平方成正比。由于第二种约束条件(思想交流成本)被信息与通信技术所放松,全球范围的生产协调成为可能,生产和消费的第二次松绑(Second Unbundling)带来了"大合流"(The Great Convergence)的新型全球化,即发达国家纷纷把制造业转移到劳动力成本更低的发展中国家,形成了全球价值链(如苹果手机主要在中国苏州等地组装),从而缩小了发达国家与其他欠发达国家的工业化水平与收入差距。

为什么"第二次松绑"时期的全球制造业转移主要集中在新兴工业化国家呢?鲍德温认为,信息通信技术革命虽然大大降低了思想交流成本,但还是未能放松第三种约束,即人本身流动的成本。一般性的跨国生产协调可以通过手机和电邮来解决,但重大决策和关键技术协调还是需要面对面的沟通。飞机飞行时间的约束、管理者和工程师的海外费用,导致跨国公司采用"小范围、高密度"的选址方式,这就是生产和消费的第二次松绑只使得少数发展中国家在"全球价值链"中快速工业化的原因。鲍德温认为,如今第四次工业革命的到来,使得降低人本身流动成本的技术出现,第三次松绑已经初见端倪。"遥控机器人"(Telerobotics)、"远端现身"(Telepresence)等数字技术将实现劳动者和劳动服务在地点上的分离,当中国工程师可以通过"遥控机器人"修理非洲国家进口的中国设备时,"大合流"的全球化就可以惠及所有国家。[①]

---

① 理查德·鲍德温:《大合流:信息技术和新全球化》,格致出版社、上海人民出版社2020年版,第4—6页。

可见,鲍德温从大历史的角度为我们解决了数字化改革的作用问题。显然,浙江数字化改革是与鲍德温所阐释的历史大趋势相吻合的。进一步而言,鲍德温的理论也为如下问题提供了洞见:数字化改革将制度优势转化为治理效能的机制是什么? 详言之,数字化改革通过构建数字政务服务平台,推动组织流程变革,规范政府权力行为,增强政府信息公开,加强政民互动,进而提高精准治理能力。科斯①、威廉姆森②等学者早已发现,交易成本是影响治理效能和市场交易的关键变量。浙江的案例表明,数字化改革实践创造的激励机制、信任机制、效率机制和创新机制,可以有效克服多重委托代理、信息不对称、合约不完备等造成的交易成本难题,破解治理瓶颈和治理困局,显著降低公共治理中的服务可及成本、内部协调成本、腐败监督成本和制度执行成本,进而提高公共服务、政府效率、腐败控制、法治水平、经济发展等治理效能。

虽然数字化改革的优势明显、价值巨大,但通过数字化改革将制度固化为优势并转化为治理效能并非轻而易举,因而也不可能一蹴而就,而是一个长期的螺旋式迭代过程。故而,今后落实数字化改革,完善省域治理"四梁八柱"制度,对传统理念、制度、体系和手段进行系统性重塑,提升省域治理体系和治理能力现代化水平,需要注意以下几个问题。

3.3.1 价值引领

数字技术对经济社会发展的积极作用已被充分认知,并在政府公共政策中得到有力保证。然而,需要警醒的是不能忽视数字技术对政府治理、经济增长和社会发展的潜在风险,应做好数字化改革带来的不确定性风险应对工作。最重要的是在理念层面。数字化改革应摒弃技术决定论的思维,坚持以人民为中心的理念,将公平、透明、正义、法治、民主的价值注入数字化改革领域,提倡科学人文主义,形成数字治理与人文主义的良性互动,提升数字文明程度,促进数字化改革不断向善,为人民群众创造更多、更好的

---

① Coase, R. H: *The Nature of the Firm*, *Economica*, 1937, 4(16):386—405.

② Williamson, O. E: *The Economic Institutions of Capitalism*, Free Press, 1985.

公共价值。同时,不断完善科技伦理规则,强化商业伦理规则,加快建设以正为本、向上向善的数字社会伦理框架,确保不损害社会公共利益。

3.3.2 整体智治

浙江数字化改革的鲜明特色是整体智治,即"党政机关整体智治、数字政府、数字经济、数字社会、数字法治"等五位一体,促进各领域流程再造、规则重构、制度创新,从根本上实现全省域整体智治、高效协同。未来要以数字化改革为牵引,撬动重点领域深化改革,推动数字经济与制造业高质量融合发展,提升开放创新平台能级,推动各个领域相互协同、互为促进,整体推进数字化转型,高水平打造全球数字变革策源地。同时,以技术创新驱动深层次系统性制度重塑,推动管理流程和治理规则的重构,从整体上推动省域经济社会发展和治理能力的重大变革,实现技术与制度之间的协同增效。总之,要加快促进全面数字化转型,推动各领域全方位的流程再造、规则重构、功能塑造、生态构建,创造全新的生产方式、生活方式和治理方式。

3.3.3 搞好结合

搞好结合就是要把数字化改革与高质量发展建设共同富裕示范区联系起来,完善以数字赋能为支撑的共同富裕体制机制。通过优化数字生产关系,激发未来社会生产发展活力,推动以缩小区域差距、城乡差距、收入差距为标志的社会变革。坚持以人的全面发展和社会的全面进步为核心,推进教育、卫健、社保、体育、文化等公共服务数字化,打造数字化场景下的社会保障协同治理和社会政策精准实施机制,加快形成区域一体化新格局、城乡新格局和以中等收入群体为主体的橄榄型社会结构。最终,构建引领发展、面向未来、充分彰显中国特色社会主义制度优越性的数字文明,助推高质量发展建设共同富裕示范区。

3.3.4 方案落实

数字化改革需要政策方案予以推进,关于数字化改革,浙江省委全面深化改革委员会制定了《浙江省数字化改革总体方案》。根据这个方案,未来一段时间的重点任务是加快构建"1＋5＋2"工作体系,搭建好数字化改革"四梁八柱"。"1"是指一体化智能化公共数据平台;"5"即五个综合应用,分别是党政机关整体智治综合应用、数字政府综合应用、数字经济综合应用、数字社会综合应用和数字法治综合应用,包含"产业大脑＋未来工厂""城市大脑＋未来社区"等核心业务场景;"2"是指数字化改革的理论体系和制度规范体系。例如,推进党政机关整体智治综合应用,关键是以党建为引领,加强数字赋能多元化社会治理,推进基层治理、法治建设、群团组织等领域数字化转型。总之,通过落实方案,建成协同创新的开放平台、政府治理的智慧平台、产业发展的赋能平台、美好生活的服务平台,完善公民、企业等以用户为中心的数字应用体系,形成共建、共治、共享的数字治理体系。

3.3.5　影响评估

数字化改革的影响评估包括事先评估和事后评估两方面。一方面,事先引入数字影响评估制度。美国、英国、加拿大等发达国家都通过明确立法,要求对公共事务领域采用算法技术开展算法影响评估,使得算法影响评估制度作为算法问责制的核心支柱。因此,未来的数字化改革应对人工智能与算法等数字技术开展系统评估和伦理检视,评估内容包括算法的技术架构、算法的社会影响、权利救济渠道、算法透明等。[1] 另一方面,完善事后数字改革绩效评估。数字化改革的效果评估,有助于决策科学化、资源分配合理化。对此,可以建立健全数字政策绩效、数字化改革项目绩效的评估体系,引入第三方评价方式,独立客观评价数字化改革过程中的成效及存在的问题,进而有针对性地予以纠偏或改进,高质量地推进数字化改革实践。

---

[1]　张欣:《算法行政的架构原理、本质特征与法治化路径》,《经贸法律评论》2021年第1期,第21—35页。

4

完善政策驱动效果赋能共同富裕

2021 年 5 月中共中央、国务院正式公布的《关于支持浙江高质量发展建设共同富裕示范区的意见》和中共浙江省委十四届九次全会通过的《浙江高质量发展建设共同富裕示范区实施方案（2021—2025 年）》，提出探索建设共同富裕美好社会，推动理论创新、实践创新、制度创新、文化创新，为引领数字时代正在进行的深刻社会变革提供了系统性方案。

4.1　共同富裕是引领社会变革、打造美好生活的内在要求

当今世界正在经历一场深刻的社会变革。这场变革由持续的去工业化引起，由信息通信技术革命进一步强化，使得即使复杂的生产过程也可以在很远的距离外得到协调，使得身处一个国家的工人可以为另一个国家提供服务，推动劳动者与服务地点的进一步分离，这严重冲击了大部分制造业，造成产业结构、社会结构、收入结构、国际分工等发生深刻变化。当今世界并不太平，这根源于 20 世纪 80 年代以来西方国家制造业向中国等发展中国家转移，以及由此带来的失业问题。当前，浙江正面临类似的问题。制造业转移带来的社会问题与数字经济带来的冲击，是浙江实现高质量发展需要解决的难题，同时也给浙江发展带来了重大历史机遇。

党的十九大报告指出,中国特色社会主义进入新时代,我国社会主要矛盾已经转化为人民日益增长的美好生活需要和不平衡不充分的发展之间的矛盾。从根本上来讲,浙江共同富裕示范区建设是探索破除我国社会主要矛盾的有效路径。浙江率先探索建设共同富裕美好社会,既是中央对浙江长期发展结果的充分肯定,又是浙江与时俱进深化践行"八八战略",解决浙江经济社会发展带有的根本性、前瞻性、长远性问题,为新发展阶段浙江的高质量发展、竞争力提升和现代化先行注入强劲动力。

4.2 共同富裕的政策变迁

实现全体人民共同富裕是一个长期的历史过程,需要通过不断解放发展生产力,人们才能最终达到共同富裕。中国共产党始终坚持走共同富裕道路,并在实践中不断探索、发展和完善。由于不同时期的社会生产力和生产关系不同,为此,各个发展阶段的对象、内容、途径及其过程都大不相同。从"吃大锅饭"到"先富带动后富"再到"共享发展成果",共同富裕不论是在理论层面还是在实践层面都发生了新的变化,比过去层次更高、范围更广、内涵更深。

自中华人民共和国成立以来,特别是改革开放以来,在几代中央领导集体的不断探索和追寻下,共同富裕的思想内涵、精神实质以及根本要求都发生了深刻变化。从毛泽东到邓小平,再到习近平,中国共产党始终朝着共同富裕的目标稳步前行。毛泽东时期对共同富裕的探索,主要源自马克思主义共同富裕理论,并在《中共中央关于发展农业生产合作社的决议》中首次提出。这一时期"共同富裕"主要强调社会财富的均等化分配,意味着同步富裕、同等富裕。若干年后,邓小平结合改革开放实践,打破了"平均主义"的藩篱,对共同富裕的内涵重新界定,创新地提出社会主义市场经济条件下的共同富裕并非同步富裕、同等富裕,共同富裕的实现是存在先后顺序的。只有一部分人和地区先富起来,影响并带动整个国民经济,才能更快实现共同富裕。

随着中国特色社会主义进入新时代,共同富裕的内涵得到进一步丰富与发展。党的十八大以来,以习近平同志为核心的党中央在充分吸收前几代领导集体共同富裕思想的基础上,立足当前我国的具体实际,始终坚持人民至上的价值理念,强调把促进全体人民共同富裕摆在更加重要的位置。一方面,由于我国社会主要矛盾发生了变化,人民群众对共同富裕的要求也发生了转变,不仅限于物质方面需求的满足,更重要的是对精神层次的追求;另一方面,"人类命运共同体"理念的提出,赋予"共同富裕"新的意蕴,比过去层次更高、范围更广、内涵更深。新时代对共同富裕的内涵有了全新的解读,并提出精准扶贫、乡村振兴、新发展理念等新理论。

面对城乡二元结构、贫富差距扩大、区域经济发展不均衡等问题,应采取多维举措,从根源上解决发展不平衡不充分的问题。首先,以收入分配制度为保障,实施转移支付,防止贫富差距的进一步扩大。其次,以乡村振兴战略为主体,切实提高乡村发展水平,从源头破解城乡二元结构问题。最后,以区域协调发展战略为核心,灵活运用"看得见的手",发挥好资源外溢效应,彻底缩小城乡之间、地区之间以及不同收入群体之间的贫富差距。

4.2.1 实施乡村振兴战略

实施乡村振兴战略是实现全体人民共同富裕的必然选择。作为一个农业人口占主体的国家,实现新常态下乡村振兴以推进共同富裕,将成为一个突破口。当前,大多数乡村仍采取传统的粗放型发展模式,成本高、收益低,以劳动密集型为主,缺乏创新。尽管粗放型经济增长方式使得整体的经济发展水平与指标呈现出一定上扬趋势,但贫富差距的"鸿沟"却难以被填平。

党的十九大报告明确指出,要实施乡村振兴战略,并对其提出了"产业兴旺、生态宜居、乡风文明、治理有效、生活富裕"的总要求。作为实施乡村振兴战略的先行地,浙江省乡村振兴工作一直走在全国前列,"三治融合"乡村治理体系、数字乡村建设、美丽乡村建设、未来乡村建设等一系列乡村振兴的"浙江实践",将乡村的功能与价值进一步凸显出来,使共同富裕的道路越走越宽广。

4.2.2　实施区域协调发展战略

实施区域协调发展战略是全面建成小康社会,进而实现全体人民共同富裕的内在要求。按照邓小平"两个大局"战略思想,要实现共同富裕,必须解决公平与效率问题。在"第一个大局"的思想指导下,我国经济实现了高速增长,基本解决了效率问题。与此同时,先富地区的快速发展使得我国区域经济发展差距被不断拉大,先富地区与后富地区之间的矛盾日益加剧,这与社会主义共同富裕的目标和要求相违背。为此,当前需要解决区域协调发展中的公平问题。

党的十九大报告明确指出,要实施区域协调发展战略。由于不同地区的资源禀赋与产业优势存在差异,区域一体化发展通过集聚资源盘活存量,催生了新的发展动力,进而破解了区域发展中存在的不平衡不充分问题。从国家战略层面来看,京津冀协同发展、长三角区域一体化和粤港澳大湾区建设等一系列重大区域协调发展战略打破了原本各自独立的行政边界,形成了东西南北纵横联动协调发展的新格局。从省域协调层面来看,浙江省加快推进"大湾区、大花园、大通道、大都市区"四大建设,形成了有机联动的浙江区域发展新格局。①

4.2.3　改革收入分配制度

缩小贫富差距必须加快深化收入分配制度改革。自改革开放以来,居民收入增长与经济增长大体保持同步,社会保障体系基本建立,在一定程度上使中国摆脱了贫穷落后的局面。但是需看到当前收入分配制度仍存在较大提升空间,且普遍存在一次分配差距显著、社会弱势群体收入长期偏低、社会保障制度保障力度不足、税收制度不够完善等问题。

党的十九届五中全会强调要进一步扩大中等收入群体,实现基本公共服务均等化,缩小城乡区域发展差距和居民生活水平差距,扎实推动共同富

---

① 周世锋:《深入推进"四大"建设　优化浙江区域经济格局》,《浙江经济》2019 年第 24 期,第 21—23 页。

裕。优化收入分配结构,不仅关乎经济社会发展全局,更关系到人民群众的切身利益。作为藏富于民的经济大省,浙江省不仅人均收入居全国前列,贫富差距也远低于全国平均水平,其成功之处在于浙江将异质性人力资本确立为新的要素分配导向,以此扩大了社会中间阶层的比重,实现收入分配方式从"非同步增长"向"同步共享"模式转化。[①]

4.3 浙江的探索与实践

作为共同富裕的示范区,浙江通过多举措并行,探索共同富裕的实现路径。主要分为两个维度:一方面,强化乡村自身实力,不仅通过探索绿色GDP,拓展经济发展的横向潜力,更以先行村为核心,建构乡村振兴联合体;另一方面,着眼全域协同统筹,以城乡共享发展为理念,充分发挥资源外溢效应,以点带面实现全方位发展。

4.3.1 桐乡市"城乡共享社会"

长期以来,我国采取的是"工业化先行、城市化接力"的发展道路,而这一发展模式却使得大量社会发展资源流入城市空间,农村地区日益边缘化,造成了城乡之间的巨大差异。当前,城镇化发展正呈现出城市化和逆城市化并行的阶段性特征。一方面,新型城镇化推动了城乡一体化建设;另一方面,"逆城镇化"也促进了城乡资源要素的双向流动。[②] 面对新挑战与新机遇,"城乡共享社会"的提出为破除城乡二元结构、推进城乡一体化建设、实现共同富裕带来了转机。

作为国家城乡融合发展试验区之一,桐乡市以构建"城乡共享社会"为发展理念,协同推进新型城镇化与乡村振兴战略,主要从公共服务供给、数

---

① 许光:《共享模式切换:浙江省收入分配格局优化的经验与启示》,中共南京市委党校学报 2017 年第 2 期,第 48—52 页。

② 覃成林、杨霞:《先行地区带动了其他地区共同富裕吗——基于空间外溢效应的分析》,《中国工业经济》2017 年第 10 期,第 44—61 页。

字化改革、美丽乡村建设、培育特色产业等方面入手,重新定义了城市与乡村的发展关系,探索城乡同发展共富裕的新路子。由于城乡各自的资源禀赋与产业优势不同,公共服务和发展资源的共享缩小了城乡在经济发展、基础设施建设和公共服务体系配套上的差异,破解了区域发展中存在的不平衡不充分问题。一是城乡产业融合发展。桐乡市以乡镇为中心推动特色产业、垂直产业集群发展,搭建特色小镇、农业产业园等一大批城乡产业协同发展平台,促进了城乡产业资源互补流动和产业有机融合,吸引并带动了人才、技术、资本等生产要素向农村地区流动。二是城乡基础设施共建共享。桐乡市统一规划、开发、建设城乡基础设施,健全分级分类投入机制,优化交通、医疗、教育等市政基础设施布局,打造覆盖城乡的市域"321"交通圈、5—15—30分钟生活圈体系,为城乡要素双向流动与平等交换提供了物质基础。三是城乡公共服务普惠化。桐乡市将县城作为基本公共服务供给中心,实行"县聘乡用"管理模式,推动教育、医疗、文化等公共服务资源向乡镇、村庄辐射延伸,初步建成多个10分钟基本公共服务圈。四是城乡生态环境共创共享。作为新时代美丽乡村示范县,桐乡市兼顾经济发展与生态保护,持续深化美丽城镇、美丽乡村建设,不断完善"绿水青山"与"金山银山"的转化通道,将全域美丽的理念贯穿于城乡融合发展之中。

当前,桐乡城乡融合发展工作已取得了显著成效,为城乡融合发展注入了内生动力。而其取得成效的关键在于桐乡市拓展并延伸了先富地区经济的正外部性,扩大共同富裕的空间范围,以此推动了城乡居民共同富裕。2020年,桐乡市地区生产总值达1000亿元,城乡居民收入差距不断缩小,城镇和农村居民人均可支配收入分别为6.23万元和4.03万元,城乡居民收入比进一步缩小至1.55∶1,远低于全国、全省平均水平。

4.3.2 淳安县"大下姜"乡村振兴联合体

当前,乡村衰退的问题日益突出,其内在原因不仅在于大城市的虹吸效应,更重要的制约在于体制机制障碍。为实现乡村从要素驱动的外生发展向创新驱动的内生发展转变,淳安县下姜村创新乡村内生发展模式,遵循示范带动、区域联动、协同发展的理念,发挥下姜村示范效应,以集聚效应持续推动周边地区共同富裕,加快构建推动共同富裕的体制机制。

自 2001 年以来,下姜村就成为浙江省历任省委书记的基层工作联系点。在几任省委书记的接力帮扶下,下姜村实现了从"穷脏差"到"绿富美"的巨变。然而,如何辐射带动周边村、镇街共同富裕,实现均衡发展,却成为淳安县亟待破解的一大难题。为了带动周边村镇共同发展、农村居民收入倍增,淳安县按照地缘相邻、文化相近、产业互补原则,探索"不变体制动机制"的跨区域协同发展模式,与周边 20 多个村抱团发展,组建了以下姜村为核心的"大下姜"乡村振兴联合体,打通了原本分散且流通不畅的镇域、村域限制和要素流通障碍,让更多地区的居民共享生态红利。具体来说,其创新实践主要包括以下几个方面:一是平台共建。在不打破行政区划的前提下,"大下姜"以党建为引领,成立乡村振兴联合体党委,由县领导兼任党委书记,系统梳理了涉及区域发展的相关工作任务,并将任务分派给各个部门。此外,联合党委还制定了周例会制、月度交流制以及工作督查交办制等一系列运行机制。二是资源共享。"大下姜"以数字赋能乡村发展,持续推进区域公共服务的数字化水平,打造旅游、农业、医疗等各类智慧应用场景,形成了以下姜村为中心、覆盖周边的公共服务平台。三是产业共兴。为激发村民的自主性与积极性,"大下姜"结合当地自然资源禀赋,主打文创、旅游农业等特色产业,推出"入股联营"机制,鼓励村民以人口、现金、资源等形式入股下姜实业发展有限公司,形成村庄利益共同体。四是品牌共塑。为了提升区域整体竞争力,建立了"大下姜"品牌矩阵,大力提升区域品牌价值,推进美丽乡村的品牌运营。

可以发现,下姜村"先富帮后富、区域共同富"成功的关键,并不在于上级政府的政策扶持或财政支持,更重要的是几任省委书记所传递的发展观念与思路,其通过整合本地资源实现区域协同发展,凝聚各方力量共同参与乡村振兴,实现"自我造血"。作为全国首批乡村振兴典型案例以及浙江省改革创新最佳实践案例,"大下姜"乡村振兴联合体已实现年收入 1 万元以下低收入农户全面清零。据初步统计,2020 年"大下姜"区域 22 个行政村实现农民人均可支配收入 31078 元、村集体经济总收入 2015.66 万元,村集体经营性总收入 929.54 万元。

4.3.3　安吉县的"多村联创"

安吉县"多村联创"模式发端于 2017 年,在创始之初就通过县域统筹、村级协作的方式对区域内的各类资源进行调配,以联村合作的方式推动具有互补特质的村进行联合。多村联创的方式,使不同村庄之间能够通过跨区域资源调配的方式实现发展资源的共享,有效破解了单个村庄发展资源受限较大,难以形成产业整体发展格局,从而造成内生发展动力不足的困局。

安吉县已将该模式推广到全县所有乡镇。2017 年 6 月,安吉县将施阮、董岭两个美丽乡村精品示范培育村以及龙王村的美丽乡村精品示范村创建打包,以统一规划、独立建设的模式实施整体创建。2017 年 10 月,上墅乡通过探索实施美丽乡村"三方参与、三资盘活、三产联动"的"三个三"经营模式,盘活了原龙王小学地块,以土地租赁形式引进安吉天目含云度假酒店,年租金高达 17 万元;同时,先后引进龙王小水电博物馆、龙王古道博物馆等项目,这些都是"多村联创"所带来的效益。

2018 年 3 月,上墅乡立足三个村的特色资源,邀请了浙江大学城乡规划设计院统一编制了"三村联创"规划,对列入建设的 15 项内容,从规划大小、选材标准等方面做出了一些更具体的要求。以建设成果之一的罗董线为例,乡村两级对这段道路进行了统一规划和打造,串起了上墅乡施阮、龙王、董岭 3 个山村 28 千米长的路线,同时沿路沿线实现了绿化美化全覆盖,还保持了统一风格。此外还设置了公路驿站、景观节点、观光车辆停车场等,解决了沿线农家乐停车难问题,并为游客提供了观景和休闲的平台。在 2018 年 11 月,三村共计排定建设项目 50 个,需投入资金约 2.3 亿元,已实际投入资金 2 亿元,且已经完成了整体进度的 80%,建设效果显著。此外,3个村不仅在美丽乡村建设上齐头并进,同时保留了各自的乡村特色,根据自身的自然资源禀赋因地制宜建成了相应的基础配套设施。例如:董岭村和龙王村的几十名儿童可以就近到施阮村上幼儿园;龙王村的文化礼堂可为 3个村的村民提供数字电影、演出、会议等服务;位于董岭村的食品冷藏库可以满足 3 个村的农家乐、民宿食品需求。2019 年以来,为了筑牢"多村联创"

基石,上墅乡鼓励全员参与,以美丽乡村联评联选、文化活动联办等形式,全面发动干部群众甚至游客参与美丽乡村精品示范村创建与评选,共计联合开展美丽家庭互评 4 次,培育特色文化团队 4 支,开展文化活动 6 场。

4.4　推进共同富裕、打造美好生活的对策研究

从党的十九大报告首次提出要把全体人民共同富裕的社会主义本质外化为具体奋斗目标,到"十四五"规划明确提出到 2035 年全体人民共同富裕取得更为明显的实质性进展,共同富裕的理论与实践得到了长足的发展。站在新的历史起点,需要重新审视共同富裕的内涵与本质。如何在推进共同富裕的进程中处理好效率与公平之间的关系,这是下一阶段必须重视和亟待解决的重大问题。在此背景下,本书提出如下政策建议。

4.4.1　坚持共享发展理念

共享发展不仅涵盖了共同富裕的基本特征,也是共同富裕实现过程中所应秉持的价值遵循。[①] 当前,城乡二元结构、贫富差距、区域经济发展不均衡等问题仍普遍存在,并越来越成为阻碍共同富裕实现的最大问题。作为新发展理念之一,以共享作为发展的出发点和落脚点,充分体现了"发展为了人民、发展依靠人民、发展成果由人民共享"的发展思想,为共同富裕的未来探索指明了正确方向。在共享发展理念的指导下,发展成果共享的对象、内容、途径及其过程均发生了一定的调整,即全民共享、全面共享、共建共享和渐进共享。共同富裕的模式实现了从"成果共享"到"共建共享"的转变。

4.4.2　推动城乡生产要素双向自由流动和平等交换

由于不同地区之间天然存在资源禀赋差异,区域差异和发展不平衡现

---

① 耿百峰:《新发展理念视阈下共同富裕的实现路径前瞻》,《科学社会主义》2018 年第 1 期,第 69—74 页。

象不可避免地存在。并且,早期工业化和城市化的发展模式使得劳动力、资本、技术、数据等生产要素流向并集中分布于大城市,加剧了要素空间分布的不均等。不仅如此,由信息不对称所引发的生产要素资源错配、低配等问题,同样也会抑制生产要素资源的自由流动和配置。为打破生产要素分布的不均等,政府必须构建更加完善的要素市场化配置体制机制,即不能仅以市场运行逻辑配置资源,而应施加一定程度的干预,确保生产要素能够更为平等、自由地流动,从而化解公平与效率的矛盾。

4.4.3　以优质均衡的公共服务持续增进民生福祉

2021 年国务院《政府工作报告》中提出,要加强普惠性、基础性、兜底性民生建设。面对日益增长的公共服务需求,政府作为公共服务的主要提供者,需要围绕教育、就业、社保、医疗、居住、交通、环境、救困扶弱等基本公共服务领域,以公民需求为导向推进公共服务供给制度改革,以标准化促进基本公共服务均等化、普惠化、便捷化。现阶段,公共服务的重点从"有没有"开始转向"好不好",推动公共服务从"无"到"有"、从"有"到"优",挖掘人民潜在需求,释放城市发展潜力。坚持问题导向、需求导向、成效导向,不断推动公共服务理念创新,加强设施标准化建设与均衡化布局,加快建设与城市功能定位相适应、与人民群众期盼相符合的公共服务。应该强调系统思维、创新思维、全局思维,多种途径推动公共服务的布局优化和品质提升,打造高品质、有特色的公共服务体系。

4.4.4　完善社会保障体系

利用社会保障制度进行转移支付以填补分配鸿沟,是实现共同富裕的必要举措。但当下我国的社会保障制度在平抑一次分配鸿沟方面仍存在较多问题,尤其是在对弱势群体的关注上:一方面,群体因为发声较弱,易受忽视;另一方面,群体基数过大,保障措施难以全方位覆盖。由此,在新阶段,政府应以公共价值为核心,深化社会保障制度改革。首先,持续推动公共服务均等化。此处的均等实质上是对弱势群体的资源倾斜,唯此才能真正实现群体间的服务均等。其次,推进制度创新。包括各类保障制度动态更新,如养老、社保等,应根据时代条件及时更新。最后,扩大公共服务投资,通过加大转移支付力度,缩小群体间的社保差距,并利用大数据、区块链等技术提高其便利度、精准度,以化解各类社会风险。

4.4.5 以数字化改革重塑公共服务体系

数字化改革要以公众需求为出发点,瞄准人民群众的所忧所急所盼,民有所呼、我有所应。公共服务数字化改革需要从技术"面子"转向民生"里子",能用有用管用才是关键。以公共服务数字化为牵引,率先高水平实现幼有所育、学有所教、劳有所得、病有所医、老有所养、住有所居、弱有所扶,切实解决民生问题,推动公共服务质效提升。如针对老年群体办事难问题,杭州公安推出实体大厅办事、生活领域线下服务、高频事项基层延伸等场景,完善办事窗口服务体系、细化办事窗口服务举措、优化互联网政务服务功能。充分考虑老年人习惯,有效解决老年人面临的"数字鸿沟"问题,让老年群体在信息化发展中拥有更多获得感、幸福感、安全感。继续加快城乡统筹、均衡协调、融合发展,不断构建和完善以居家为基础、社区为依托、机构充分发展、医养有机结合的养老服务体系。应该通过医共体建设、医联体建设、信息化建设、"最多跑一次"改革等,吸收优质医疗资源,改善就医环境,有效打通就诊渠道,实现强县域、强基层目标。这些举措,都有利于缩小城乡、区域差距,推进城乡基本公共服务标准统一、制度并轨。

5

共同富裕的动力机制：统筹城乡区域发展

中共浙江省委党校 2020 年秋季学期开学典礼上，时任浙江省委书记袁家军提出了浙江在发展新阶段面临的十大课题，其中第五大课题是：城乡区域联动发展态势形成后，如何实现市域统筹发展、"山海"协同发展、长三角高质量一体化发展。

城乡一体化、市域统筹、"山海"协同、长三角一体化，它们之间是一脉相承的，体现了在不同范围和不同层次上追求高质量发展的重要思路，最终目的是发挥不同区域的比较优势，促进资源要素的高效配置，通过协调发展实现共同富裕。浙江省在新时代谋求不同范围和层次的协调发展，与国家"十四五"规划纲要提出的"支持浙江高质量发展建设共同富裕示范区"这一表述是高度一致的。我们必须在共同富裕这一远大目标的指引下，来统筹城乡区域发展，实现区域发展一体化新格局。

5.1 统筹城乡区域发展的内涵

城乡一体化、市域统筹发展、"山海"协同发展、长三角高质量一体化发展是不同范围和不同层次上的区域协调发展，是协调发展的主阵地从县域范围、市域范围扩展到省域范围，再到跨省区范围的表现。它们之间既有重点任务和具体举措方面的区别，又有很强的内在逻辑联系。城乡一体化的主要任务是以县域为基本单位促进块状经济和产业集群发展，应对工业化前期的"三农"问题和工业化后期的城市化矛盾。一方面，要通过农村土地、宅基地、集体资产的股份制改革和户籍制度以及与户籍相关的各项社会保障制度的改革消除农民进城的障碍，保障农民的根本利益，促进农村劳动力向城镇转移，二、三产业向乡村扩展；另一方面，要通过基础设施和公共交通、教育培训、医疗卫生、社会保障等城乡基本公共服务均等化缩小城乡差距，促进城乡可持续发展。市域统筹发展的主要任务是依托中心城市的辐射功能，借助大城市人才、科技、金融等要素优势，促进第二产业的升级和第三产业的发展；同时借助设区市的财力优势，提升各项基本公共服务的统筹层次和质量标准，突破县域项目承载能力、资源要素吸附能力、谈判协商能力的不足，解决产业布局和公共服务的低层次和碎片化问题，通过都市圈的整体规划、交通网络、产业辐射带动中小城市和周边农村的发展。"山海"协同发展的主要任务是提升省级政府的统筹能力，促使各市、县（市）特别是山区 26 个县在功能分区的基础上，充分发挥各主体功能区的比较优势，通过优势资源互补机制、利益补偿机制、差异化考评体系和省级财政转移支付等制度设计，解决省内不同区域间重复建设、无序发展、同质竞争等问题，激发山区和海岛的发展潜能。长三角高质量一体化发展的主要任务是在中央的统一规划部署和高层级协调下，打破行政区划壁垒，充分发挥不同省市的竞争优势，建立跨省协作机制、成本分担机制和利益共享机制，促进用地指标、环境容量、人才、资本、技术、数据、能源等生产要素的跨省区流动，促进交通运输、居住、教育、医疗卫生、养老和各项社会保障等公共服务体系对接，通过差异化竞争和优势互补，实现互惠互利共赢局面。

尽管城乡一体化、市域统筹发展、"山海"协同发展和长三角高质量一体化发展的范围、层次和重点有所不同，但它们之间也有共同点。第一，都要求创新"市场有效、政府有为、企业有利、群众受益"的体制机制，充分发挥市场机制在资源配置中的决定性作用，充分发挥乡镇、县市区、中心城市和省级政府的统筹协调能力，充分保障市场主体和人民群众的根本利益，通过利益驱动和利益保障激发各相关主体的积极性。第二，都要求创新土地、劳动力、资本、技术、数据、能源、环境容量等市场要素的市场化配置方式,发挥各区域各主体的比较优势和竞争优势,依托自身的"长板"在市场竞争中获得利益。第三,都要求创新财税体制,不断建设升级规划、交通、居住、教育、医疗卫生、养老等公共管理和公共服务体系,利用一体化的管理和服务促进要素在各区域之间的自由流动和优化配置。

统筹城乡区域发展的范围和层次的升级,是与浙江省以及国家的经济社会发展阶段相适应的,是国家和浙江省寻求高质量发展道路的客观要求。我国的改革开放是从联产承包责任制开始的,是从农业农村改革出发的。在解决农民生计问题之后,紧贴民众需求的第二、三产业开始萌发,乡镇企业蓬勃发展。乡镇企业的改制和规模化发展带动城市化的发展,民营企业和县域经济成为浙江发展的强劲动力,各种产业集群相继形成并发展壮大,直至 2001 年中国搭上 WTO 的快车,发展成为"世界工厂"。经过 40 多年的改革开放,中国已经完成了从生产要素导向阶段到投资导向阶段,正在向创新导向和富裕导向阶段前进。[①] 农村劳动力转移在 2007 年以后出现拐点,劳动力和土地成本上升,低端产业开始向郊区、小城镇、欠发达地区,甚至欠发达国家转移。浙江省更是早在 2004 年就开始实施"腾笼换鸟",2006 年绍兴提出并实施"亩产论英雄"系列政策,并陆续扩展到宁波和全省,2012 年提出加快推进产业转型升级、全面推进"机器换人",2013 年省财政设立浙江省创新强省产业基金,走上创新经济的道路。从国际上来看,我国加入 WTO 之后,中国出口的低价商品在广受欢迎的同时也频频引发贸易摩擦,2018 年以来的中美贸易摩擦更是转化成了贸易战,对中国和浙江经济产生了不利影响。浙江经济和全国经济不得不从生产要素导向阶段进入投资导向阶段和创新导向阶段,甚至同时进入消费带动的富裕导向阶段。投资导向阶段需要强大的金融产业的支持,创新导向阶段需要大量高层次人才作为支撑,而这些产业和要素主要集中在中心城市。在改革开放前 30 年,对浙江经济发展产生重大助推作用的"省管县"体制和县域经济模式,其经济推动力在

---

① 国家发展的四个阶段参照迈克尔·波特:《国家竞争优势》,中信出版社 2012 年版,第 66 页。

逐步衰退,中心城市带动的都市圈经济和创新经济开始发挥越来越重要的作用。市域统筹、功能分区、都市圈内各城市的协同发展越来越重要。在统筹层次逐步提升的过程中,各地原先低小散的重复建设和同质竞争配套的成本领先竞争战略将让位给差异化竞争战略和集中战略。[①] 各省(直辖市)、设区市将在市场竞争与区域协作中形成自己的优势资源和优势产业。浙江省 2015 年确定了包含信息、环保、健康、旅游、时尚、金融、高端装备制造的"七大万亿产业",2017 年加入了文化产业,"十四五"规划中更是进一步明确了打造数字安防、汽车及零部件、绿色化工、现代纺织服装等万亿级先进制造业集群,培育千亿级特色优势集群,打造百亿级新兴产业群的梯队。这些都为统筹区域发展的升级做好了充分的准备。

当然,统筹城乡区域发展只是路径和工具,城乡一体化、市域统筹发展、"山海"协同发展和长三角高质量一体化发展,最终追求的是更大范围内的锻长板补短板、更高层次上的资源优化配置和更高要求的共同富裕。在跨城乡、跨都市圈、跨山海、跨省域的共同富裕建设中,不仅仅要统筹经济发展和公共服务供给,还要统筹社会治理、生态文明和文化建设,这就需要在加强县域治理的基础上,逐步提高设区市、省甚至更高层级政府的区域统筹和治理能力,建立更加完善的治理体系。

5.2 城乡区域联动发展态势的形成

浙江省是改革开放的先行者、民营企业的重要发源地,经过 40 多年的发展,地区生产总值从 1978 年的 123.72 亿元增长到 2020 年的 64613 亿元,城市化率达到 72.17%,城乡居民收入比小于 2∶1。尤其是近 20 年来,浙江省已经在城乡一体化、市域统筹发展、"山海"协同发展和长三角高质量一体化发展方面取得了不同程度的进展,形成了城乡区域联动发展的良好态势。

---

① 竞争战略的三种类型参照迈克尔·波特:《竞争优势》,中信出版社 2014 年版,第 29—40 页。

　　在城乡一体化发展方面，在时任省委书记习近平的亲自部署下，浙江省于 2003 年贯彻实施"八八战略"，启动"千村示范、万村整治"工程，用 15 年时间实现了农村生活垃圾集中处理建制村全覆盖，卫生厕所覆盖率 98.6％，规划保留村生活污水治理覆盖率 100％，畜禽粪污综合利用、无害化处理率 97％。① 2019 年，浙江省"千村示范、万村整治"工程经验在全国范围内推广实施。2005 年，浙江省制定实施《浙江省统筹城乡发展　推进城乡一体化纲要》，并在国家统一部署下贯彻执行农村税费改革和统筹城乡发展战略，先后实施了"股田制"、集体资产股份化、农村劳动力转移、村级留用地、三权分置等系列改革。在系列改革的推动下，浙江省的城乡一体化水平在全国名列前茅。2020 年，浙江省城乡居民人均可支配收入比为 1.96∶1，低于全国 2.56∶1 的平均水平，在全国仅次于天津市（1.86∶1）和黑龙江省（1.92∶1），位列发达省份第 1 名。农民人均年可支配收入 31930 元，仅次于上海（34911 元），位列发达省份第 1 名。② 浙江省已经经历了劳动力进城和产业下乡的双向流动过程，城乡一体化水平日益提升，城乡居民的就业和生活方式的差距日益缩小，为实现城乡居民的共同富裕打下了良好的基础。

　　在市域统筹发展方面，主要任务是加大各设区市对县（市、区）的辐射和带动力度。浙江省已经形成了不同辐射和带动能力的城市群体。按城区常住人口计算，浙江省杭州、温州、宁波 3 个市的城区常住人口超过 500 万人，进入特大城市序列；台州等 6 个市的城区常住人口在 100 万—500 万人之间，进入大城市序列；丽水和舟山 2 个市的城区常住人口小于 100 万人，属于中等城市。从一般预算收入总量来看，杭州、宁波、温州、嘉兴、绍兴等市的统筹发展能力较强；从人均一般预算收入的角度看，杭州、宁波、舟山、嘉兴、湖州、绍兴的统筹发展能力相对较强（表 5-1）。在加大设区市辐射带动力度的同时，浙江省还规划了杭州都市圈、宁波都市圈、温州都市圈、金义都

---

　　①　中共中央办公厅、国务院办公厅：《关于转发〈中央农办、农业农村部、国家发展改革委关于深入学习浙江"千村示范、万村整治"工程经验　扎实推进农村人居环境整治工作的报告〉的通知》，2019 年 3 月 6 日。

　　②　数据来自国家统计局数据库，https：//data. stats. gov. cn/easyquery. htm？ cn＝E0103。

市圈四大组团,把全省 80% 的区域、94% 的人口和 96% 的经济总量纳入了四大都市圈,促进了四大都市圈内部不同量级城市的交流和发展,打造了良好的经济、社会和文化生态。

表 5-1　浙江省各市 2020 年的财政收入状况①

	2020 年常住人口 /万人	2020 年一般预算收入 /亿元	人均一般预算收入 /万元
杭州	1036.00	2093.40	2.02
温州	930.00	602.00	0.65
宁波	854.20	1510.80	1.77
台州	615.00	401.20	0.65
金华	562.40	420.00	0.75
绍兴	505.70	543.50	1.07
嘉兴	480.00	598.80	1.25
湖州	306.00	336.60	1.10
衢州	221.80	137.10*	0.62
丽水	221.30	139.80*	0.63
舟山	117.60	159.20	1.35

　　市域统筹还表现在基本公共服务均等化方面。浙江省各市在 2008 年基本建立覆盖城乡的社会保障体系的基础上,加强了设区市对社会保障的统筹。浙江省的基础养老金最低标准由省级制定,各市、县(市、区)可根据当地实际提高基础养老金标准。企业职工基本养老保险由省级统收统支,省级负责制定全省统一的企业职工基本养老保险政策,包括缴费基数、缴费比例、待遇计发等方面。在医疗保险方面,2020 年起,浙江将按照"全市制度统一、预算统筹编制、基金分级管理"的思路,用 3 年时间全面做实城乡居民医保市级统筹,实现"参保范围、统筹层次、资金筹集、保障待遇、经办服务、基金管理、医保监管"七统一。在公共服务方面,浙江省 2017 年印发的《浙

---

　　①　数据来自《浙江统计年鉴》,http://tjj.zj.gov.cn/col/col1525563/index.html,带 * 的为 2019 年底数据。

江省基本公共服务标准体系建设方案(2017—2020 年)》明确了到 2020 年要制定实施公共教育、就业创业服务、社会保障、基本健康服务、基本住房保障、基本公共文化服务、环境保护服务、公共安全服务等基本公共服务重点领域地方标准 75 项以上,重要领域的基本公共服务标准实现省级统一,但服务仍然主要由县、市两级统筹。通过公共服务的县域统筹向市域统筹甚至全省统筹的变迁,浙江省逐步提高了第二次分配的统筹层次,浙江人民享受的公共服务标准和质量有了显著提升,各县市区之间居民福利待遇的均衡化程度不断提高,为实现区域间共同富裕打下了良好的基础。

在"山海"协同发展方面,自 2002 年开始,在"政府推动、企业主体、市场运作、互利双赢"原则下,促进发达地区企业和欠发达地区开展经济合作与对口帮扶,引导产业梯度转移和劳动力转移等。从"山海"协同发展的效果来看,虽然产业梯度转移和劳动力转移取得了显著成效,但市场的资源集聚和发展极化作用仍然很明显。2003—2019 年,经济发达的杭州、宁波、温州、嘉兴、湖州 5 市与金华、衢州、舟山、台州、丽水等经济相对欠发达 5 市相比,地区生产总值的差距不是缩小了,而是拉大了(表 5-2)。因此,我们认为,在"山海"协同发展方面,各地的比较优势还没有充分发挥出来,特别是欠发达地区的资源要素还没有很好地转变成经济效益。这就需要通过完善资源要素交易机制和加大省级财政的转移支付力度等方式加以改善。

表 5-2 实施"山海"协作以来浙江各市地区生产总值①

(单位:亿元)

	2003 年	2005 年	2010 年	2015 年	2018 年	2019 年
杭州	2118.71	2973.74	6049.56	10495.28	14306.72	15373.05
宁波	1749.27	2462.09	5264.70	8295.35	11193.14	11985.12
温州	1212.49	1597.40	2943.71	4670.35	6039.77	6606.11
嘉兴	823.54	1165.88	2357.22	3696.62	5018.38	5370.32
湖州	459.54	642.89	1385.47	2223.06	2881.21	3122.43

① 数据来自 2020 年《浙江统计年鉴》,http://tjj.zj.gov.cn/col/col1525563/index.html。

续 表

	2003 年	2005 年	2010 年	2015 年	2018 年	2019 年
绍兴	1035.22	1462.83	2811.75	4424.69	5382.73	5780.74
金华	756.30	1072.07	2101.13	3481.08	4243.89	4559.91
衢州	238.47	329.14	752.12	1129.65	1457.08	1573.51
舟山	186.62	283.67	609.44	930.87	1247.22	1371.60
台州	908.87	1256.11	2451.68	3571.47	4880.32	5134.05
丽水	220.29	319.00	641.93	1038.63	1354.22	1476.61

　　"山海"协同发展的一项重要机制是主体功能区建设。2013 年,浙江省政府印发《浙江省主体功能区规划》,确定了"三带四区两屏"的国土空间开发格局,内容包括提升环杭州湾、温台沿海、金衢丽高速公路沿线三大产业带,培育杭州、宁波、温州、金华–义乌四大都市区,建设浙西北、浙西南丘陵山区"绿色屏障",浙东近海海域"蓝色屏障"和重点生态功能区,通过财政、投资、产业、土地、农业、人口、环境等系列政策和差异化绩效考核评价体系来引导和促进功能分区。浙江省 2020 年通过"均衡性转移支付""民族地区转移支付""海岛及边境转移支付""海洋经济发展示范区建设补助""国家重点生态功能区转移支付""钱江源国家公园体制试点专项资金"等项目向各市、县(市、区)转移支付共计 354.19 亿元,向山区、海岛和生态功能区提供了财政倾斜政策(表 5-3)。①

表 5-3　浙江省 2020 年对各市一般性转移支付的重要项目及额度

(单位:万元)

	总计	均衡性转移支付	民族地区转移支付	海岛及边境转移支付	海洋经济发展示范区建设补助	国家重点生态功能区转移支付	钱江源国家公园体制试点专项资金
杭州	641276	25252	0	0	0	12930	0

---

　　① 资料来自浙江省财政厅《关于提前下达 2020 年省对市县一般性转移支付的通知》(浙财预〔2019〕36 号)。

	总计	均衡性转移支付	民族地区转移支付	海岛及边境转移支付	海洋经济发展示范区建设补助	国家重点生态功能区转移支付	钱江源国家公园体制试点专项资金
嘉兴	171719	0	0	454	0	9	0
舟山	196987	12095	0	8046	16666	229	0
湖州	187863	8676	0	0	0	855	0
绍兴	195776	9338	0	0	0	306	0
金华	366312	31609	0	0	0	1823	0
温州	554055	46014	0	2391	1666	8349	0
台州	322697	25687	0	0	1666	894	0
丽水	536601	54351	5700	0	0	10563	0
衢州	368627	32978	0	0	0	5500	8800

在长三角一体化方面，自 1992 年 15 个长三角城市自发倡议建立城市经济协作办主任联席会议制度开始，逐步形成了跨区域协调机制。2003 年，浙江省委做出"八八战略"决策部署时，明确了进一步发挥浙江的区位优势，主动接轨上海，积极参与长三角地区合作与交流的施政思路。2004 年，沪苏浙两省一市建立了主要领导座谈会和定期会晤及专项议事制度。2008 年以来逐步建立了"主要领导座谈会＋常务领导联席会议＋重点专题组"相衔接的"决策、协调、执行"三级运作机制。2010 年，国家发改委印发《长江三角洲地区区域规划》，明确了将两省一市的 16 个城市作为长三角发展的核心区，并提出"在统筹两省一市发展的基础上辐射泛长三角地区"。2018 年，长三角区域一体化发展上升为国家战略，杭州与松江等 9 城（区）签订共建 G60 科创走廊战略合作协议，苏浙沪皖三省一市共建长三角区域合作办公室。2019 年，国务院印发《长江三角洲区域一体化发展规划纲要》，安徽省加入长三角一体化发展的队伍，实施苏浙沪皖三省一市全域一体化，确定 27 个城市为中心区，浙江省除衢州和丽水以外，所有设区市全部被纳入中心区；以浙江嘉善等 3 个城市为长三角生态绿色一体化发展示范区。示范区建立"理事会＋执委会＋发展公司"三层架构的治理机制，创新生态保护、规划管

理、土地管理、项目管理、要素流动、财税分享、公共服务政策、公共信用管理
等方面的一体化发展制度。长三角区域合作机制由"三级运作、统分结合"
转变为"上下联动、三级运作、统分结合、各负其责"。[①] 同年,浙江省出台《浙
江省推进长江三角洲区域一体化发展行动方案》,进一步明确了"大湾区、大
花园、大通道、大都市区＋长三角生态绿色一体化发展示范区＋跨区域重点
板块协同发展"的一体化格局。2020 年,沪苏浙两省一市联合印发《关于支
持长三角生态绿色一体化发展示范区高质量发展的若干政策措施》,在资金
投入、项目安排、资源配置等方面加快形成政策合力,两省一市共同出资设
立示范区先行启动财政专项资金,并计划与中央财政共同设立示范区投资
基金,成为长三角一体化建设机制落地的重要内容。近年来,苏浙沪皖三省
一市以及 3 个示范区、27 个中心区城市之间,签订了一系列的合作协议,制
定了一系列的发展规划和政策文件。2021 年,苏浙沪皖的户籍居民在长三
角区域内迁移户口实现"一地办理、网上迁移"。长三角一体化发展工作机
制逐步建立完善,长三角一体化的政策措施也取得了越来越多的实质性
进展。

5.3　实现城乡区域一体化新格局的路径

如前所述,不同范围、不同层次的城乡区域统筹发展机制取得了不同程
度的成效,也都还有相当的发展空间。比如,乡村的宅基地、建设用地等资
产的流转范围仍然狭窄,不足以形成公平的市场价格,不足以让农民从资产
使用和流转中获得公平的收益;省管县体制下设区市对非城区县市的统筹
力度和制度激励仍然不足;"山海"协同发展如何实现从外力推动向内源发

---

① 长三角一体化发展体制机制的相关进展情况,主要来自时任上海市人民政府副秘
书长陈鸣波在上海市第十五届人民代表大会常务委员会第十五次会议上的《关于长三角一
体化发展体制机制建设情况的报告》,2019 年 11 月 14 日,http://www.spcsc.sh.cn/n8347/
n8407/n7267/u1ai206627.html。

展的转化仍然有待更大力度的破题；①长三角一体化行政区划壁垒的破除和公共服务一体化的实现仍需时日。城乡区域一体化新格局的构建，需要通过深层次的改革加以助推。而且，从共同富裕的角度看，城乡区域一体化不仅仅需要从经济领域发力，还需要从社会、文化、生态文明等多角度共同突破；不仅需要第一次分配的调整，还需要加大第二、第三次分配的力度；不仅需要市场主体的努力和各级政府的统筹推动，还需要各类社会组织，尤其是慈善组织的参与。总之，城乡区域一体化发展仍然有巨大的空间。

实现城乡区域一体化新格局，需要将市域统筹发展、"山海"协同发展与长三角高质量一体化发展三大机制作为整体进行统筹考虑，把提升中心城市能级、促进功能分区、开展差异化竞争有机地结合起来。首先，要通过产权制度改革赋予乡村承包地、宅基地、村级建设用地更多的流动性，更大力度地提高农村资产流动带来的收益，更大力度地保障农民对这些资产的收益权，可以尝试农村资产在都市圈或者全省范围农村和农村户籍人口之间的自由流动和优化配置。其次，要理顺中心城市和县（市、区）的经济职能，探索经济管理权限划分改革。在原先根据用地规模、投资额度、风险等级等划分企业登记和管理权限的基础上，增加高层次人才数量和比例、科技含量等分类维度，提升创新型、科技型企业的管理服务层级。再次，要进一步完善各功能分区的定位，切实执行利益补偿机制、加大利益补偿力度，不断创新和完善用地指标交易、排放权交易、产能指标交易等要素市场交易机制，增大对限制开发和禁止开发功能区的补偿力度。最后，要制定对各市进行差异化考核的经济社会指标，根据与主体功能区定位的密切程度确定各项指标的考核权重，引导各主要城市和功能区在长三角、全国甚至全球的视野下确立自身的经济社会发展定位，在全球、全国和长三角层面获得独特的竞争优势。

实现城乡区域一体化新格局，需要进一步创新财政统筹机制。首先，长三角三省一市领导层要建立和完善长三角一体化示范区 3 个投资基金的体

---

① 关于从外力推动向内源发展的理论和路径，参照郁建兴等：《从行政推动到内源发展：中国农业农村的再出发》，北京师范大学出版社 2013 年版。

制机制,建立和完善投资与受益的挂钩机制,建立和完善投资份额与决策权重的挂钩机制,建立土地资源、基础设施投资、公用事业、公共服务和园区管理成本折算成投资份额的机制,建立和完善投资基金股份制和园区股份制,为三省一市在示范区共同投资、分工管理、共享税收提供体制机制保障。其次,要改革"省管县"体制,调整"省—市—县"三级政府转移支付体制,提升中心城市对区级财政的统筹能力,加大省级财政转移支付的比例和力度,显著提升城市能级高、辐射带动能力强的中心城市的财权和财力,加强中心城市在规划布局、交通设施、基础教育、医疗卫生、养老等基本公共服务和社会保障上的统筹能力,全面实现基本公共服务和社会保障的市级统筹,部分公共服务和社会保障实现全省统筹。最后,要增强省级财政对限制开发和禁止开发的功能区的财政转移支付力度,增强市级财政对县级限制开发和禁止开发的功能区的财政转移支付力度。

实现城乡区域一体化新格局,需要进一步发挥各区域的竞争优势,实现强强联合。浙江省、市两级政府和经济平台需要根据企业战略、企业结构与同业竞争,生产要素,需求条件,相关产业与支持性产业四方面的因素,[1]结合产业"亩产"能力和发展潜力,细致梳理和修订本省和本市具有竞争优势的产业目录,对比上海、江苏、安徽及长三角 18 个中心区城市具有竞争优势的产业,制定出更加细致的竞争战略和实施方案。浙江省可以充分发挥数字政府建设领域"最多跑一次""最多跑一地"改革和国际电子商务平台的营商环境优势,吸引各地企业投资兴业。充分发挥新一代信息技术、汽车及零部件、绿色化工、现代纺织和服装等世界级先进制造业集群的产业优势,形成掌握产业链关键环节、价值链合理、供应链有效衔接的产业群。充分发挥"山海"结合的地理环境优势,吸引上海、南京、苏州等地的消费人群到浙江花园城市居住、旅游、休闲、养老。把嘉善一体化发展示范区作为与上海青浦示范区、江苏吴江示范区实现生产要素互补、产业链衔接、供应链对接、价值链整合、供需对接的平台,把在浙江省有产业优势又需要上海、江苏、安徽

---

① 关于四要素的提法,参照迈克尔·波特:《国家竞争优势》,中信出版社 2012 年版,第 65 页。

进行互补和配套的产业引入示范区，与上海、江苏、安徽开展优势互补和差异化竞争。充分吸引利用上海的金融优势、人才优势、科技优势和国际化管理服务体系的优势，对产业进行迭代升级。同时，继续通过"腾笼换鸟""亩产论英雄"的政策体系，引导产业转型升级和落后产业的转移，促进产业的迭代升级和结构优化。

实现城乡区域一体化新格局，需要进一步促进公共服务体系的对接，促进人才资源在长三角三省一市自由流动。充分利用浙江省内入围的 8 个长三角中心区城市，发挥其在要素价格、生态环境、生活成本等方面的优势，吸引上海、南京、合肥等大城市和其他中等城市的优秀人才。充分利用省级政府财政优势，重点对嘉善示范区及嘉兴、湖州两市进行专项转移支付，提升一区两市与上海的交通便利度，支持一区两市引进优质的公共教育、公共医疗卫生、养老等服务机构，支持一区两市对口引进来自上海和南京的高层次人才。研究制定高层次人才附加公共服务机制，支持居住在嘉善示范区、户籍在上海、南京、苏州等地的高层次人才在一定年限内不转户籍也可以缴纳医疗保险、享受医疗保障，或者在补缴的条件下享受优质公办教育服务和公共医疗卫生服务补贴；迁入户籍后，原先的医疗卫生服务补贴可以转入个人账户。

实现城乡区域一体化新格局，需要充分激发市场主体、公共组织和社会组织各方面的积极性。首先，激发以各类企业为代表的市场主体，建立完善的市场经济体系，完善产权制度，促进资源的自由流通和优化配置，改善营商环境，促进产业的迭代升级和科技创新。其次，在更高层面上消除行政体制壁垒，加大转移支付的力度，建立完善跨区域的数字化政务服务系统和公共服务体系。最后，充分培育和发展各类社会团体、社会服务机构、基金会，加大政府采购、政府购买服务、公益创投等公共资源扶持社会组织的力度，改善慈善捐赠、慈善项目、慈善活动、慈善基金的运营，激发企业社会责任、扩大企业社会影响力投资，全方位促进经济、政治、社会、文化、生态文明的高质量发展。

总之，实现城乡区域一体化新格局，关键在于在高质量发展共同富裕使命的指引下，建立有效的协同机制，建立各类主体的激励机制，提升规划布局的统一性,扩大交通运输的便利度,促进管理服务体系的有效衔接,促进生产要素的自由流动,增强三省一市的功能互补和竞争优势,减少地方保护主义、重复建设和同质竞争。

6 共同富裕的动力机制：创新驱动战略

立足新发展阶段，从浙江省"十四五"时期发展战略出发，探究创新驱动战略推动浙江经济高质量发展的作用机制、路径选择与政策方向，可以为贯彻创新发展理念提供理论和政策支持，为建设新时代全面展示中国特色社会主义制度优越性"重要窗口"的新目标新定位提供重要参考。

6.1 浙江省创新发展的历史演进与现状分析

下文以创新投入、创新产出指标对浙江省创新发展进行纵向演进分析，通过与江苏、广东等创新领先省份的横向比较，分析当前存在的主要差距，以期总体梳理浙江省创新驱动发展的现实基础和突出问题。

6.1.1 浙江省创新驱动发展取得历史性成就

研发经费占 GDP 比重取得显著增长（图 6-1）。2010 年以来，浙江省经济保持高速增长的基本趋势，2010—2020 年全省生产总值由 27400 亿元增至 64613 亿元，其中，2015—2019 年平均增长率为 7.4%，2020 年受新冠疫情影响增长率放缓至 3.6%，率先实现了经济复苏性增长。总量上，浙江省研发经费保持高速增长，2010—2020 年全省研发经费由 494 亿元增至 1809

亿元,研发经费占 GDP 比重由 1.80% 增至 2.80%,高于全国平均水平 0.4
个百分点,占全国比重约为 7.4%。上述数据说明浙江省研发投入总量和占
比均取得显著增长,创新驱动发展的基础条件进一步强化。结构上,浙江省
研发经费结构呈现优化趋势。按执行部门分,工业企业、研究机构和高等院
校呈现小幅下降趋势,其他部门呈现稳步上升趋势,2010—2019 年,其他部
门研发经费执行占比由 7.46% 升至 14.81%。这说明除科研院所和工业企
业外,研发设计、工业设计等生产性服务业研发经费执行占比逐步提升,浙
江省创新驱动发展的主体逐步由科研院所、工业企业主导转向工业与生产
性服务业深度融合。按经费来源分,企业资金占比小幅上升,2010—2019 年
由 88.11% 升至 90.25%,政府资金由 9.71% 降至 8.16%,这说明企业成为
提供研发活动经费的主导力量,研发活动资源市场配置的决定性作用更为
凸显。

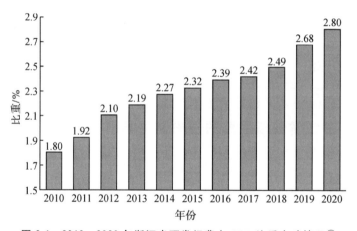

图 6-1　2010—2020 年浙江省研发经费占 GDP 比重变动情况①

　　专利申请与授权数取得快速增长(图 6-2)。2010 年以来,浙江省以专利
为代表的创新产出显著增加。总体上,2010—2019 年,专利申请量由
120782 件升至 435824 件,年均增长 15.32%;专利授权量由 114643 件升至
285325 件,年均增长 10.66%。2019 年,专利申请量和授权量占全国比重分
别为 10.39% 和 11.53%。这说明浙江省是中国的专利大省,整体上表明了

---

　　①　资料来自历年《浙江统计年鉴》。

浙江省创新产出规模相对较大。结构上，原创性程度相对较高、市场价值相对较大的发明专利申请和授权量占比呈现逐年上升趋势，2010—2019年，发明专利申请和授权量占比分别由 14.92％和 5.59％升至 25.92％和 11.90％，年均增速分别为 6.33％和 8.76％。这说明浙江省专利创新的质量显著提升，专利转化的经济价值可能显著提升。

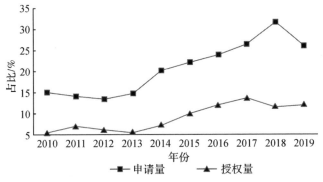

图 6-2　2010—2019 年浙江省发明专利申请与授权量占比①

数字经济核心产业和战略性新兴产业高速发展。在数字经济上，作为中国数字经济强省，浙江省于 2019 年启动数字经济"一号工程"，2021 年启动了数字经济"一号工程 2.0 版"；2020 年浙江省数字经济核心产业增加值 7020 亿元，占 GDP 比重约为 10.86％，超过全国平均水平 2.06 个百分点。数字经济核心产业制造业占规模以上工业增加值比重约为 14.54％。上述数据说明浙江省已转向以数字经济为重点和特色，实现了数字经济转型升级。在工业战略性新兴产业上，2020 年浙江省工业战略性新兴产业增加值 5525 亿元，占 GDP 比重约为 8.55％，增速为 10.2％，超过规模以上工业平均增速 4.8 个百分点。在具体分类上，新一代信息技术、新能源、生物技术、节能环保、高端装备制造和新材料产业增加值分别增长 21.0％，14.8％，11.5％，8.7％，7.9％和 5.2％。浙江省战略性新兴产业呈现出新一代信息技术产业、新能源产业等增长较快的基本趋势，这集中反映出在研发投入和专利产出的基础上，以新产业、新业态、新模式为主要特征的"三新"经济高

---

① 资料来自历年《浙江统计年鉴》。

速发展。

6.1.2　浙江与江苏、广东横向对比差距仍旧明显

浙江省在创新驱动发展中取得了显著成就,从创新投入、创新产出和创新相关产业发展等视角的纵向比较分析表明,浙江省已初步跻身国内创新驱动发展强省。与国内创新驱动发展的先进省份——江苏、广东的横向比较分析,有助于浙江省获取在国内领先地区的相对位置,为进一步提升创新驱动发展水平提供重要参考。在研发经费投入上,浙江省显著低于江苏省和广东省,2019 年上述 3 省的研发经费投入分别为 1669.80 亿元、2779.52 亿元和 3098.40 亿元,这说明浙江省创新发展规模在先进地区仍处于相对弱势地位(图 6-3)。在研发经费投入占 GDP 比重上,浙江省各年的研发强度指标均低于江苏省和广东省,2019 年上述 3 省的研发经费投入占 GDP 比重分别为 2.68%,2.79% 和 2.88%,这说明浙江省创新发展强度在先进地区仍处于较低水平(图 6-4)。在专利授权量上,浙江省与江苏省授权量基本相当,广东省自 2017 年后呈现高速增长趋势,2019 年专利授权量分别为江苏省和浙江省的 1.68 倍和 1.85 倍,这说明浙江省创新产出水平显著低于江苏省和广东省,且与广东省的产出水平差距呈现进一步拉大趋势(图 6-5)。通过横向比较分析可知,浙江省虽然在创新规模和创新产出上取得了一定成就,但与国内先进省份之间仍存在较大差距,创新发展水平与浙江省"重要窗口"建设目标不相适应。在中心城市创新规模上,2019 年杭州、南京、深圳的发明专利授权量分别为 1.17 万件、1.24 万件、2.61 万件,杭州市与主要创新强市相比,创新产出规模相对较小,对浙江省创新驱动发展引领带动作用仍不突出。

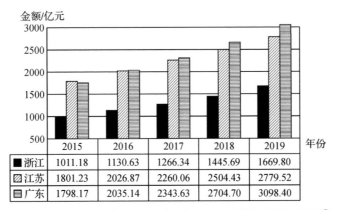

图 6-3 2015—2019 年浙江、江苏、广东 3 省研发经费投入情况①

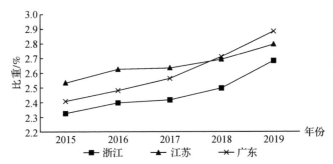

图 6-4 2015—2019 年浙江、江苏、广东 3 省研发经费投入情况②

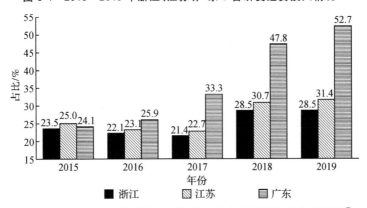

图 6-5 2015—2019 年浙江、江苏、广东 3 省专利授权量变动情况③

6.1.3　浙江省创新驱动发展存在的突出问题

产业链创新链联动发展水平相对较低,创新第一动力的基础地位尚不稳固。浙江省数字经济核心产业、战略性新兴产业等发展水平均处于全国第一方阵,创新投入与产出规模也处于相对领先位置,但是"围绕产业链部署创新链,围绕创新链打造产业链"联动发展水平相对较低,科技创新推动产业创新的关键作用尚不明显。与科研院所、服务型企业、工业企业、用户、金融机构等产业链创新链关联效应仍有待增强,特别是金融、研发设计等生产性服务业种类和质量均与实体部门创新需求存在较大差距,生产性服务业虚拟化发展和工业部门脱实向虚等现实问题亟待破解。以科技创新、产业创新为重要支撑的战略性新兴产业所占比重相对较低,2020年浙江和江苏的数值分别为37.8%和33.0%,以制造业为基础的产业链供应链体系仍有较大提升空间。

开放式创新发展水平相对较低,高端创新要素集聚与溢出效应尚未彰显。浙江省创新驱动发展的内源式导向较为明显,以浙商精神为引领,涌现出以阿里巴巴、网易等为代表的数字经济龙头企业,以海康威视、大华、万向、正泰等为代表的制造业龙头企业,但相对缺少具有国际影响力的跨国公司地区总部。当前,以创新驱动主导的产业链供应链体系应具有开放性、自主性与有效性,开放式创新体系有利于吸收境内外高端要素集聚,有利于发挥技术溢出效应和产业链协同效应,有利于扩大科技创新、产业创新的市场规模,进而催生竞争效应。浙江省亟须由出口贸易主导的对外开放向贸易投资一体化、"国内国际双循环"联动发展的模式转变,推动建立健全开放式创新体系。

龙头企业创新发展的动能相对不足,重大产业创新引领带动作用尚不显著。中国人民大学发布的2018年中国企业创新能力100强名单显示,排名前5的分别是华为、欧珀移动、华星光电、华虹宏力、腾讯科技,排名前20的浙江企业仅有华三通信1家。龙头企业创新发展动能相对不足,与广东等先进省份相比差距较大,严重制约浙江省产业链创新链完整性,缺乏创新型龙头企业不利于集聚高端要素实施科技创新、产业创新,不利于推动围绕创新链打造产业链,不利于在国内外激烈的市场竞争中获取市场优势。创新型龙头企业缺乏也说明浙江企业尚未完全实现由市场拓展型向创新引领型转变,数字经济领域的技术创新也显著滞后于产业创新、模式创新,严重制约浙江省创新驱动发展的后劲。

6.2　创新驱动战略推动经济高质量发展的作用机制

党的十九大报告提出:推动经济发展质量变革、效率变革、动力变革,提高全要素生产率。经济高质量发展的核心在于提升全要素生产率,关键路径在于推动质量变革、效率变革、动力变革,第一动力在于推动创新驱动战略。创新驱动战略通过成本节约效应、工艺升级效应、产业链关联效应推动经济高质量发展。

6.2.1　科技创新通过成本节约效应提升全要素生产率

科技创新可以通过降低企业成本、提升生产效率、促进资本与高级劳动要素协同互补等渠道,提升企业全要素生产率。[①] 当前,浙江省整体已进入工业化后期,部分先进地区已转入后工业化时期,技术差距和体制机制障碍对全要素生产率的负向作用逐步减弱,依靠资源优化配置提升全要素生产率的可能性大幅下降,科技创新推动技术前沿变动已成为提升全要素生产率的根本路径。提升全要素生产率,有利于强化企业市场实力,进而推动市场占有率、利润率等效益指标动态提升。

6.2.2　产业创新通过工艺升级效应提升产品复杂度和质量

产业创新通过提升企业产品生产工艺,推动"新产品、新模式、新业态"

---

① 刘思明、张世瑾、朱惠东:《国家创新驱动力测度及其经济高质量发展效应研究》,《数量经济技术经济研究》2019年第4期,第3—23页。

等"三新"经济蓬勃发展[①],不断铸造"人无我有、人有我优"的产业核心竞争力。通过工业企业内部、生产性服务业与工业"两化融合"、政产学研用多维联动创新,从水平和垂直两个维度不断提升产品复杂度和质量,提升消费者对产品的使用价值,降低需求价格弹性,从需求端获取更强的市场实力和盈利水平。

6.2.3 融合创新通过产业链关联效应提升上下游联动发展水平

融合创新的关键点在于实现产业链供应链各环节联动创新,[②]从基础研究、创新中试、产业创新、生产制造、营销推广、售后服务等多环节、多渠道实现上下游创新有机结合。对特定行业形成强大的前向关联和后向关联效应,促进创新驱动发展的供给端和需求端双向优化,巩固和提升特定行业实施创新驱动发展的外部环境基础,进一步实现产业链整体效率、质量水平显著提升,促进产业链发展动力转换。

6.3 "十四五"时期浙江创新驱动战略选择与重点领域

"十四五"时期,浙江省面临科技创新支撑高质量发展动能不够强劲的现实问题,立足新发展阶段,浙江省需要进一步强化高端要素牵引、基础研究导向和企业主体地位,将内涵式发展、突破式发展和融合式发展作为创新驱动发展战略选择,聚焦重点领域实现跨越式发展。

6.3.1 以高端要素牵引为基础动力,推动创新驱动内涵式发展

加快建设高素质强大人才队伍,推动高端创新创业人才和技能人才集聚。人才是提升创新驱动发展水平的关键要素,是推动创新驱动发展的核

---

① 孙早、许薛璐:《产业创新与消费升级:基于供给侧结构性改革视角的经验研究》,《中国工业经济》2018 年第 7 期,第 98—116 页。

② 郭朝先:《产业融合创新与制造业高质量发展》,《北京工业大学学报》(社会科学版)2019 年第 4 期,第 49—60 页。

心动能。"十四五"时期浙江省应加快建设高素质强大人才队伍,在基础研究、应用研究等多领域、多学科、多方向面向全球引进和培育高端创新人才;不断壮大优秀青年人才队伍,支持和鼓励在浙高校毕业生创新创业,打造优秀青年人才集聚新高地。加大高技能人才培育力度,聚焦浙江省"十四五"时期重点产业布局高技能人才培育体系,着力加强工程师队伍建设和绝技绝活代际传承。逐步实现以高端创新人才为引领,以优秀青年人才为储备,以高技能人才为支撑的高素质强大人才队伍体系。

加快打造高水平创新投融资体系,推动创新创业创造生态系统优化。创新资本是提升创新驱动发展水平的要素,是推动创新驱动发展的重点领域。"十四五"时期浙江省应加快完善金融支持创新体系建设,加大政府产业基金对科技创新转化的支持力度,强化政府资金和国有企业创新投资的基础性地位,积极引导社会资本向创新创业领域流动,支持在浙金融机构探索适合科技创新特点的信贷支持模式。

加快培育技术要素市场体系,推动科技创新资源市场化配置。技术要素是提升创新驱动发展水平的新型要素,是推动创新驱动发展的基础领域。"十四五"时期,浙江省应加快优化科技资源配置,构建能有效嵌入市场的新型研发机构,加快推动公立科技机构的体制机制创新;活化科技创新要素,提升各类创新创业服务机构或平台载体的赋能能力,推进区域技术要素市场网络互联互通;不断增强科技创新的市场价值,通过强化知识产权保护制度,完善科研人员职务发明成果权益分享机制,促进技术要素获取合理的物质报酬。

6.3.2 以基础研究导向为关键动能,推动创新驱动突破式发展

加快建设高能级创新平台体系,推动基础研究空间布局优化。以杭州城西科创大走廊为引领,率先实现创新链产业链协同的创新空间布局,扩大杭州城西科创大走廊联动作用,优先带动杭州高新区、富阳、德清等成为联动发展区,打造综合性国家科学中心和区域性创新高地。不断深化国家自主创新示范区建设,加快建设宁波甬江、嘉兴G60、温州环大罗山、浙中、绍兴等科创走廊。加快提高国家级高新区和省级高新区覆盖率,推动不同地

理空间和城乡区域创新平台优化发展。

加快培育国家战略科技力量,推动国家和省级实验室落地落实。以国家实验室和省级实验室建设为引领,充分发挥浙江大学、西湖大学等研究型高校的创新作用,依托各类型实验室开展产学研多维度合作研发,完善科技创新成果产业转化与需求导向型科技攻关能力。引进国内外高端科研团队在浙创新创业,推动省内科研机构开展国内外开放式创新合作,共同提升基于基础研究的战略科技力量。

加快对接国家重大科技项目,推动省内外优势研发团队进一步强化。坚持应用研究倒逼基础研究、基础研究引领应用研究,优化科技创新多元投入方式,依托浙江省雄厚的社会资本发展基础研究与应用研究,支持和鼓励在浙科研院所、企业等参与国家大科学计划和大科学工程,开展国家科技合作载体提升行动。面向国民经济迫切需要解决的关键领域"卡脖子"技术问题,设立自然科学联合基金加大科研攻关力度,鼓励科研院所和龙头平台企业协同创新。

6.3.3 以企业主体地位为核心优势,推动创新驱动融合式发展

加快引育创新型领军企业,推动创新链产业链有效联动。围绕数字经济、生物医药、新一代信息技术等浙江省重点发展领域,积极培育创新型领军企业,构建创新链产业链"链主",鼓励和支持创新型领军企业设立研发机构、院士专家工作站和重点产业技术联盟,承担国家重大科技项目,对标国内先进省份在创新投入、创新产出等多维度提升创新型领军企业首位度,支持"头部企业+中小微企业"创新生态圈建设,推动互联网企业、金融企业、工业企业等不同行业上下游联动,构筑更为坚实的创新链产业链。

加快培育中小微企业"隐形冠军",推动创新生态圈不断壮大。引导中小微企业向创新驱动方向发展,促进初创型、成长型科创企业发展,支持科技型中小微企业进入科创板,多渠道破解融资的约束难题,搭建中小微企业创新联盟,鼓励中小微企业参与龙头企业构建的创新生态圈,在数字经济等浙江省领先行业培育各环节"隐形冠军",不断壮大浙江省企业创新生态圈规模并提升质量。

加快链接数字经济与其他行业,推动特色创新链做优做强。发挥浙江省数字经济特色优势,推进技术创新与商业模式创新、品牌创新融合,加快实现数字产业化和产业数字化,推动国家数字经济创新发展试验区建设。加快实现数字经济与战略性新兴产业、传统制造业等双向赋能,依托产业创新提供更多、更新、更优数字经济服务场景,依托数字经济提升各类型行业创新创业效率,强化数据要素对创新驱动发展的关键性作用。

6.3.4 以产业转型升级为重要目标,推动重点领域跨越式发展

大力提升产业链供应链现代化水平,推动制造业高质量发展。实施制造业产业基础再造和产业链提升工程,不断提升关键领域和核心环节重要零部件、资本品、中间产品的自主可控能力。优化产业集群培育升级行动,打造新一代信息技术、汽车及零部件、绿色化工等世界级先进制造业集群,不断推进补链强链固链,形成以制造业为基础支撑的现代产业链供应链体系,积极建设全球先进制造业基地。

做优做强战略性新兴产业和未来产业,推动科技创新有效转化。"十四五"时期浙江省重点发展生命健康产业、新材料产业,培育发展新一代信息技术、生物技术、高端装备、新能源及智能汽车、绿色环保、航空航天、海洋装备等战略性新兴产业,超前布局发展第三代半导体、类脑芯片、柔性电子、量子信息、物联网等未来产业。应加快实现基础创新与上述领域深度融合,依托高端要素、基础研究与企业主体破解战略性新兴产业和未来产业发展面临的瓶颈。

着力强化生产性服务业创新能力,推动服务业与制造业融合创新。"十四五"时期,浙江省在维持制造业占比基本稳定的基础上,积极推动生产性服务业向专业化和价值链高端延伸,加快发展研发设计、工业设计、商务咨询、检验检测等服务业,促进生产性服务业赋能制造业高质量发展,依托平台经济和数字经济优势,积极培育具有国际竞争力的服务业企业,支持发展服务型制造,推动生产性服务业与制造业深度融合、协同创新。

6.4　共同富裕目标下浙江创新驱动政策优化方向

浙江省实施创新驱动发展战略推动经济高质量发展,是促进共同富裕的重要基础,应以高端人才引领、创新链优化、数字经济领先、产业链创新优化等为方向,构建世界一流、国内领先的创新政策体系。

6.4.1　打造高端人才创新创业环境最优省,加快建设全球人才蓄水池

优化国际高端创新人才引育政策,强化基础研究核心动能。依托浙江大学、西湖大学等研究型高校集聚高端创新人才,在人才政策设计、团队建设、科研启动和创新转化等诸多方面采取"一校一策""一人一策",不断提升高端创新人才在浙创新创业的黏度。依托国家自主创新示范区、自由贸易试验区、跨境电商综试区等国家级平台,在职称评审、人才计划申报、税收政策、住房政策、教育政策、配偶就业等诸多方面形成"人才特区",部分领域对标深圳市高层次人才奖励补贴政策。鼓励企业布局海外"人才飞地"与共建实验室等,积极探索相关费用适用研发经费加计扣除或者其他税收优惠,形成具有杭州特色、国内领先、世界一流的高端创新人才引育政策体系。

优化青年拔尖人才引育政策,提升创新创业梯队建设水平。鼓励和支持在浙高校、科研院所和企业共建博士后流动站,对在浙创新创业的博士给予现金补贴,提升院士结对培养青年英才计划实施效度,扩展青年拔尖人才学科门类,聚焦自然科学、人文社科等多学科,优化浙江省科技厅、浙江省科协、浙江省社科联等部门管理功能,探索设立青年人才阶梯式支持机制,增强海外青年人才引进力度。

优化创新型企业家队伍建设,推动企业加速集聚创新要素。支持高校强化工商管理、创新创业管理类人才培养,鼓励浙江企业家积极参加理论和实践培训,推动浙江本土企业家实现优化升级。鼓励高校、科研院所内科研人员兼职创新、在职或离岗创办企业,加大企业科学家培育引进力度。支持企业引进创新型管理团队,推动创新人才带专利、项目等进入浙江。

优化高技能人才培育体系，构建工程师协同创新基地。支持高技能人才培育体系建设，探索设立高端技术人才项目，鼓励高职专科院校"双高计划"建设，积极引导本专科人才培育体系差异化、职业分流差异化、考评机制差异化，建立全球高技能人才集聚地。探索研究型技能人才培育新模式，鼓励工程师积极申报省级科技基金项目，聚焦经济社会实际需求开展应用研究，建设一批工程师协同创新中心。加强绝技绝活技能资质认定，加大浙江特色工艺技术宣传力度，对名师大家在浙教学、创业等提供政府补贴。

6.4.2　深化创新链优化转型最先省，聚焦建设全球创新策源地

优化高等级创新平台体系和国家战略科技力量，提升基础研究能级。聚焦城西科创大走廊、G60科创走廊建设，积极试点创新链产业链政策，对上下游企业协同创新给予不同比例补贴或减税，围绕产业创新区域构建科技创新平台，提升区域内部营商环境，深化企业并购重组试点，按照块状经济、现代产业集群"两个全覆盖"要求，打造标杆性创新服务业综合体。实施高新区高质量发展行动计划，探索按照亩产、创新强度等指标，动态支持省内高新区建设世界一流的高科技园区。

优化企业创新主体地位政策，培育创新型产业生态圈。实施高新技术企业和科技型中小企业"双倍增"行动计划，探索全产业链、全生命周期扶持政策，对创新程度高、产业化运用好的企业实施"事后奖励"，对设立高水平研发机构实施政府补贴。探索由省内主管领导牵头，链接创新链"链主"企业和科技型中小企业创新生态圈的"链长制"，支持企业围绕前沿领域、国家战略、市场需求等申报省级科技基金项目。

优化创新链转型体制机制改革，打造创新创业新高地。有力、有序地推进创新攻关"揭榜挂帅"体制机制建设，严格实施科研项目招投标和匿名评审制度，完善以科研转化效果为导向的科技评价和激励机制，扩大科研院所研究自主权，优化创新券、研发投入加计扣除等创新政策，加大政府产业基金对科技创新转化的支持力度，探索在浙金融机构科技金融产品创新，创新科普工作新机制，全面加强知识产权保护，推动知识产权保护中心和快速维权中心建设。

6.4.3　构建数字经济创新发展最强省,深入实施"一号工程 2.0 版"

优化数字经济虚实结合,促进数字产业化提质增效。依托现有数字经济产业创新、模式创新优势,加快关键数字技术科技攻关,支持互联网企业向服务型制造转型,对前期固定资产投入和生产制造环节实施补贴,引导企业向集成电路、高端软件、网络通信、元器件及材料等基础产业转型,探索服务型企业研发投入加计扣除实施方案,试点服务型企业、工业企业和科研院所协同创新机制,给予政府专项资金支持,鼓励企业和科研院所互派研发人员,试点"数字经济+"协同创新中心。

优化产业数字化政策,鼓励数字经济与各行业互联互通。探索数据要素确权和收益分享的具体办法,推动数字技术与实体经济深度融合,试点工业企业和服务型企业数字化转型投入费用的加计扣除政策,优化"1+N"工业互联网生态,打造工业互联网国家示范区,加快国家新一代人工智能创新发展试验区建设。引导企业实施共享制造、未来工厂、虚拟产业园等智能制造新模式。

优化数字经济推进政府转型政策,提升创新政策实施有效性。创新驱动关键在于实现"科技创新与体制机制创新"双轮驱动,"十四五"时期浙江省应创新数字政府建设,提升云计算、大数据、物联网、人工智能、区块链等前沿技术在政府治理中的融合应用水平,探索数字化改革提升产业政策、创新政策、竞争政策实施效度,动态监测技术市场、科技前沿、需求变动等大数据信息,提升创新驱动政策实施效果。

6.4.4　实施产业链创新政策最佳省,着力提升各环节核心动能

优化产业链供应链安全政策,提升各环节自主可控性。充分发挥浙江省产业链供应链优势,拉长长板是保障产业链供应链安全的首要任务;探索突破关键技术和破解核心环节"卡脖子"问题,补齐短板是保障产业链供应链安全的关键领域;强化产业链供应链技术备份和生态系统构建,增强韧性是保障产业链供应链安全的重要环节。试点动态认定产业链供应链"链主"的实施办法,设立"卡脖子"技术专项基金项目。

优化产业链供应链创新政策，促进各环节联动创新。制定面向全产业链的创新政策，充分发挥产业链供应链"链主"型企业的引领带动作用，推动中小企业"隐形冠军"做优做强，形成面向产业链供应链的现代化创新链体系；推动产业链供应链技术创新由引进吸收为主转向自立自强，提高关键技术环节的国产化比例，鼓励上下游企业实现基础创新与应用创新相结合；加快推动新一代信息技术、智能制造等与现有产业链供应链融合发展，构建"互联网＋""5G＋"等融合创新模式。

优化产业链供应链效率，推动产业链整体转型升级。确立公平竞争的市场化原则，促进产业链供应链有序合作、良性竞争，降低产业链供应链运行成本；推动产业链供应链绿色化发展，建立产业链供应链上下游补偿机制。探索产业链供应链运行成本和环保成本的分担机制，试点产业链供应链特定环节创新补偿机制。

6.4.5 推动高质量发展促共同富裕最活省，大力推动创新成果共享

优化市场机制作用，提升一次分配的规模和公平性。优化营商环境，增创体制机制新优势，推动经济高质量发展。打造稳定、可预期、法治化的营商环境，提升市场主体活跃度，依法保护企业家人身财产安全，促进企业家强化主业建设。加快完善市场准入的负面清单，对清单以外的行业、领域、业务等不得设置市场准入审批事项，保障各类市场主体依法平等进入的权利。打造政府服务企业长效机制和平台，提升服务效率方便企业办事，在企业普遍关注的科技研发、技术创新、知识产权保护等方面精准服务，分类施策。

继续巩固与发展以社会保险为主体的社会保障制度，增强二次分配的有效性。注重发挥社会保险与社会救助相结合的制度联动作用与整合效应，根据经济社会实际发展状况适度提高社会保障待遇，缩小城乡之间社会保障待遇的差距，建立与地方财政实力相适应的社会保障动态调节机制。借鉴发达国家经验探索建立长期护理保障制度，探索多种形式的长期护理服务供给制度，鼓励市场与社会提供养老育幼服务，提高对上述机构的财政性补贴水平。不断提升社会保险制度覆盖率，破除城乡、单位所有制、户籍

等多重分割,推动非户籍人口享受居住地基本公共服务,促进医疗、教育等公共服务体系的均等化,提高低收入人群的真实收入水平。

优化社会机制作用,使三次分配成为实现共同富裕的新动能。充分发挥社会组织作用,提升社会治理能力和公共服务供给水平。引导慈善捐赠、志愿服务和社会组织等社会力量重点服务社会救助、养老服务、儿童福利、残疾人福利和社区治理等民政民生事业,促进三次分配向低收入人群倾斜。培育慈善主体,拓展三次分配的范围和体量。鼓励符合条件的慈善组织向社会提供服务,鼓励居(村)委会、业主委员会设立慈善互助会或设立慈善基金等,推动社区慈善发展;探索建立慈善广场、慈善社区等公众参与的慈善平台。完善三次分配缩小收入差距的创新机制。通过广布慈善网点、发展志愿服务、鼓励发展慈善信托、搭建交流平台、丰富捐赠形式、鼓励社会协同等方式,拓宽社会力量参与渠道。健全捐赠制度及社会财富再分配制度,充分发挥税收对社会捐赠的激励作用。扩大享受税收优惠慈善组织的范围,取消对慈善组织人数和资金规模的限制,提高企业和个人慈善捐赠免税水平。

7

共同富裕的保障机制：统筹发展与安全、防范重大风险

　　当今世界正经历百年未有之大变局，"当前和今后一个时期是我国各类矛盾和风险易发期，各种可以预见和难以预见的风险因素明显增多"。[①] 因此，必须坚持统筹发展与安全。习近平总书记指出："安全是发展的前提，发展是安全的保障。"[②]在前进道路上，我们既要善于运用发展成果夯实国家安全的实力基础，又要善于塑造有利于经济社会发展的安全环境，实现发展和安全互为条件、彼此支撑。如何有效统筹发展与安全、防范化解各种重大风险，是我国迈向高水平全面建设社会主义现代化新发展阶段的重要一环。

7.1　统筹发展与安全、防范重大风险的重要意义

　　发展与安全总是如影随形。一方面，发展是第一要义，是维护国家安全、社会稳定的根本途径。没有经济发展就无法形成强大的国防实力，就无法有效提高人民生活水平，无法维护社会稳定与安宁，最终结果是国破家

---

　　① 《关于〈中共中央关于制定国民经济和社会发展第十四个五年规划和二〇三五年远景目标的建议〉的说明》，《人民日报》2020 年 11 月 4 日第 2 版。
　　② 《关于〈中共中央关于制定国民经济和社会发展第十四个五年规划和二〇三五年远景目标的建议〉的说明》，《人民日报》2020 年 11 月 4 日第 2 版。

亡、社会动乱。另一方面,安全又为发展提供保障。没有安全的发展是脆弱的、不稳定的,没有发展的安全是短暂的、不可持续的。

统筹发展与安全、防范重大风险是近代以来中华民族得出的历史经验。"落后就要挨打",近代中国积贫积弱,经济发展缓慢,从而饱受列强侵略与压迫,签订了一系列不平等条约。反过来,这些不平等条约,如同一条条枷锁,使中国发展举步维艰。《南京条约》赔款 2100 万两白银,《马关条约》加上其他赔款达 23000 两白银,《辛丑条约》加上利息达 98000 万两白银。为了支付这些巨额赔款,中国的关税、铁路、矿山等都被抵押,近代中国发展与安全陷入恶性循环。

中华人民共和国成立后,以毛泽东为代表的党的第一代中央领导集体,开始统筹发展与安全。一方面,开始有系统、大规模地开展经济生产与建设,探索中国特色社会主义经济建设的发展道路;另一方面,又毅然做出抗美援朝的壮举,为新中国经济建设提供了稳定、安全的国际环境。改革开放之后,邓小平也极为重视统筹发展与安全。他一方面提发展,提出了"社会主义首先要发展生产力"[①];另一方面提安全,认为"没有一个安定团结的政治局面,就不能安下心来搞建设"[②]。此后,他还对当时国际总体形势进行了预判,提出了"和平与发展"的时代主题。正因对统筹发展与安全的高度重视,从而创造了世所罕见的两大奇迹:一是经济快速发展的奇迹;二是社会长期稳定的奇迹。

统筹发展与安全、防范重大风险是巩固党的执政地位、保证国家安全的头等大事。习近平总书记强调:"当前和今后一个时期,我们在国际国内面临的矛盾风险挑战都不少,决不能掉以轻心。各种矛盾风险挑战源、各类矛盾风险挑战点是相互交织、相互作用的。如果防范不及、应对不力,就会传导、叠加、演变、升级,使小的矛盾风险挑战发展成大的矛盾风险挑战,局部的矛盾风险挑战发展成系统的矛盾风险挑战,国际上的矛盾风险挑战演变为国内的矛盾风险挑战,经济、社会、文化、生态领域的矛盾风险挑战转化为

---

① 《邓小平文选》第 2 卷,人民出版社 1994 年版,第 311 页。
② 《邓小平文选》第 2 卷,人民出版社 1994 年版,第 251 页。

政治矛盾风险挑战，最终危及党的执政地位、危及国家安全。"①由此可见，能否统筹发展与安全，有效防范化解重大风险，关系党执政地位的巩固，关系到国家稳定与社会安定。

统筹发展与安全、防范重大风险是实现"两个一百年"奋斗目标的基本保证。习近平总书记提道："我们的事业越前进、越发展，新情况新问题就会越多，面临的风险和挑战就会越多，面对的不可预料的事情就会越多。"②当前我国面临不少风险与挑战，正是经济发展的一个产物。在党的领导下，我国国内生产总值居世界第2，人均国内生产总值达到1万美元，城镇化率超过60%，中等收入群体超过4亿人。当今，我国进入中国特色社会主义发展的新时代，处于"两个一百年"奋斗目标的历史交汇点。"十四五"时期又是乘势而上开启全面建设社会主义现代化国家新征程、向第二个百年奋斗目标进军的第一个五年。面对新发展、新阶段，风险、挑战必然随着发展而变得更加复杂。加之，新冠疫情"全球大流行使这个大变局加速变化，保护主义、单边主义上升，世界经济低迷，全球产业链供应链因非经济因素而面临冲击，国际经济、科技、文化、安全、政治等格局都在发生深刻调整，世界进入动荡变革期。今后一个时期，我们将面对更多逆风逆水的外部环境"③。为应对多变的国际环境，统筹发展与安全，党的十九届五中全会上审议通过了《中共中央关于制定国民经济和社会发展第十四个五年规划和二〇三五年远景目标的建议》，其中把"统筹发展和安全"纳入"十四五"时期我国经济社会发展的指导思想，并列专章做出战略部署，这在中央全会通过的文件里是第一次。充分体现了以习近平同志为核心的党中央对统筹发展与安全、防范和化解重大风险的高度重视，对实现"两个一百年"奋斗目标提供了基本保证。

---

① 《习近平谈治国理政》第2卷，外文出版社2017年版，第222页。

② 中共中央党史和文献研究院编：《习近平关于防范风险挑战、应对突发事件论述摘编》，中央文献出版社2020年版，第136页。

③ 习近平：《正确认识和把握中长期经济社会发展重大问题》，《求是》2021年第2期，第1—2页。

7.2 新发展阶段面临的重大安全风险的具体表现

2014 年,在国家安全委员会第一次会议上,习近平总书记提道:"当前我国国家安全内涵和外延比历史上任何时候都要丰富,时空领域比历史上任何时候都要宽广,内外因素比历史上任何时候都要复杂,必须坚持总体国家安全观,以人民安全为宗旨,以政治安全为根本,以经济安全为基础,以军事、文化、社会安全为保障,以促进国际安全为依托,走出一条中国特色国家安全道路。"①可以发现,总体国家安全观是集政治安全、社会安全、经济安全、生态安全、科技安全等于一体的国家安全体系。

7.2.1 政治与意识形态安全风险

政治和意识形态工作是党的一项极为重要的工作,关乎旗帜、关乎道路、关乎国家政治安全。当前处于"两个一百年"奋斗目标的历史交汇点,处于中国全面建设现代化的新阶段,政治安全尤为重要。习近平总书记强调:"各级党委和政府要坚决贯彻总体安全观,落实党中央关于维护政治安全的各项要求,确保我国政治安全。"②

意识形态安全是政治安全的重要保障,因此"一刻也不能放松和削弱意识形态工作,必须把意识形态工作的领导权、管理权、话语权牢牢掌握在手中,任何时候都不能旁落"。当前处于大发展大变革时期,社会思想意识复杂多样、相互交织,各种意识形态先后发生,意识形态领域局部多元多样多变的趋势日益明显,人们的思想更加活跃,独立性、选择性、多变性、差异性显著增强。在这个过程中,一些错误思想观点,特别是西方"宪政民主"、"普世价值"、新自由主义、历史虚无主义等在局部泛滥,妄图挑战马克思主义指

---

① 《习近平谈治国理政》第 1 卷,外文出版社 2018 年版,第 200—201 页。
② 《习近平在省部级主要领导干部坚持底线思维着力防范化解重大风险专题研讨班开班式上发表重要讲话》,《人民日报》2019 年 1 月 22 日第 1 版。

导地位,攻击否定党的领导、党的发展道路、我国政治制度,对社会主义核心价值观产生冲击。这对我国政治和意识形态安全构成重大风险和挑战。

7.2.2　社会安全风险

"维护社会大局稳定,要切实落实保安全、护稳定各项措施,下大力气解决好人民群众切身利益问题,全面做好就业、教育、社会保障、医药卫生、食品安全、安全生产、社会治安、住房市场调控等方面工作。"首先,重大生产安全事故、黑恶势力对人民健康与社会安定仍造成重大威胁。如生产安全方面,根据国家统计局统计,2017 年全国共发生生产安全事故 52988 起,死亡37852 人;2018 年全国共发生生产安全事故 4.9 万起,死亡 3.46 万人;2019年全国各类生产安全事故共造成 29519 人死亡。其次,食品安全社会关注度高,舆论燃点低,容易引起社会恐慌,甚至群体性事件。如,毒奶粉、地沟油、假羊肉、镉大米、毒生姜、染色脐橙等事件,都引发了群众愤慨。[①] 最后,住房、医疗、教育等基本民生问题面临区域间不平衡。这些社会问题都将影响社会稳定与安全。

7.2.3　经济安全风险

过去我国经济高速发展,使得许多经济矛盾与风险被掩盖,而在近几年经济增速由"量"到"质"的发展过程中,出现了一定程度的经济增速下调,"各类隐性风险逐步显性化,地方政府性债务、影子银行、房地产等领域风险正在显露,就业也存在结构性风险"[②]。这些隐性风险对我国金融安全形成挑战,习近平总书记也强调:"防范化解金融风险,特别是防止发生系统性金融风险是金融工作的根本性任务,也是金融工作的永恒主题。"[③]

近几年来,伴随着单边贸易主义的抬头及新冠疫情全球大暴发的冲击,

---

①　《在中央农村工作会议上的讲话》(2013 年 12 月 23 日),《十八大以来中央文献选编》(上),中央文献出版社 2014 年版,第 672 页。

②　《习近平谈治国理政》第 2 卷,外文出版社 2017 年版,第 232 页。

③　《坚决防范化解金融风险》(2017 年 7 月 14 日),《十八大以来中央文献选编》(下),中央文献出版社 2018 年版,第 797 页。

全球经济形势更加复杂多变,不确定性因素增加,我国经济发展也受到冲击。习近平总书记指出:"当前我国经济形势总体是好的,但经济发展面临的国际环境和国内条件都在发生深刻而复杂的变化,推进供给侧结构性改革过程中不可避免会遇到一些困难和挑战,经济运行稳中有变、变中有忧。"这些困难与挑战有:一是外贸出口受阻。新冠疫情蔓延至世界各国,进而影响到中国出口贸易,2020 年一季度我国出口贸易量同比下降 11.4%。二是内需冲击。由于疫情影响,许多工厂、商店倒闭,大量人员失业、收入下降,从而令消费下滑。三是就业压力增大。2021 年我国城镇新增劳动力约 1400 万人,其中高校毕业生 909 万人,创历史新高,就业形势紧张。四是供应链不畅,粮食安全受到挑战。目前许多国家开始限制出口,其中包括 16 个国家限制粮食出口。

7.2.4 科技安全风险

科技领域安全是国家安全的重要组成部分。当前我国科技安全也面临着挑战。一方面,关键领域的核心技术受制于人,遭国外"卡脖子"。习近平总书记指出:"新一轮科技革命带来的是更加激烈的科技竞争,如果科技创新搞不上去,发展动力就不可能实现转换,我们在全球经济竞争中就会处于下风。"①当前我国科技领域出现了资源配置重复、科研力量分散、创新主体功能定位不清晰等突出问题。这些问题直接束缚我国科技创新发展,导致"我国创新基础还不牢,自主创新特别是原创力还不强,关键领域核心技术受制于人的格局没有根本上改变"。

另一方面,信息安全受到威胁。当信息技术不断普及时,网络风险也日益严重。据国家互联网应急中心(CNCERT)监测,仅 2020 年上半年,我国境内感染计算机恶意程序的主机数量约 304 万台,同比增长 25.7%。信息安全已成为严重制约我国经济发展与个人安全的重大隐患。此外,一些关键信息基础设施一旦遭到破坏,不仅可能导致大规模的人员伤亡和财产损失,而且可能威胁相关产业,更有甚者,可能关系到国家的安危。习近平总

---

① 《十八大以来重要文献选编》(中),中央文献出版社 2016 年版,第 825 页。

书记指出："金融、能源、电力、通信、交通等领域的关键信息基础设施是经济社会运行的神经中枢，是网络安全的重中之重，也是可能遭到重点攻击目标……不出问题则已，一出就可能导致交通中断、金融紊乱、电力瘫痪等问题，具有很大的破坏性和杀伤力。"①

7.2.5　生态环境安全风险

"生态环境是关系党的使命宗旨的重大政治问题，也是关系民生的重大社会问题。"②当前我国主要矛盾转化为人民日益增长的美好生活需要和不平衡不充分的发展之间的矛盾，人民群众对良好生态环境的需要已经成为这一矛盾的重要方面。然而，当今我国不少地方仍坚持粗放型发展，导致大气、水、土壤等环境污染。此外，洞庭湖、鄱阳湖、长江、黄河等湿地生态功能退化严重，"长江生物完整性指数到了最差的'无鱼'等级"③。环境污染、生态破坏，极大地影响了经济优质发展和人民身体健康。如 2020 年 4 月，《瞭望》新闻周刊记者凌军辉等对长江流域抗生素污染情况进行了调查。调研发现，长江流域抗生素浓度偏高，水生态系统受到破坏。更令人担忧的是，相关调查显示，长三角地区约 40％孕妇尿液中检出抗生素，近 80％儿童尿液中检出兽用抗生素，部分检出抗生素已在临床中禁用，有可能严重损害人体免疫力。

7.2.6　生物安全风险

"重大传染病和生物安全风险是事关国家安全和发展、事关社会大局稳定的重大风险挑战。"④进入 21 世纪以来，生物安全对国家安全的威胁越来越大，从非典疫情、H1N1 流感，到如今的新冠疫情。新冠疫情全球大流行，

---

① 《十八大以来重要文献选编》（下），中央文献出版社 2018 年版，第 310 页。
② 《习近平谈治国理政》第 3 卷，外文出版社 2020 年版，第 359 页。
③ 中共中央党史和文献研究院编：《习近平关于防范风险挑战、应对突发事件论述摘编》，中央文献出版社 2020 年版，第 100 页。
④ 中共中央党史和文献研究院编：《习近平关于防范风险挑战、应对突发事件论述摘编》，中央文献出版社 2020 年版，第 109 页。

对人民生命健康、社会经济都构成极大威胁。

7.2.7　党的建设所面临的风险

中国共产党是中华民族的"主心骨",是中国特色社会主义建设的领导核心。然而,在"新形势下,我们党的自身建设面临一系列新情况新挑战",①具体而言,有腐败、形式主义、官僚主义等问题。其中"腐败是党面临的最大威胁"②,"形式主义、官僚主义是目前党内存在的突出矛盾和问题,是阻碍党的路线方针政策和党中央重大决策部署贯彻落实的大敌"③。这些问题都会使党的执政基础受到侵蚀,党的执政能力受到削弱。此外,党还面临着"四大考验"(执政考验、改革开放考验、市场经济考验、外部环境考验)和"四大危险"(精神懈怠的危险、能力不足的危险、脱离群众的危险、消极腐败的危险)。这些问题、考验、危险得不到化解,将给党的发展、国家安全与发展带来全局性、颠覆性的灾难。

7.3　防范化解重大风险的方法论

自党的十八大以来,以习近平同志为核心的党中央便一直高度重视统筹发展与安全、防范化解重大风险挑战。习近平总书记在很多领域都对如何有效防范化解重大风险挑战做出了指示,对各级党委、政府防范化解重大风险挑战具有方法论的启示意义。

7.3.1　坚持与时俱进法

与时俱进是马克思主义重要的理论品质,是党的思想路线之一。中国

---

① 中共中央党史和文献研究院编:《习近平关于防范风险挑战、应对突发事件论述摘编》,中央文献出版社 2020 年版,第 124 页。

② 中共中央党史和文献研究院编:《习近平关于防范风险挑战、应对突发事件论述摘编》,中央文献出版社 2020 年版,第 134 页。

③ 中共中央党史和文献研究院编:《习近平关于防范风险挑战、应对突发事件论述摘编》,中央文献出版社 2020 年版,第 136 页。

经济建设发展的过程是跌宕起伏的，其中既取得伟大成就，也遭遇巨大挫折。面对中国跌宕起伏的形势变化，要实现主观认识与客观形势的统一，必须做到与时俱进。习近平总书记能够站在时代的前沿，根据主要矛盾及经济形势的变化，而采取不同且科学的防范化解重大风险的举措，这是习近平总书记灵活运用马克思主义唯物辩证法的生动体现。

坚持与时俱进方法论，有利于在形势发展中认清困难、发现风险。习近平总书记指出，我们"既要看到国际国内形势中有利的一面，也看到不利的一面"①，"既要看到成绩和机遇，更要看到短板和不足、困难和挑战，看到形势发展变化给我们带来的风险"②。可以说，遵循与时俱进看待形势变化，可以及时发现风险与挑战，这是防范化解风险的前提。

防范化解重大风险，要坚持与时俱进，根据形势变化，及时调整政策，科学采取防范措施。习近平总书记指出："谋划和推进党和国家各项工作，必须深入分析和准确判断当前世情国情党情。我们强调重视形势分析，对形势作出科学判断，是为制定方针、描绘蓝图提供依据。"③要防范化解当前与未来重大风险与挑战就必须与时俱进，改变维护传统安全的思维模式，创新防范理念、发展理念、发展模式，"增强加快转变经济发展方式的自觉性和主动性"。习近平总书记强调："如果看不到甚至不愿承认新变化、新情况、新问题，仍然想着过去的粗放型高速发展，习惯于铺摊子、上项目，就跟不上形势了。"④

7.3.2　坚持稳中求进法

"速度"与"质量"是辩证统一的。要使之达到辩证统一，必须追求稳中

---

① 《习近平谈治国理政》第 1 卷，外文出版社 2018 年版，第 111 页。

② 中共中央党史和文献研究院编：《习近平关于防范风险挑战、应对突发事件论述摘编》，中央文献出版社 2020 年版，第 12 页。

③ 中共中央党史和文献研究院编：《习近平关于防范风险挑战、应对突发事件论述摘编》，中央文献出版社 2020 年版，第 12 页。

④ 《习近平谈治国理政》第 2 卷，外文出版社 2017 年版，第 234 页。

有进，先求稳，再求进，坚持"站稳以后的前进是更踏实的前进"①。自中华人民共和国成立以来，"稳中求进"便一直是我们党治国理政的重要原则，也是做好经济工作的方法论。稳和进有机统一、相互促进。当前我国处于开启全面建设社会主义现代化国家新征程、向第二个百年奋斗目标进军的第一个五年，发展的同时面临的风险也是前所未有的。因此，更须充分估计困难、风险与不确定性，坚持"稳中求进"的方法论与主基调。

稳中求进，"稳"是首位，是前提。防范化解重大风险，必须坚持以"稳"为先，各级政府要坚持"六稳""六保"的发展基调和工作力度。习近平总书记指出："做好'六稳'工作、落实'六保'任务至关重要。'六保'是我们应对各种风险挑战的重要保证。要全面强化稳就业措施，强化困难群众基本生活保障，帮扶中小微企业渡过难关，做到粮食生产稳字当头、煤电油气安全稳定供应，保产业链供应链稳定，保障基层公共服务。同时，要在'稳'和'保'的基础上积极进取。"②只有就业稳定、粮食安全、能源充足，基本民生有保障，经济、社会安全才有保证。

稳中求进，"进"是方向，是目标。要在稳的前提下，积极谋求发展。只有更好地发展，才能更加保障稳定的大局。以 2020 年复工复产的先行省浙江为例。2020 年，在新冠疫情得到有效防控后，浙江省委、省政府便积极谋划企业复工复产，印发《关于坚决打赢新冠肺炎疫情防控阻击战全力稳企业稳经济稳发展的若干意见》，为企业开工复工排忧解难。此后，浙江各地陆续出台复工复产的奖励性政策，从而实现了疫情防控与经济发展的双丰收。当今，我国处于乘势而上开启全面建设社会主义现代化国家新征程、向第二个百年奋斗目标进军的第一个五年。防范化解重大风险，应在"六稳""六保"的基础上，积极扶持实体经济发展，积极提高居民收入，以扩大内循环，建构国内国际双循环体系。

---

① 《陈云文选》第 3 卷，人民出版社 1995 年版，第 136 页。
② 中共中央党史和文献研究院编：《习近平关于防范风险挑战、应对突发事件论述摘编》，中央文献出版社 2020 年版，第 66 页。

7.3.3 坚持统筹兼顾法

统筹兼顾是中国共产党的一个科学方法论，它的哲学内涵就是马克思主义辩证法。当前我国出现的不少风险与挑战，正是由各行业发展不平衡、不协调所致的。因此，防范化解重大风险，要坚持统筹兼顾。

第一，统筹经济发展与生态和谐的统一。以往为实现经济的快速发展，一味追求 GDP 的规模和增速，破坏了经济发展与生态保护之间的平衡，不仅产生了生态安全风险，而且增大了生产安全风险、经济安全风险。为此，习近平总书记提出："要正确处理好经济发展同生态环境保护的关系，牢固树立保护生态环境就是保护生产力、改善生态环境就是发展生产力的理念，更加自觉地推动绿色发展、循环发展、低碳发展，决不以牺牲环境为代价去换取一时的经济增长。"[1]2005 年 8 月，时任浙江省委书记习近平在浙江湖州安吉余村村考察时提出"绿水青山就是金山银山"的科学论断，充分彰显了经济发展与生态保护之间和谐统一、和谐发展的理念，破除唯 GDP 论，破除"只要金山银山、不要绿水青山"的发展论调。各级政府要保持经济高质量发展，必须始终践行"绿水青山就是金山银山"的科学论断，做到经济发展与生态保护之间统筹发展。

第二，统筹群体之间、城乡之间、区域之间的发展平衡，促进共同富裕。当前我国社会贫富差距大，城乡之间、区域之间的发展差距明显，这已成为影响社会安全、经济安全的重要因素。在防范化解重大风险中，习近平总书记强调要解决社会公平正义问题，提出共享发展的理念，"使全体人民朝着共同富裕方向稳步前进，绝不能出现'富者累巨万，而贫者食糟糠'的现象"[2]。习近平总书记强调的共同富裕，是全体人民的富裕，是人民群众物质生活和精神生活都富裕，不是部分地区及少数人的富裕。为此，要防范化解重大风险，就必须统筹群众之间、区域之间、行业之间的发展平衡，逐步消除

---

① 中共中央文献研究室编：《习近平关于全面建成小康社会论述摘编》，中央文献出版社 2016 年版，第 165 页。

② 习近平：《论坚持全面深化改革》，中央文献出版社 2018 年版，第 173 页。

造成城乡差距、区域差距、收入差距的体制性、政策性障碍,促进共同富裕。浙江省走在全国前列,连续 17 年来,农村居民人均可支配收入居全国第 1,2020 年城乡居民收入比为 1.61∶1。为此,2021 年中央赋予浙江高质量发展建设共同富裕示范区的重大任务,这为探索中国城乡共同富裕的发展道路提供了样本。

第三,统筹实体经济与金融产业的发展平衡。实体经济与金融业的结构不平衡是引发当前经济风险的重要因素。一方面,高杠杆导致出现房地产泡沫、影子银行等风险,从而出现系统性金融风险;另一方面,大量的中小微企业却出现了融资难融资贵问题,实体经济发展面临困境。因此,要防范化解经济中的重大风险,一方面要"整治乱办金融、非法集资、乱搞同业、乱加杠杆、乱做表外业务、违法违规套利等严重干扰金融市场秩序的行为"[①];另一方面,要"引导金融业发展同经济社会发展相协调,促进融资便利化、降低实体经济成本、提高资源配置效率、保障风险可控"[②]。浙江是实体经济大省,浙江经济同样面临实体经济与金融业结构失衡等不足,因此也要统筹实体经济与金融业的发展,把振兴实体经济作为领跑未来发展的战略之举,为浙江发展提供坚实支撑。

7.3.4　坚持底线思维法

底线思维,即立足客观现实,设定最低目标,或从最坏处准备,并在此基础上努力争取最好结果的一种思维方法。底线思维是科学的思维方法和有效的工作方法。习近平主席特别重视运用底线思维,来防范化解重大风险挑战。

第一,在防范化解重大风险挑战中,坚持底线思维,必须要有"居安思危"的忧患意识、风险意识。安全与危险是矛盾统一的,两者既相互矛盾、相互对立,又在一定条件下相互转换。因此,要时刻树立"居安思危"的忧患意

---

① 《十八大以来重要文献选编》(下),中央文献出版社 2018 年版,第 800 页。
② 《习近平谈治国理政》第 2 卷,外文出版社 2017 年版,第 278—279 页。

识、风险意识,从而"未雨绸缪、妥善应对,切实做好工作"①。习近平总书记提道:"'于安思危,于治忧乱。'我们党在内忧外患中诞生,在磨难挫折中成长,在战胜风险挑战中壮大,始终有着强烈的忧患意识、风险意识。党的十八大以来,我多次强调要坚持底线思维,就是要告诫全党时刻牢记'安而不忘危,存而不忘亡,治而不忘乱'。"②有了忧患意识、风险意识,才能够防患于未然、防患于萌发之时,做到主动预防为先,下好先手棋,打好主动仗。如在防范金融风险上,习近平总书记强调:"要把主动防范化解金融风险放在更加重要位置,等出了事就来不及了。要科学防范金融风险,早识别、早预警、早发现、早处置。"③防范化解社会安全风险,要做到"发现在早、防范为先、处理在小,防止碰头叠加、蔓延升级"④。针对不可预测的自然灾害、突发重大公共卫生事件,更要增强忧患意识、责任意识,坚持"预防为主的卫生与健康工作方针"⑤,要完善风险防控机制,建立健全风险研判机制、决策风险评估机制、风险防控协同机制、风险防控责任机制。

第二,坚持底线思维,还要树立"从最坏处着想、向最好处努力"的思想和应急准备。习近平总书记强调,一方面我们要"充分估计最坏的可能性",另一方面要"通过工作确保不出现最坏的情景,坚决守住金融风险、社会民生、生态环境等底线"。⑥因此,在防范化解重大风险与挑战时,各级政府部门、各级领导应做好从最坏处着手的思想准备与应急预案。如在化解社会安全风险中,"社会政策要托底,就是要守住民生底线。要从思想、资金、物

---

① 中共中央党史和文献研究院编:《习近平关于防范风险挑战、应对突发事件论述摘编》,中央文献出版社 2020 年版,第 17 页。

② 《习近平谈治国理政》第 3 卷,外文出版社 2020 年版,第 96 页。

③ 《十八大以来重要文献选编》(下),中央文献出版社 2018 年版,第 797 页。

④ 中共中央党史和文献研究院编:《习近平关于防范风险挑战、应对突发事件论述摘编》,中央文献出版社 2020 年版,第 83 页。

⑤ 中共中央党史和文献研究院编:《习近平关于防范风险挑战、应对突发事件论述摘编》,中央文献出版社 2020 年版,第 162 页。

⑥ 中共中央党史和文献研究院编:《习近平关于防范风险挑战、应对突发事件论述摘编》,中央文献出版社 2020 年版,第 57 页。

资等方面做好准备和预案,坚决守住社会稳定底线"①。

第三,坚持底线思维,要注重补短板、堵漏洞、强弱项。习近平总书记经常强调"木桶效应"。如果将我国当前发展比喻为"木桶",其中各个领域、各个行业就如同组成木桶的每一块木板。短板就是我国当前经济发展中所存在的不足,底板就是我们经济发展中存在的重大风险与挑战。习近平总书记强调:"木桶有短板就装不满水,但木桶底板有洞就装不了水。我们既要善于补齐短板,更要注重加固底板。防控和化解各种重大风险,就是加固底板。"②因此,防范化解重大风险挑战,就要查缺补漏,针对风险中存在的不足,进行完善和提高。如在防范化解重大科技安全风险中,缺乏核心领域核心技术的自主权便是我国发展中面临的短板,为此习近平总书记强调要攻坚克难,"加大投入力度,着力攻克一批关键核心技术,加速赶超甚至引领步伐"③。在防控新冠疫情时,暴露出重点防疫物资储备的不足,因此要系统梳理国家储备体系短板,健全统一的应急物资保障体系。

7.4 结语

今天的世界,国际形势正发生前所未有之大变局;今天的中国,中国特色社会主义正全面向前推进。机遇与风险长期并存是中国未来发展的常态。因此,要实现中华民族伟大复兴,要实现"两个一百年"奋斗目标,要保障党的执政地位与国家安全长期不动摇,就必须统筹发展与安全、化解重大风险挑战。针对当前面临的系列风险与挑战,习近平总书记做了许多指示,其中蕴含着唯物辩证法的哲学思维,形成了丰富、宝贵且富有特色的思想方

---

① 中共中央文献研究室编:《习近平关于社会主义社会建设论述摘编》,中央文献出版社 2017 年版,第 90 页。
② 中共中央党史和文献研究院编:《习近平关于防范风险挑战、应对突发事件论述摘编》,中央文献出版社 2020 年版,第 16 页。
③ 中共中央党史和文献研究院编:《习近平关于防范风险挑战、应对突发事件论述摘编》,中央文献出版社 2020 年版,第 69 页。

法论,主要有与时俱进法、稳中求进法、统筹兼顾法、底线思维法等。这些方法论是习近平灵活运用马克思主义基本原理与中国防范化解重大风险的具体国情、具体实践相结合的产物,具有科学的价值与意义,也为各级政府防范化解重大风险挑战提供了理论指导。

8

迈步新台阶,共享大繁荣

迈步新台阶,共享大繁荣。浙江经济发展走在全国前列,在经济发展水平、共同富裕程度、数字经济发展等方面具备一定的发展优势,同时也为全国其他地区发展提供了宝贵的借鉴。当前浙江正在"努力成为新时代全面展示中国特色社会主义制度优越性的重要窗口",牢记习近平总书记对浙江的殷殷嘱托,坚持以"八八战略"为统领,干在实处、走在前列、勇立潮头。

2021年8月17日,习近平总书记主持召开中央财经委员会第十次会议,研究扎实促进共同富裕问题,研究防范化解重大金融风险、做好金融稳定发展工作问题。习近平在会上发表重要讲话时强调,共同富裕是社会主义的本质要求,是中国式现代化的重要特征。要坚持以人民为中心的发展思想,在高质量发展中促进共同富裕。会议指出,要着力扩大中等收入群体规模,抓住重点、精准施策,推动更多低收入人群迈入中等收入行列。

8.1 浙江经济优势

横向比较可以发现,浙江经济发展优势主要表现在以下三个方面:一是浙江经济发展水平走在全国前列,二是浙江共同富裕建设走在全国前列,三是浙江数字经济走在全国前列。

8.1.1 浙江经济发展水平走在全国前列

做大蛋糕,让全体人民共同富裕起来,是实现共同富裕的基础和前提,也是社会主义经济发展的根本目的。贫穷不是社会主义,社会主义要消灭贫穷。不发展生产力,不提高人民的生活水平,不能说是符合社会主义要求的。浙江经济社会发展,一方面充分发挥市场的资源配置作用,鼓励和支持民营经济发展;另一方面,积极发挥政府的宏观调控职能,忠实践行"八八战略",使浙江居民富裕程度走在全国前列(表 8-1)①。人均可支配收入是体现居民富裕程度的重要指标。2019 年,浙江居民人均可支配收入为 49899 元,是全国平均水平的 1.62 倍,在全国排第 3 位,仅次于上海和北京。其中,浙江城镇居民人均可支配收入为 60182 元,是全国城镇平均水平的 1.42 倍,在全国排第 3 位,仅次于北京和上海,且连续 20 年排名全国各省(区)第 1 位;浙江农村居民人均可支配收入为 29876 元,是全国农村平均水平的 1.86 倍,在全国排第 2 位,仅次于上海,且连续 36 年排名全国各省(区)第 1 位。

表 8-1 2019 年浙江在全国的富裕水平排名情况

排名	居民人均可支配收入/元		城镇居民人均可支配收入/元		农村居民人均可支配收入/元	
1	上海	69442	北京	73849	上海	33195
2	北京	67756	上海	73615	浙江	29876
3	浙江	49899	浙江	60182	北京	28928
4	天津	42404	江苏	51056	天津	24804
5	江苏	41400	广东	48118	江苏	22675
6	广东	39014	天津	46119	福建	19568
7	福建	35616	福建	45620	广东	18818
8	辽宁	31820	山东	42329	山东	17775
9	山东	31597	内蒙古	40782	湖北	16391
10	内蒙古	30555	湖南	39842	辽宁	16108

---

① 数据来自《中国统计年鉴》。

尽管浙江经济在全国省级行政区中表现较好,但浙江经济发展依然有很长的路要走。同发达国家相比,浙江在人均 GDP 方面与美国、英国和韩国差距很大(表 8-2)[①]。以 2019 年为例,浙江人均 GDP 为 15648 美元,但与美国的 65281 美元、英国的 42300 美元、日本的 40246 美元、韩国的 31761 美元相比,仍有较大差距。浙江需要立足国内,充分发挥自身优势,利用好国内大市场的同时,更要放眼全球,重视对外贸易,将浙江经济的发展推向世界,不断提升人民幸福感。

表 8-2　2010—2019 年浙江人均 GDP 与发达国家的比较

单位:美元

国家或地区	年份									
	2010 年	2011 年	2012 年	2013 年	2014 年	2015 年	2016 年	2017 年	2018 年	2019 年
美国	48468	49887	51611	53118	55048	56823	57928	59958	62997	65281
英国	39436	42039	42463	43445	47426	44975	41064	40361	43043	42300
日本	44507	48167	48603	40454	38109	34524	38761	38386	39159	40246
韩国	23087	25069	25466	27182	29249	28732	29288	31616	33340	31761
浙江	7418	8476	9123	9875	10556	11432	12325	13525	14777	15648

8.1.2　浙江共同富裕建设走在全国前列

"十四五"时期的发展,要紧扣发展不平衡不充分这个主要矛盾,以缩小城乡区域发展差距和收入分配差距为主攻方向,在推动高质量发展中扎实推进共同富裕。2021 年 3 月 8 日,国家发展改革委副主任胡祖才在国务院新闻办公室新闻发布会上表示,在"十四五"规划纲要中,提出了要研究制定促进共同富裕行动纲要,提出要支持浙江在高质量发展中建设共同富裕示范区。2020 年 3 月 29 日至 4 月 1 日,习近平总书记在浙江考察调研时,赋予浙江"努力成为新时代全面展示中国特色社会主义制度优越性的重要窗

---

① 数据来源自《中国统计年鉴》和世界银行数据库。

口"的新目标、新定位。实现共同富裕是体现中国特色社会主义制度优越性的重要维度。浙江在实现共同富裕道路上走在全国前列,积累了实现共同富裕的经验。"重要窗口"建设的重要内容,是在"十四五"时期,浙江要在高质量发展中建设共同富裕示范区,探索推进建设共同富裕的体制机制和制度体系,形成可复制可推广的经验。

浙江以奋力打造"重要窗口"的担当推动共同富裕示范区建设,在持续扩大全社会财富总量的基础上,进一步完善收入分配机制,缩小收入差距,扎实推动共同富裕。当前,浙江在富裕程度、城乡差距、区域差距等共同富裕指标方面走在全国前列,充分具备建设共同富裕示范区的坚实基础。

切好蛋糕,使全体人民共享经济发展成果,是共同富裕的内在要求。长期以来,浙江积极推进城乡区域协调发展,致力于推动全省人民走向共同富裕,在城乡区域协调发展中走在全国前列(表 8-3)。在城乡区域协调发展方面,浙江全面推进乡村振兴并取得良好成绩。2020 年,浙江城乡居民人均可支配收入比为 1.96∶1,首次降至"2"以内,相比全国城乡收入比 2.56∶1,浙江城乡收入差距较小,位居全国前列。在区域协调发展方面,浙江十分重视区域经济协调发展,包括海洋经济和山区经济的协调发展,县域经济与都市经济的统筹推进,生态经济与产业经济的相互促进。以省内人均可支配收入最高地区与最低地区之比来衡量区域收入差距,2019 年,浙江这一比例为 1.67[①],相比广东的 2.99、山东的 2.20 和江苏的 2.41,浙江区域经济发展较为均衡,差距较小。

表 8-3 沿海主要省份共同富裕程度比较

共同富裕程度(以居民人均可支配收入衡量)	浙江	广东	江苏	山东
城乡差距(城乡之比,2020 年)	1.96	2.50	2.19	2.33
区域差距(最高区域与最低区域之比,2019 年)	1.67	2.99	2.41	2.20

---

① 数据来自《中国统计年鉴》,表 8-3 中数据经计算得出。

8.1.3　浙江数字经济走在全国前列

从2021年的政府工作报告中,可以看出对中国数字经济发展前景的信心:加快数字化发展,打造数字经济新优势,协同推进数字产业化和产业数字化转型;发展工业互联网;加大5G网络和千兆光网建设力度,丰富应用场景。

"数字经济"连续4年被写入政府工作报告。梳理"数字经济"的4次出现,不难发现其提法也在不断变化和演进。2017年,政府工作报告对数字经济的提法是"促进数字经济加快成长",2019年变为"壮大数字经济",2020年则是"打造数字经济新优势"。而在2021年的政府工作报告中,"数字经济"和"数字中国"同时出现,除了延续2020年"打造数字经济新优势"的提法,还增加了"数字产业化和产业数字化""数字社会""数字政府""数字生态"等内容。

从作为赋能传统制造业的新技术手段,到经济发展中的重要一环,数字经济在中国经济中的分量逐年变重,中国对数字经济的认识也在不断深化。浙江更是如此。浙江是数字中国战略思想的重要实践地,也是全国数字经济先行省份。早在2003年,建设"数字浙江"的重要决策便已谋定。此后,历届浙江省委、省政府高度重视数字经济发展。近年来,浙江更是抢抓新一轮科技革命和产业变革的机遇,不断将数字经济建设推向高潮。

8.2　浙江经济高质量发展经验

浙江经济高质量发展经验,主要表现为以下三个方面:一是大力发展民营企业,坚持创新驱动;二是重视城乡、区域之间的共同富裕发展;三是制定数字经济发展规划,大力发展数字经济。

8.2.1　浙江经济发展经验

提升市场化水平、加快要素流动、深化"放管服"改革、实施创新驱动、促进产业结构升级等，是浙江推动经济高质量发展形成的宝贵经验。

一是营造创新创业的生态环境，为企业改革增添动力。贯彻新发展理念，坚持创新驱动，建成创新型省份。新冠疫情防控期间，浙江在全国率先推出"企业码"，为政府及有关方面精准服务企业搭建数字化平台，并通过多系统协同和数据资源集成利用，实现企业服务"最多跑一次"；金华通过"金码名片＋服务赋能"，为40多家优秀企业提供数字化"金名片"、免费智能化改造问诊等6项专属服务；德清通过"码上直办"，为75家企业审核发放技改项目补助资金6000多万元，时间缩短近30天。从《浙江省促进科技成果转化条例》修订，到出台"科技新政50条"，一系列"含金量"满满的举措，为浙江的企业发展营造良好的创业创新生态环境，为民营经济的发展提供了强大的动力支持。

二是实施创新驱动战略，加快各平台的产业升级。2018年，浙江发布大湾区建设计划，构筑"一港、两极、三廊、四新区"的空间格局。其中"三廊"即杭州城西科创大走廊、宁波甬江科创大走廊、嘉兴G60科创走廊。如今的浙江，力求在创新平台上提能造峰，在创新人才上集聚裂变，在创新主体上倍增提质，在创新生态上争创一流，坚持创新为第一生产动力，优化各平台产业结构，争取未来在创新平台上交上一份满意的答卷。

三是加大科技成果的转化力度，完善产业链结构。浙江首次在地方立法中明确职务科技成果权属奖励制度，支持开展职务科技成果所有权改革，从制度层面为科技成果加速转化"撑腰"。企业是科技成果转移转化的主体，浙江通过构建孵化链、实施科技企业"双倍增"行动计划，激发了企业的创新活力。

8.2.2 浙江共同富裕建设可复制可推广的经验及示范区

长期以来，浙江践行"八八战略"，奋力打造"重要窗口"，在加快城乡区域协调发展、扎实推动共同富裕的过程中，积累了许多可复制可推广的经验。

一是努力推进城乡基本公共服务均等化。在社会保障方面，2001年，浙江率先建立城乡一体化的最低生活保障制度；2009年，浙江率先建立城乡一体化居民社会养老保险制度,率先实现基本养老金制度全覆盖和人员全覆盖;2018 年,浙江又在全国率先实现低保标准城乡一体化。数据显示,浙江农村社会保障覆盖率居全国之首。在基础设施建设方面,2003 年,浙江率先实施"乡村康庄工程";2011 年,率先在全国实现农村公路村村通。政府真正做到了"藏富于民"和"用富于民"。浙江一直积极推动基本公共服务标准化建设。2008 年,浙江率先在国内实施《基本公共服务均等化行动计划》,并于2016 年制定并实施《浙江省基本公共服务体系"十三五"规划》,提出了八大领域的 114 个基本公共服务清单,形成了基本公共服务体系的顶层设计和总体规划。基本保障的完善和基础设施的改善促进了机会均等,让人民能够共享改革发展成果。

二是十分重视县域经济发展。县域经济的发展,是浙江缩小省内区域间差距的重要基础。县域经济是一个省的基本经济单元,只有县域经济能够较好发展,县域经济与都市经济统筹推进,才能更好地实现区域协调发展,推动共同富裕。根据中国社会科学院发布的《中国县域经济发展报告(2020)》中的数据,2020 年全国综合竞争力百强县(市)中,浙江独占 24 席,百强县(市)数目居全国第 1 位。义乌、慈溪、诸暨、乐清、余姚、海宁、温岭、瑞安、桐乡、长兴、宁海、东阳、平湖、永康、德清、临海、安吉、嵊州、嘉善、新昌、苍南、玉环、海盐、象山等县域经济的发展水平居全国前列。这也使得不少浙江城市出现"强枝弱干"的形态。许多城市下辖县(市)多年位居全国百强县行列,甚至人口和经济指标高于城区。这种发展模式也使得浙江省内各个区域的经济发展较为均衡。

三是形成充满活力的市场经济主体。浙江市场经济起步早、发展好,不仅带来了高水平的经济发展,更重要的是形成了充满活力的市场经济主体。1979 年,第一个正式注册的"个体工商户"在温州诞生。"千家万户搞家庭工业",区域块状经济迅速成长,涌现出以特色经济为单元的专业化生产方式和专业市场。市场机制不仅影响了生产经营方式,也转变了当地发展理念,从而能够更加灵活地调整发展思路,不断适应市场。从 2002 年湖州德清莫干山镇引领的民宿行业发展浪潮,到后来电商经济发展浪潮下,"农村电商"再次从浙江起步,1500 多个淘宝村遍布浙江各地。适应市场机制下的灵活经营和调整使得浙江经济充满活力，能够不断创新。

8.2.3 浙江数字经济发展规划

数字经济一直是浙江经济发展特色。浙江十分重视数字经济发展。2021 年 3 月，浙江制定《浙江省数字经济系统建设方案》。方案提出，到 2021 年底，基本完成构建数字经济系统总体框架，初步建立数字经济系统建设的理论体系和制度规范体系，8 月底前上线运行数字经济综合应用。浙江还将推动产业大脑 1.0 版建设，选择 2 个左右优势行业开展应用试点；创建浙江省级工业互联网平台 200 个以上，启动未来产业先导区建设试点；打造"未来工厂"20 家以上。到 2022 年底前，浙江力争数字经济系统建设不断完善：产业大脑迭代升级、试点扩面，在 10 个左右优势行业和产业集群推广应用；创建浙江省级工业互联网平台 300 个以上，未来产业先导区建设覆盖更多领域；打造"未来工厂"30 家以上；基本实现浙江全省公共资源交易"一张网"；初步建成数字贸易先行示范区。到 2025 年底前，浙江力争产业大脑多元数据融合应用体制机制全面建立。

在 2021 年 3 月 4 日召开的数字经济系统建设工作会上，时任浙江省副省长高兴夫指出，数字经济系统建设是数字化改革的重要支柱，核心业务是"产业大脑＋未来工厂"，既要为政府智能化调节经济服务，更要满足企业高质量发展的需求。时任浙江省经济和信息化厅厅长徐旭提出，数字经济系统建设至少要努力实现五个方面的突破：一是通过业务流程再造汇聚数据要素，解决数据怎么来的问题，"让数据懂业务"；二是通过制定规则促进数据流动，解决数据怎么用的问题，"让数据守规则"；三是通过数据与各种资源要素融通应用，解决数据转化为生产力的问题，"让数据有价值"；四是贯通消费与制造，畅通产业链和供应链，解决数据循环的问题，"让数据闯市场"；五是运用数据厘清政府与市场边界，解决资源要素最优化配置的问题，"让数据架桥梁"。

8.3　让人民群众共享经济发展成果

让人民群众共享经济发展成果,是共同富裕的追求指向。浙江让人民群众共享经济发展成果的努力,至少包括以下三个方面:一是通过培育国际消费中心城市扩大国内市场,构建以内需为主的双循环新格局;二是通过共同富裕建设展示"重要窗口"制度优越性;三是努力构建以中等收入群体为主体的橄榄型社会分配格局。

8.3.1　扩大内需,推进国际消费中心城市建设

作为世界上最大的发展中国家,我国面临国内经济增长模式快速转型、世界经济低速增长、国际贸易摩擦增多、新冠疫情冲击等多重问题,这就要求我们提高经济增长韧性和内生发展稳定性。浙江应充分发挥较大经济规模的比较优势,通过扩大内需形成强大内需市场,促进形成以国内大循环为主体、国内国际双循环相互促进的新发展格局。在双循环新格局中,国内循环处于主体地位,国内循环与国际循环相互促进。浙江经济发展,需要在保持更高水平开放的条件下,更加重视经济发展韧性和内生发展稳定性,通过扩大内需,构建双循环新格局的战略基点。其中,培育国际消费中心城市,成为浙江扩大内需的重要突破点。

培育建设国际消费中心城市,是扩大内需、促进消费升级、推动经济高质量发展、促进高水平对外开放的重要举措,对于促进形成强大国内市场、吸引境外消费回流、增强消费对经济发展的基础性作用、促进形成国内国际双循环发展新格局和满足人民美好生活需要具有重要意义。当前,我国正在有力有序地推进国际消费中心城市培育建设工作。杭州作为浙江省最具国际消费中心特征的城市,具备培育建设国际消费中心城市的基础,正在积极争取入选国际消费中心城市的国家级试点。2021 年 1 月,杭州发布了《建设国际消费中心城市三年行动计划(2021—2023 年)》,提出要加快将杭州建设成全球智慧消费体验中心、时尚消费资源集聚地、知名休闲目的地。在此

基础上，杭州应积极发挥城市特色与优势，从城市、供给、开放、时间、空间、环境等方面加快推进国际消费中心城市建设。

(1)杭州具备建设国际消费中心城市的基础。

杭州在经济社会发展、消费市场、人口数量、开放程度、国际化水平等方面具备建设国际消费中心城市的基础。杭州经济基础良好，2019年，地区生产总值15373亿元；杭州内需市场巨大，全年社会消费品零售总额6215亿元；杭州人口首次突破1000万，年末全市常住人口1036万人，人口净流入55.4万人；杭州对外开放程度较高，全年货物进出口总额5597亿元，跨境电商进出口总额952亿元，接待入境过夜游客113.3万人次；杭州近年来国际化水平快速提升，2016年成功举办G20峰会，2023年成功举办第19届亚运会。

对照《国际消费中心城市评价指标体系(试行)》，杭州市在国际知名度、城市繁荣度、商业活跃度、到达便利度和消费舒适度等方面表现出色。在国际知名度方面，依据全球化与世界城市研究网络(GaWC)编制的全球城市分级排名《世界城市名册(2019)》，杭州城市级别为"Beta＋"。在城市繁荣度方面，依据中国城市规划设计研究院和中国测绘科学研究院联合发布的《中国城市繁荣活力评估报告(2019)》，在全国108个重点城市中，杭州城市繁荣活力评级为"繁荣A型"，彰显"钱塘自古繁华"，排名仅次于深圳、广州、上海和北京。在商业活跃度方面，依据第一财经·新一线城市研究所发布的2019年《城市商业魅力排行榜》，杭州排名第6位，仅次于北京、上海、广州、深圳和成都。在到达便利度方面，依据中国民用航空局发布的《2019年民航机场生产统计公报》，杭州萧山机场旅客吞吐量4010万人次，居全国第10位；货邮吞吐量68万吨，居全国第5位；起降29万架次，居全国第9位。在消费舒适度方面，依据中国消费者协会发布的《2020年100个城市消费者满意度测评报告》，杭州以86.67分排名全国第1。综上，杭州具备建设国际消费中心城市的坚实基础，是国家培育国际中心城市的优先城市选择。

(2)推进杭州建设国际消费中心城市的建议。

国际消费中心城市是消费功能占主导地位的城市，能够从国内外集聚丰富优质的消费资源，吸引众多消费者前来消费。在上述城市的多维评价中,与北京、上海、深圳等城市相比,杭州在城市级别、商业活跃度等方面还有一定的不足。结合自身城市特色,杭州可从城市、供给、开放、时间、空间、环境等方面推动国际消费中心城市建设。

第一,城市方面,优化城市治理,打造城市声誉。国际消费中心城市需要具有较强的辐射力和影响力,确保能够集聚优质消费资源和吸引高端消费人群。塑造城市形象和提升城市国际化水平,是集聚优质消费资源和吸引高端消费人群的基础。对标纽约、伦敦、巴黎、东京等国际消费中心城市,借鉴其在休闲旅游、商务展会、影视娱乐、体育赛事、时尚文化等领域的消费引领发展经验。在城市治理上贡献智慧城市"杭州样本",展示"重要窗口"建设的城市标杆,提升杭州城市形象和国际化水平。

第二,供给方面,提升城市制造业发展水平,"在杭州购全球"。产业集聚能够促进消费集聚。杭州正在全面落实"新制造业计划",借助杭州在电子商务、数字经济、现代物流等方面的优势,大力实施"机器换人""企业上云"和"工厂物联网",通过"1+4+X"政策体系,推动杭州制造业高质量发展。引进跨境电商品牌,打造杭州国际商品分拨中心,培育发展一批国际产品和服务消费新平台,促进杭州引领消费时尚风向标。

第三,开放方面,发展首店经济,集聚消费资源。首店包括代表性品牌或新品牌在某一区域开的首家实体门店,也包括传统老店通过创新经营业态和模式形成的新店。一是引进"国际首店",支持有国际影响力的一线品牌、新品来杭首发,对首店落地杭州给予房租减免、税收优惠等政策支持,组织企业到境外举办首店和国际品牌招引活动。二是引进"特色首店",招引知名企业首店、各类品牌首店、老字号品牌首店等,为企业首店发布提供平台和宣传,促进杭州成为国内外新品首发地、高端品牌落户首选地、原创品牌集聚地。

第四,时间方面,激发夜间经济,延长消费时间。夜间经济延长了消费时间,更好地满足了城市居民消费需要。一是建立"夜间区长"和"夜生活首席执行官"制度,将夜间经济发展纳入"夜间区长"政绩考核,实施包容审慎监管,促进夜间经济统筹协调发展,为夜间经济发展提供安全放心的消费环境。二是推动夜间经济所依赖的城市基础设施建设,延长城市公共交通运行时间,提高夜生活集聚区照明亮度,做好街景打造、装饰照明、标志指引等工作。三是丰富夜间经济业态,提升夜间经济产品供给质量。

第五,空间方面,打造消费平台,拓展消费空间。高品质的消费平台和空间,有助于提升消费体验。一是在西湖周边打造"国际消费示范区",促进国际品牌集聚发展,让"国际消费示范区"成为城市消费的名片、高质量发展的平台和对外开放的窗口。二是推动湖滨、清河坊、中国丝绸城等高品质步行街改造提升,推动智慧商圈建设。三是加快推进 5G 技术、人工智能、物联网等新型基础设施建设进度,为消费新模式、新业态提供物质和技术支撑。

第六,环境方面,优化消费环境,打响城市品牌。加强消费维权,营造公平有序的市场环境和安全放心的消费环境,是建设国际消费中心城市的重要基础。通过"浙里来消费"活动,打响"放心消费在杭州"品牌。一是加强企业产品质量信用监管,加大对侵权行为的惩戒力度。二是降低消费维权成本,创新消费纠纷"受理、调解、处置"三位一体工作机制,运用大数据、云计算、移动互联网等新技术,提升消费维权精准性和有效性。三是破除制约消费的制度障碍,深化"放管服"改革,放宽服务消费领域市场准入,强化消费金融支撑,鼓励商业银行开发符合消费型经济特征的融资产品。

8.3.2　以共同富裕示范区建设展示"重要窗口"成果

依据"十四五"规划纲要,新时代浙江要在已有共同富裕建设的基础上,将进一步探索推进共同富裕的体制机制和制度体系建设作为浙江"重要窗口"建设的重要内容,形成可复制可推广的经验,发挥共同富裕建设的示范价值。

一要继续完善公共基础设施建设。要加快国家农业可持续发展试验示范区和农业绿色发展试点先行区建设,加大高标准农田、畜禽粪污资源化利用等农业基础设施建设力度,增强绿色安全农产品供给能力。深化"千村示范、万村整治",实施农村饮用水达标提标、新一轮农村电网升级改造等工程,促进农村改厕、农村生活垃圾和污水处理设施建设,支持"四好农村路"建设。推进县域公共基础设施建设,提高乡镇卫生院(社区卫生服务中心)业务用房标准化率。同时也要加快推进 5G、数据中心等新型基础设施建设,为新旧动能转换创造条件。

二要利用数字经济赋能共同富裕。数字经济是浙江的"重点工程",数字乡村建设也已经启动,突出数字化特色与优势是浙江乡村振兴的必然选择。一方面,要用数字化方式提升农村产业发展,例如通过手机 App 及配套设备实现数字化种植、养殖,用遥控无人机实现厘米级植保作业,通过网络直播销售农产品;另一方面,要用数字化方式优化完善乡村治理,例如扎实推进农村集体产权制度改革,要让农民合理分享土地增值收益。搞好农村土地确权、登记、颁证工作,允许农民以多种形式流转土地承包经营权,确保农民分享流转收益,增加农民财产性收入来源。在这些方面,浙江可以尝试作为全国的试点,探索出一条中国农村土地制度改革的特色道路来。

三要发挥慈善组织的分配效应。慈善捐赠属于"第三次分配",是对初次分配和再分配的重要补充,也是经济发展到一定阶段后,先富带后富的一种表现形式。随着经济社会的发展,社会慈善在促进社会收入分配公平方面的功能逐渐增强。因此,政府要积极培育慈善组织,简化公益慈善组织的审批程序,鼓励有条件的企业、个人和社会组织举办医院、学校、养老服务等公益事业。落实并完善慈善捐赠税收优惠政策,加强慈善组织监督管理。根据最新发布的"2020 胡润中国百富榜",中国已经有 2398 名富豪的财富值达到了 20 亿元人民币以上,而其中上榜的浙商人数就有 308 名之多。慈善捐赠行为要受个体财富水平的影响,大额的慈善捐赠需要有相应的经济能力支撑,这些上榜的富豪客观上具有较强的慈善捐赠经济能力。因此,要引导和鼓励这些先富群体以慈善捐赠等方式带动和帮助其他人,真正做到邓小平在 1985 年提出的"先富带后富"和习近平总书记在 2020 年提出的"增强家国情怀、担当社会责任"。

8.3.3　提高中等收入群体比重

当前我国居民收入差距较大,中等收入群体比重偏低。根据国家统计局数据,我国居民收入基尼系数在 0.46 左右,处于高位徘徊。推动共同富裕建设,一个重要的途径是构建中间大、两头小的橄榄型社会分配格局。其中,扩大中等收入群体比重,是构建橄榄型社会和推动共同富裕的重要途径。

浙江在 2021 年 7 月发布的《浙江高质量发展建设共同富裕示范区实施方案（2021—2025 年）》中，提出率先基本形成以中等收入群体为主体的橄榄型社会结构。到 2025 年，浙江中等收入群体规模不断扩大、结构持续优化、生活品质不断提升，家庭年可支配收入 10 万—50 万元的群体比例达到 80％，20 万—60 万元的群体比例力争达到 45％。

中等收入群体如何界定？当前我国中等收入群体的比重有多大？如何扩大中等收入群体比重？这些成为促进共同富裕和构建橄榄型社会需要回答的基本问题。

（1）中等收入群体的界定及规模。

一般而言，人们习惯将社会收入分层结构划分为低收入群体、中等收入群体和高收入群体。三个群体的比重，决定了社会分配结构。橄榄型社会分配结构的典型特征是中等收入群体比重较大，这种社会分配结构对于经济社会高质量发展具有重要支撑作用。判断社会分配格局的关键依据是中等收入群体比重，只有明确界定中等收入群体标准才能准确刻画社会分配格局。然而，国内外关于中等收入群体并没有权威的界定标准。基于不同标准估算出的中等收入群体规模和比重会有很大差别。

中等收入群体的界定标准可以分为两类：一类是基于"绝对标准"界定的，即通过确定收入水平或消费水平的上下阈值来界定中等收入群体；另一类是基于"相对标准"界定的，即通过设定收入中位数的上下浮动比例确定中等收入群体。

使用绝对标准界定中等收入群体，比较有影响力的研究包括：世界银行经济学家米兰诺维奇（Milanovic）和伊扎基（Yitzhaki）2002 年将人均每天收入 10—50 美元作为中等收入群体的划分标准；美国皮尤研究中心（Pew Research Center）2015 年基于购买力平价换算，将人均每天收入 10—20 美元的人群界定为中等收入群体；国家发改委课题组以家庭人均年收入 2.2 万—6.5 万元作为中等收入区间，估算出我国 2010 年城镇居民中等收入群体比例为 37％；李强等以家庭人均年收入在 3.5 万—12 万元作为中等收入区间，估算出 2012 年全国中等收入群体比重为 17.9％；国家统计局把家庭年收入在 10 万—50 万元之间的群体定义为中等收入家庭,据此估算出 2018 年我国中等收入群体约占总人口的 28%,这也是目前经常提及的我国拥有 4 亿中等收入人口的依据。

使用绝对标准界定中等收入群体,不同标准下的临界值差异较大,即使用同一标准,高收入国家的中等收入群体比重也会远高于中低收入国家。更重要的是,随着居民收入的增长,即便收入分配状况恶化,也可能导致中等收入群体比重提高,即绝对标准难以评价收入分配状况。

使用相对标准界定中等收入群体,比较有影响力的研究包括:格拉姆等(Graham et al.)以人均收入中位数的 125% 和 75% 作为划分中等收入群体的上下限;李实采用以收入中位数的 67%—200% 作为中等收入群体标准,据此标准,2018 年我国中等收入群体比重约为 29.4%;李培林等以城镇居民收入的第 25 百分位和第 95 百分位作为界定中等收入群体的下限和上限,基于此标准,2013 年城镇中等收入群体比重约为 25%;如果使用收入中位数的 75%—200% 定义中等收入群体,那么,近年来我国中等收入群体比重维持在 40% 左右。

使用相对标准界定中等收入群体,克服了绝对标准不能度量收入差距的缺陷,这也是在中等收入群体国际比较时常用的界定标准。即便一个国家收入处于增长状态,如果该国收入分配状况恶化,也可能导致中等收入群体比重降低。

从国际比较来看,我国中等收入群体规模较大,但比重偏低,尚未形成橄榄型社会分配格局。基于相对标准,以 28 个欧盟成员国居民收入中位数的 60%—200% 作为中等收入群体标准,2018 年我国中等收入群体人数为 3.44 亿,比重为 24.7%。在规模上,我国中等收入群体规模巨大,约为美国(1.798 亿)的 2 倍;在比重上,我国中等收入群体比重偏低,英国、德国、法国、挪威、加拿大等国家约为 70%,韩国、日本等国家约为 60%,美国约为 56%,比例均高于我国。

(2)建设橄榄型社会的政策建议。

以中等收入群体为主体的橄榄型社会分配结构,有助于扩大国内需求,促进社会稳定,以及促进经济高质量发展。为推动橄榄型社会建设,我们提出以下建议。

第一，推动经济高质量发展。权衡效率与公平是政府宏观调控的基本要求。在我国当前经济发展阶段，效率与公平并不矛盾，而是相互促进的。我国大致处于罗斯托经济发展阶段理论中的走向成熟阶段，保持经济较快发展是扩大中等收入群体和调整收入分配格局最重要的途径。这也正是政府强调"在高质量发展中促进共同富裕"的理论基础。尽管依据中等收入群体的相对标准，中等收入区间会不断变化，但保持经济增长速度，特别是提高低收入群体收入，依然是优化收入分配格局的重要手段。在当前经济发展阶段，需要建立更加有助于公平的收入分配制度。坚持共享发展理念，努力实现"两个同步"，即努力实现居民收入增长和经济发展同步、劳动报酬增长和劳动生产率提高同步，提高居民收入在国民收入分配中的比重，提高劳动报酬在初次分配中的比重。在高质量发展的动态过程中扩大中等收入群体比重，改善收入分配格局。

第二，做好初次分配、再分配、三次分配协调配套的基础性制度安排。扩大中等收入群体，既是发展的问题，也是分配的问题。初次分配、再分配、三次分配共同决定了整个社会的分配格局，需要设计三者相互协调的制度安排。初次分配发挥市场配置资源的决定性作用。在保障起点公平的条件下促进效率，提升劳动报酬比重，完善数据、技术等新型生产要素的报酬分配。再分配发挥政府对要素分配的调节功能。技术变革方向和财富分布格局，在很大程度上影响了不同群体的要素报酬，政府需要加大税收、社保、转移支付等调节力度并提高精准性，提高低收入群体的要素报酬，推动基本公共服务均等化建设，在城镇化进程中注重进城群体在住房、医疗、教育等市民化过程中的保障水平。三次分配需设计激励相容的保障制度。不同于市场力量主导的初次分配和政府力量主导的再分配，三次分配是由社会力量主导的，由高收入人群在自愿基础上以募集、捐赠和资助等慈善公益方式对社会资源和社会财富进行分配。在我国当前经济发展阶段，已经形成较大的高收入群体，具有了相当可观的进行三次分配的力量和基础。我国还未设置遗产税和赠与税，尽管我国慈善捐赠规模已经较大，但在国际横向比较上，三次分配的比重处于较低水平。在未来，需要通过教育、立法、税收等制度改革,设计激励相容的三次分配制度保障。

第三,提高低收入群体的技能水平和收入保障。我国社会分配格局的一个典型特征是低收入群体规模大、比重高,低收入群体比重超过60%。2020年5月,李克强总理曾提到"我国有6亿人每个月的收入也就1000元"。因此,提高低收入群体收入,让低收入群体进入中等收入群体,是构建橄榄型社会的关键。可以从以下两个方面努力提高低收入群体收入:一是做好兜底性工程。后小康社会,在实现"两不愁三保障"的基础上,要促进基本公共服务均等化,加大普惠性人力资本投入,完善养老和医疗保障体系、兜底救助体系、住房供应和保障体系。特别是普惠性人力资本投入,对于保障机会公平和实现人力资本积累具有重要意义。当前教育领域推动的"双减"工作,有助于促进社会流动和实现更加平等的人力资本积累。二是加强低收入群体的技能培训。从低收入群体的收入来源结构可知,工资性收入是其最重要的收入构成。现代社会的技术变革和数字化经济发展,正在改变劳动市场秩序和劳动需求结构,冲击低收入群体工作匹配。政府需要提供更多保障性的职业培训,做好低收入群体技能水平提升服务工作,提升低收入群体的劳动生产效率和工作匹配能力。

9

共同富裕的约束机制：建设"生态浙江、大美浙江"

2021 年 10 月，习近平总书记在联合国生物多样性大会上提出"人与自然是命运共同体，我们要同心协力，在发展中保护、在保护中发展，共建万物和谐的美丽家园"。生态是浙江独特的优势，绿色是浙江持之以恒守护的颜色。2003 年以来，浙江省积极实施和深化"八八战略"，积极践行"绿水青山就是金山银山"的理念，将生态文明建设融入经济社会发展的方方面面。如今，站在"十四五"开局的历史节点审视浙江，"绿水青山就是金山银山"化作现实，全域大美格局逐渐形成，一批"耀眼明珠"正从大花园建设、海岛公园建设中脱颖而出，"变盆景为风景"的绿色发展之路成为浙江奋力打造"重要窗口"，争创社会主义现代化先行省的鲜明特征。

习近平生态文明思想由"生态兴则文明兴、生态衰则文明衰""人与自然和谐共生""绿水青山就是金山银山""山水林田湖草是生命共同体""建设美丽中国全民行动""在保护中发展、在发展中保护"等方面有机构成，这些深刻的思想将指引浙江省包括自然资源、生态环境在内的生态文明建设的各个方面。贯彻落实习近平生态文明思想，将推动"诗画浙江"大花园建设、海岛公园建设，加快生态文明示范区创建，将"美丽"这一基本要求贯穿于生态环境、产业转型、人文底蕴、人民生活等各个方面，促进共同富裕，构筑全域大美新格局。

9.1 "生态浙江、大美浙江"的理论内涵

9.1.1 "人与自然和谐共生"生态哲学的生动阐释

生态文明建设是关系中华民族永续发展的千年大计①。坚持人与自然和谐共生,则是习近平生态文明思想的鲜明体现和关键支柱,具有厚重的哲学意蕴。"人与自然和谐共生"的思想,首先继承和发展了马克思、恩格斯的生态哲学思想。马克思的对象性关系理论强调人与自然不是决然分离的,更不是孤悬对峙的,而是彼此依赖的,呈现出对象性的关系,②人与自然的和谐共生是人与自然博弈的理想状态。人类的生产活动不仅使人与自然发生了关系,而且也使人和自然发生了变化,这种关系与变化使人与自然构成了"生命共同体"。其次,继承了儒家生态哲学中"天人合一"和"生生不息"的原则及道家生态哲学中"道法自然"和"万物一体"的追求。再次,体现了生态学意义上的"共生现象"和"共生理论"。"和谐共生"是自然界,包括人类在内的所有生物共生互帮、需求互补、协同进化、美美与共的生存本能的反映和普遍遵守的生存法则。③ 最后,深刻揭示了生态文明建设的规律,是推动绿色发展、建设生态文明的重要方法论。

党的十八大报告中提出:"把生态文明建设放在突出地位,融入经济建设、政治建设、文化建设、社会建设各方面和全过程。""美丽中国"则是对生态文明建设目标的形象描述和定位,是将抽象的概念具体化,将有助于引领生态环境保护治理工作的深入有序开展,体现了人性价值与自然价值的完美契合。人与自然和谐共生所塑造的人的诗意栖居之美,就是人类与其生

---

① 孙金龙:《中华民族永续发展的千年大计(深入学习贯彻习近平新时代中国特色社会主义思想)——深入学习贯彻习近平生态文明思想》,《人民日报》2020 年 6 月 30 日第 9 版。

② 《马克思恩格斯全集》第 42 卷,人民出版社 1979 年版,第 176—177 页。

③ 解保军:《人与自然和谐共生的哲学阐释》,《光明日报》2018 年 11 月 12 日第 15 版。

存的自然环境"相互协调、相互促进所产生的美"①,也就是"居美"。和谐是美的本质,因人与人之间的和谐,使社会保持一种和谐有序的状态,这种行为规范和价值观念体系相对强制性和规范性地用于自然界,使其不仅包含道德的"善"而且包含生存的"美",于是形成了自然的社会生态美。

党的十九大报告把"坚持人与自然和谐共生"定为构成新时代坚持和发展中国特色社会主义的基本方略。党的十九届五中全会通过的《中共中央关于制定国民经济和社会发展第十四个五年规划和二〇三五年远景目标的建议》提出"推动绿色发展,促进人与自然和谐共生",从国家层面为加强生态文明建设,实现人与自然和谐共生的现代化指明了方向、明确了路径。坚持人与自然和谐共生,必须不断创新绿色治理方式,充分释放绿色治理合力,形成节约资源和保护环境的空间格局、产业结构、生产方式和生活方式,还自然以宁静、和谐、美丽。

9.1.2 "绿水青山就是金山银山"生态思想的生动实践

2005 年 8 月,习近平同志在浙江余村村考察时,首次提出"绿水青山就是金山银山"的科学论断。2017 年 10 月,习近平总书记在党的十九大报告中指出,坚持人与自然和谐共生必须树立和践行绿水青山就是金山银山的理念,坚持节约资源和保护环境的基本国策。②"绿水青山就是金山银山"生态思想为我们在新时代营造绿水青山、建设美丽中国,转变经济发展方式、全面建设社会主义现代化强国提供了有力思想指引。环境就是民生,青山就是美丽,蓝天也是幸福。发展经济是为了民生,保护生态环境同样也是为了民生,"绿水青山就是金山银山"理念的生动实践,让习近平生态文明思想真正落地生根,开花结果。习近平总书记高度重视在城镇建设中体现尊重自然、顺应自然、天人合一的理念。"绿水青山就是金山银山"理念是对民生内涵的丰富发展,体现了对群众期待的回应,彰显了以人为本、人民至上的

---

① 袁鼎生、黄秉生、黄理彪:《生态审美学》,中国文史出版社 2002 年版,第 127 页。

② 《习近平谈新时代坚持和发展中国特色社会主义的基本方略》,http://www.xinhuanet.com/politics/19cpcnc/2017－10/18/c_1121820368.htm。

民生情怀。

9.1.3 "高水平建设新时代美丽浙江"的发力点

2013年浙江省的政府工作报告首次提出要建设"美丽浙江",如今,绿色已经成为浙江经济发展最动人的色彩:2019年率先通过生态省试点验收。2019年启动编制《深化生态文明示范创建高水平建设新时代美丽浙江规划纲要(2020—2035年)》,提出2025年生态文明建设和绿色发展实现先行示范,基本建成美丽中国先行示范区;2030年,美丽中国先行示范区建设取得显著成效,为落实联合国2030年可持续发展议程提供浙江样板;2035年,高质量建成美丽中国先行示范区,天蓝水澈、海清岛秀、土净田洁、绿色循环、环境友好、诗意宜居的现代化美丽浙江全面呈现。

2020年11月通过的《中共浙江省委关于制定浙江省国民经济和社会发展第十四个五年规划和二〇三五年远景目标的建议》明确指出,"十三五"时期,"诗画浙江、全域美丽"初步呈现,而在未来的发展中,也要着力以"四大建设"为主平台优化省域空间布局,坚持陆海统筹、深化山海协作,形成"一湾引领、两翼提升、四极辐射、全域美丽"的总体格局。生态浙江、大美浙江即"全域美丽"。"美"作为高水平全面建设社会主义现代化新征程的一种内在属性,有以下四个特征:建立在相对均衡的物质富裕基础之上,表现在生态环境优化之中,表现在高度自觉的社会文明风尚之中,表现在指向美好的共同家园营造之中。"美"的根本评价标准是人民群众对富、惠、安的感受,是"社会全面进步"作用于"人的全面发展"的具体显现。"十四五"时期,浙江省以更加彰显生态之美、人文之美、和谐之美为目标,努力打造美丽中国先行示范区、新时代文化高地和人民幸福美好家园,全面提升人民群众获得感、幸福感、安全感。对照联合国可持续发展目标来看,生态浙江、大美浙江的具体建设目标如表9-1所示。

表 9-1 "生态浙江、大美浙江"的可持续建设目标

联合国《2030 年可持续发展议程》可持续发展目标		"生态浙江、大美浙江"的建设目标
目标 1	在全世界消除一切形式的贫困	完善社会救助制度，健全分层分类的新时代救助体系，加强支出型贫困救助，完善最低生活保障制度
目标 2	消除饥饿，实现粮食安全，改善营养状况和促进可持续农业	提升高效生态农业发展水平，构建统一高效的粮食和重要农产品供应保障体系，确保粮食安全
目标 3	确保健康的生活方式，促进各年龄段人群的福祉	人民全生命周期需求普遍得到更高水平的满足，高质量教育体系、健康浙江基本建成，社会保障和养老服务体系更加完善
目标 4	确保包容和公平的优质教育，让全民终身享有学习机会	优化教育资源布局配置和教育结构、学科专业结构，培育一批高水平应用型大学，加快发展"互联网＋教育"，完善终身学习体系，建设学习型社会
目标 5	实现性别平等，增强所有妇女和女童的权能	切实保障妇女儿童合法权益，贯彻落实男女平等基本国策，推动妇女事业进步，实现妇女全面发展
目标 6	为所有人提供清洁饮用水和环境卫生并对其进行可持续管理	建设天蓝地绿水清的全要素美丽生态环境，深化"五水共治"碧水行动，开展全域"无废城市"建设
目标 7	确保人人获得负担得起的、可靠和可持续的现代能源	构建绿色低碳的现代能源供应体系，构建电油气"三张网"，打造长三角清洁能源生产基地，完善油品储备体系，打造国家级油气储备基地
目标 8	促进持久、包容和可持续的经济增长，促进充分的生产性就业和人人获得体面工作	实现更加充分更高质量的就业，居民收入增长和经济增长基本同步，低收入群体增收成果巩固拓展，城乡居民收入倍差持续缩小
目标 9	建造具备抵御灾害能力的基础设施，促进具有包容性的可持续工业化，推动创新	完善自然灾害防御体系，提升自然灾害监测预警能力和防御工程标准，加快海塘安澜千亿工程等重大基础设施建设
目标 10	减少国家内部和国家之间的不平等	深入实施新型城镇化战略和乡村振兴战略，加快推进城乡一体化，促进大中小城市和小城镇协调发展
目标 11	建设包容、安全、有抵御灾害能力和可持续的城市和人类住区	增加保障性住房供给，促进房地产市场平稳健康发展

续　表

联合国《2030 年可持续发展议程》 可持续发展目标		"生态浙江、大美浙江"的建设目标
目标 12	采用可持续的消费和生产模式	以持续实施消费新政全面促进消费。培育新型消费,提升传统消费,适当增加公共消费,扩大优质服务供给
目标 13	采取紧急行动应对气候变化及其影响	强化二氧化碳排放控制,加快低碳试点建设,推进碳排放权交易市场建设,加强宣传与对外合作,积极应对气候变化
目标 14	保护和可持续利用海洋和海洋资源以促进可持续发展	建设海洋强省,推进港产城融合发展,加强重点海岛开发保护,推进生态海岸带建设,提高海洋环境防风险能力
目标 15	保护、恢复和促进可持续利用陆地生态系统,可持续管理森林,防治荒漠化,遏制和扭转土地退化,遏制生物多样性的丧失	构建以国家公园为主体的自然保护地体系,实施山水林田湖草生态系统保护与修复工程,加强生物多样性保护,推进全域土地综合整治
目标 16	创建和平、包容的社会以促进可持续发展,让所有人都能诉诸司法,在各级建立有效、负责和包容的机构	推进科学立法,加强重点领域、新兴领域地方立法,建设覆盖城乡的公共法律服务体系,实施全面普法,促进全民守法,建设法治社会
目标 17	加强执行手段,重振可持续发展全球伙伴关系	形成党全面领导的落实到各领域各方面的高效执行体系,全面从严治党持续深入推进,清廉浙江全面建成,政治生态风清气正

9.2　"生态浙江、大美浙江"的建设成就

9.2.1　蓝天保卫战:源头控制与组合拳成效显著

狠抓重点,打出蓝天保卫战组合拳。2018 年以来,浙江严控高耗能、高污染行业新增产能,城市建成区重污染企业搬迁改造 73 家,淘汰落后和过

剩产能企业 4400 余家。强化煤炭总量控制,累计淘汰或改造燃煤小锅炉 973 台,淘汰煤气发生炉 474 台。至 2020 年,空气质量改善实现新突破,设区城市 PM 2.5 平均浓度 25 微克/立方米,同比下降 19.4%,优良天数比率 93.3%,同比上升 4.7 个百分点,首次实现 PM 2.5 浓度达到世界卫生组织空气质量过渡时期第二阶段目标(25 微克/立方米),首次实现县级以上城市空气质量全部达标,首次实现县级以上城市消除重污染天气。①

源头控制,推动工业废气治理不断深化。2020 年,美丽浙江建设领导小组大气污染防治办公室印发《浙江省 2020 年细颗粒物和臭氧"双控双减"实施方案》,制定季节性 VOCs(挥发性有机物)强化减排正面清单,推进低 VOCs 原辅材料源头替代工作。2020 年,设区城市 PM 2.5 平均浓度比上年下降 19.4%,臭氧平均浓度比上年下降 5.8%。②

9.2.2 碧水行动:从河长制到零直排

河长制改革成果全国领先。浙江省河长制工作高分通过水利部、生态环境部评估。根据浙江省生态环境厅调查,人民群众对治水的满意度从 2013 年的 57.65% 提高到 2020 年的 89.84%,全省公众对治水支持度均在 96% 以上,涉水信访量降幅超 40%。③

零直排验收完成 100%。自 2018 年启动"污水零直排区"建设以来,浙江省已累计完成 300 余个工业园区"污水零直排区"建设。2020 年为全面推进工业园区(工业集聚区)"污水零直排区"建设升级,在前期工作基础上,浙江省印发《浙江省全面推进工业园区(工业集聚区)"污水零直排区"建设实施方案(2020—2022 年)》。截至 2020 年底,全省 88 个工业园区"污水零直排区"均已完成建设,验收完成率 100%。

---

① 《我省高水平完成蓝天保卫战三年行动计划——蓝天常在 空气常新》,《浙江日报》2021 年 1 月 22 日第 1 版。

② 《我省高水平完成蓝天保卫战三年行动计划——蓝天常在 空气常新》,《浙江日报》2021 年 1 月 22 日第 1 版。

③ 《浙江治水唱响绿色变奏曲》,《中国环境报》2021 年 1 月 21 日第 35 版。

9.2.3　净土行动:从摸排到重点企业治理

截至 2020 年底,全省受污染耕地安全利用率达到 91.34%,污染地块安全利用率达到 100%,国家下达的 20 项重点任务均提前或超额完成。2017 年以来,全省累计完成污染地块治理修复 114 个,治理污染土壤和地下水 253 万立方米,为城市建设提供"净地"360 多万平方米。[①]

"推进详查"摸家底。2018 年浙江成为全国首个完成农用地土壤污染状况详查的省份,2019 年完成重点企业用地土壤污染调查第一阶段任务,通过两个方面的详查,基本掌握了全省土壤污染状况。

"污染整治"控源头。累计实施重金属减排项目 200 多个,全省土壤重点监管单位源头防治有效落实,逐年更新发布重点监管企业名单,监管企业数量从 929 家增加到 1664 家。2020 年,1603 家企业开展用地土壤和地下水自行监测,35 家有拆除设施设备的基本落实污染防治方案编制备案要求,71 家按要求申报有毒有害物质地下储罐 237 个,1524 家开展了土壤污染隐患排查。

9.2.4　清废行动:全域无废城市建设全国示范

浙江省深入践行习近平生态文明思想和"绿水青山就是金山银山"理念,全力推进清废行动攻坚战,高标准完成清废任务。到 2019 年底,浙江省已建成危险废物利用处置项目 206 个,利用处置能力达 934 万吨/年,主要种类危险废物基本实现各设区市自我平衡,焚烧、填埋和餐厨处理能力分别占 68.2%、23.5%和 8.3%。农村生活垃圾分类处理建制村覆盖率 76%,农村生活垃圾回收利用率 40%,资源化利用率 85%,生活垃圾无害化处理率达 100%。[②]

2019 年 4 月,绍兴市作为全国首批"11+5"个"无废城市"试点城市率先探索,上虞区推进农药废弃包装物"统一回收、集中处置",实现回收率和处

---

① 《浙江治水唱响绿色变奏曲》,《中国环境报》2021 年 1 月 21 日第 35 版。
② 数据来自浙江省生态环境厅《2019 年浙江省生态环境状况公报》。

置率 100%。永康市工业固体废物"精准化源头分类、专业化二次分拣、智能化高效清运、最大化资源利用、集中化统一处置"的"五步法"工作模式,为浙江省全域"无废城市"建设提供了先行先试经验。浙江省建设全域"无废城市"管理信息系统,构建"纵向贯通、横向协同、覆盖全域"的数字化管理体系。截至 2021 年 1 月,系统注册企业已达 6 万余家,运行联单 36 万余条。

9.2.5 保护地行动:从条块分割到统一管理

管理体制的整合创新。"十三五"期间,为解决自然保护地多头管理、边界不清、保护与发展矛盾突出等问题,中央决定由林草部门统一管理各级各类自然保护地并提出建立以国家公园为主体的自然保护地体系,浙江省高度重视。结合本省实际,2017 年,浙江省成立钱江源国家公园管理委员会,整合古田山国家级自然保护区、钱江源国家森林公园、钱江源省级风景名胜区,初步破解了多头管理的问题。2019 年,钱江源国家公园管理局在开化县揭牌成立,新挂牌的钱江源国家公园管理局为正处级行政机构,由省政府垂直管理,省林业局代管,作为省一级财政预算单位,形成"规划一个口、审批一支笔、资源一本账、保护一张网"的管理格局。2021 年我国正式成立首批国家公园,钱江源国家公园体制试点区未正式入列,仍需在财权体制上实现突破。

自然资源的统一管理。钱江源国家公园体制试点区基本完成了自然资源本底调查和确权登记。2018 年 2 月,钱江源国家公园管理局创新开展集体林地保护地役权改革;当年 3 月至 6 月,钱江源国家公园范围内 27.5 万亩集体林地全部实行 48.2 元/亩·年的地役权生态补偿,实现集体林地统一管理的同时,每年为原住居民增收近 2000 万元。2020 年 7 月,钱江源国家公园体制试点区农村承包土地保护地役权改革试点正式启动。通过保护地役权改革,实现了集体自然资源的统一管理。

安全保护网的一体化。在形成县、镇(乡)、村三级管护体系的同时,钱江源国家公园管理局开展生态保护、科研监测、信息管护等基础设施建设。2018 年以来,钱江源国家公园全域设立功能区各类界碑、界桩 619 处,设立21 个保护点和 1 个联合保护站,开展 80 千米巡护步道、60 千米生物防火林带、870 亩栖息地修复等项目建设,在国家公园全境和周边区域共新设野生动物监测网格174个,新建和改造108个远程防火视频监控点,新建11个高空预警监控云台,完成钱江源国家公园综合信息管护平台开发,基本实现"天、地、空"一体化监测全覆盖。

9.3 "生态浙江、大美浙江"的建设难点

9.3.1 快速城市化下"无废城市"建设的多重之困

源头垃圾减量难。浙江省自2018年开始全面部署固体废弃物污染防治工作,但固体废弃物的全过程综合管理体制探索仍不成熟,生活垃圾清运量及工业固体废弃物产生量呈现出逐年上升态势(表9-2),出现了源头固废减量要求与固废产生量持续增长的现实矛盾。且省内工业固废历史遗留存量大、新增固废增量大,即使是"无废城市"引领者,离实现固体废弃物零增长的目标也仍有一定的距离。

表 9-2　2013—2019 年浙江省固体废弃物产生量

单位:万吨

	2013 年	2014 年	2015 年	2016 年	2017 年	2018 年	2019 年
生活垃圾清运量	1123.36	1229.05	1332.63	1433.55	1454.66	1474.62	1530.24
工业固体废物产生量	4404.00	4700.00	4678.00	4496.00	4828.00	5134.00	5315.00

数据来自浙江省统计年鉴。

固废处理企业生存压力大。虽固废处理初见成效,但固废循环经济产业链未完全形成闭环,固废处理企业过多依赖于政府生态补偿机制,以政府为主导、企业为主体的良性"无废城市"发展局面还需进一步拓展。

末端资源化利用能力不足。工业固废生产企业遭遇系列困局,政府处罚力度不断加码,增加企业转型升级压力,下游回收工业固废小作坊关停、

淘汰后，工业固废生产企业固废处理成本增加。

9.3.2 生态保护与资源利用面临的冲突之忧

浙江省贯彻习近平总书记"绿水青山就是金山银山"的生态价值思想，将生态文明建设摆在更加突出的战略位置，全力打好污染防治攻坚战，但生态环境保护与资源利用仍存在矛盾冲突，违规经营、涉林造地导致水土流失等问题突出。

（1）违规经营。

在政府监管不严、地方和部门工作推进落实不够、企业社会责任意识淡薄、企业责任延伸制度不完善、生态保护法制缺失、生态治理流于形式的情况下，浙江省企业违规经营问题时有发生。例如：衢州巨化清泰污水处理厂总氮长期超标排放，衢州市生态环境局放松监管要求，通过调整污水处理厂排放标准的方式规避总氮控制要求；台州仙居县现代医化园区企业长期偷排漏排，多次被媒体曝光，仙居县在河床堆积砂石并覆土种植芦苇掩盖污染；宁波余姚市未将小曹娥工业园区垃圾堆场纳入排查整治，大量渗滤液积存在堆场内，散发出刺激性气味，污染问题十分突出；台州椒江区船舶修造等特色行业污染频发，存在"反复治""治反复"问题等。①

（2）涉林造地。

杭州市为使在杭州半山国家森林公园内建设雷迪森湖山酒店等项目合规，调减公园总面积；新昌县为建设梅溪湖民俗文化农业产业园区项目，调减保护区范围；部分地方在省级以上公益林、生态保护红线、高山顶部等禁止选址范围违规立项审批涉林造地项目，导致大量林地破坏，局部水土流失严重，省、市两级自然资源部门验收把关不严。

生态保护与资源利用的冲突致使仍存在一些违背"人与自然和谐共生"与"绿水青山就是金山银山"理念，以经济利益为主要追求目标的行为。在浙江省政府对生态保护监管不足、惩处不严的情况下，亟须落实官员生态评

---

① 浙江省生态环境厅：《中央第三生态环境保护督察组向浙江省反馈督察情况》，http://sthjt.zj.gov.cn/art/2021/2/4/art_1201344_58927543.html。

价考核指标终身追责制。

9.3.3　大美浙江公众认同与参与机制不全之忧

公众认同与生态保护参与是大美浙江建设顺利进行的必要一环,也是习近平总书记生态文明思想的切实体现。当前,浙江省已经开展了全方位宣传、知识普及、生态满意度调查、培养民间生态保护工作人员、鼓励公众举报监督、培养全社会绿色行为习惯等多种形式的公众参与活动和鼓励措施,但仍存在集中于末端参与、被动参与、全民参与面窄,共同富裕增效不明显等问题。

浙江省生态文明建设公众参与集中于群众监督环节。如:省生态厅印发《环境违法行为举报奖励办法》,鼓励群众积极监督;嘉兴市培养"民间河长""民间闻臭师",启动公众"巡河湖、找问题、赢奖励"活动。但以上策略多集中于末端参与环节,在前端决策环节少有政策体现。

不论是环保宣传、生态普及还是绿色消费行为习惯的培养,公众参与方式都倾向于政府引导式的被动参与,未形成公众主动参与的利好局面;在具体参与范围方面,因活动主要集中于对居民绿色生活方式及消费方式的培养,公众参与面较窄。

9.4　"生态浙江、大美浙江"的发展对策

9.4.1　更清晰的权责划分,保碧水蓝天,建中国"生态之美"之窗

(1)高标准提升环境质量。

浙江省以环境质量持续改善、污染地块安全利用率达92%以上、工业危险废物利用处置率达98%以上、废旧放射源和放射性废物"应收尽收"率100%,以及完成国家下达的降碳减排任务为发展目标,建立健全环境监察和环境问题处理法律机制,由县级以上的环境保护主管部门负责本行政区内的环境监察工作。违背"山水林田湖草是生命共同体"生态系统思想、水

生态环境综合治理要求、大气环境系统治理要求的企业行为,由县级以上人民政府问责;设区市、县(市、区)、乡(镇)人民政府及有关部门不履行职责、违背相关法律法规的,由省级人民政府对其主要负责人问责。

(2)全域建设无废城市。

坚持长效常治,全面形成齐抓共管制度化和高压严管常态化。夯实产废者的主体责任。坚持污染物"谁产生、谁负责""谁产生、谁治理"的原则,延长产废者的责任追究链条,推进源头减量,推动无害化利用处置。压实政府的监管职责,落实领导干部任期生态文明建设责任制与终身问责制。持续加大执法力度。落实固体废物类环境违法行为有奖举报制度,建立完善网格化的巡查机制。进一步完善环境保护税征管协作机制,对直接向环境排放固体废物的违法行为依法征收环境保护税。强化行政执法与刑事司法、检察、公益诉讼的协调联动,实施环境违法黑名单和产业禁入制度,形成环境执法高压震慑态势。

(3)实行最严格的生态环境保护制度。

按照"属地管理、分级负责""谁决策、谁负责""谁主管、谁负责"的原则,完善"管发展必须管环保、管生产必须管环保、管行业必须管环保"的生态环境保护工作责任体系及问责制度。依托物联网监管、大数据分析等科技手段,推行非现场监管方式,提升生态环境保护综合决策、监管治理和公共服务水平。强化对生态破坏行为惩处和生态保护修复工程实施的监督,实行最严格的自然保护地生态环境保护监管制度,坚决遏制新增违法违规问题,坚决杜绝生态修复工程实施过程中的形式主义。

(4)形成"一户一处景、一村一幅画、一镇一天地、一城一风光"的全域大美格局。

全域大美格局的形成,不仅仅要求各项环境指标的持续改善,更要求建立生态环境保护的长效机制。贯彻实施《浙江省"三线一单"生态环境分区管控方案》,加快确定生态保护红线、环境质量底线、资源利用上线,制定生态环境准入清单,为全域大美格局的发展提供明确标尺,以实现更精细化的绿色发展控制。

9.4.2 更共享的国土空间,促全民自觉,建中国"人文之美"之窗

(1)聚焦聚力省域国土空间治理现代化。

加快编制各级国土空间总体规划,协调指导综合交通、生态修复等省内特定区域和特定领域国土空间专项规划编制工作。统筹划定好"三条控制线",高质量完成生态保护红线评估调整和自然保护地整合优化工作,全省生态功能极重要、极敏感区域应划尽划。谋划一批重大空间战略平台,协同做好上海大都市圈空间协同规划、长三角生态绿色一体化示范区国土空间规划的编制实施,加强长三角一体化、"四大建设"、自贸区等高能级重大战略平台的空间谋划和规划保障工作,以规划一体化助推发展一体化。围绕"智治"理念推进规划信息平台建设,深化省域空间治理数字化平台建设。加强国土空间规划规范标准制定,形成较为完备的国土空间规划技术导则系统。平稳做好过渡期规划实施工作,各地要合理控制规划局部调整频次,做好现有控制性详细规划实施,塑造城市特色,加强风貌管控,提升空间品质。

(2)坚持陆海统筹,助力海洋生态环境持续向好。

实施入海污染物递减前提下的总量控制。长三角近岸海域环境治理,必须从"陆海分割"转向"陆海统筹",从"重陆轻海"转向"以海定陆"。坚持区域统筹,按照效率与公平兼顾原则明确污染减排责任。坚持部门统筹,协调各产业部门的减排,不仅要从减排总量的确定、减排指标的遴选、减排进度的监督等方面统一进行协调安排,而且要合理确定各产业部门的减排比例,推动产业减排与经济发展状况相协调。坚持条块统筹,基于成本效益最优原则推进排污权有偿使用和交易制度。

(3)挖掘传统生态文化,建立惠益全民机制。

完成文化基因解码工程,构建浙江文化基因库,建设浙江省大运河国家文化公园,打造良渚文化等100个文化标志,建成之江文化中心等一批文化工程,提升公共文化服务水平,提升农村文化礼堂整体功能。提升社会文明程度,坚持高标准、常态化,巩固提升全国文明城市创建成果。大力倡导"餐饮不浪费"等文明好习惯。加快发展文化旅游产业,发展数字文化新业态。

推进浙皖闽赣生态旅游协作区、杭黄世界级自然生态和文化旅游廊道、环太湖生态文化旅游圈等区域合作发展平台建设。

(4)践行"美丽中国全民行动"生态思想。

贯彻执行《"美丽中国,我是行动者"提升公民生态文明意识行动计划(2021—2025年)》,采取主动式参与和被动式引导参与相结合的方式,从学术交流、宣传报道、道德培育、志愿服务、品牌创建、全民教育、社会共建等多方面入手。在公众绿色环保意识薄弱之初,强化被动式引导,推广仙居、嘉兴"绿币"模式,①逐渐培养公民绿色生活方式、绿色消费意识,在全社会形成人人关心、支持、参与生态环境保护工作的良好局面。加强儿童教育,从娃娃抓起,培养绿色环保意识,促进形成全民主动参与的良性局面,成就人文生活之美。

9.4.3 更完善的现代化治理,建中国"和谐之美"之窗

(1)经济和谐。

以数字产业为引领,大力培育信息技术、高端装备产业;加快绿色生态产业布局,形成新兴产业集群;提高农业发展水平,促进智慧农业、现代渔业、特色农业融合发展;大力发展高品质多样化的生活服务业、生态服务业,实现第一、二、三产业能融尽融,和谐发展;创新社会资本进入机制,鼓励城镇农村合作经济组织、农村集体经济组织等特别法人及各类不同的伙伴关系参与生态产品转化,营造社区友好型投融资环境,促进富民增收。

(2)生态和谐。

加快推动自然资源资产产权立法体系的建设,明确事权划分,探索建立统一高效的自然资源资产监管体系,切实有效地实现"最严格的生态保护"。整合绿色资源,推动生态产品产业化经营,提升"绿水青山"的增值效应;坚持"人与自然和谐共生"的生态哲学思想,创新绿色资源利用制度,借鉴浙江丽水生态产品价值实现先进经验,探索生态产品价值转化、品牌建设及其质

---

① "绿币"模式指仙居、嘉兴市为了促进人人参与生态环保的社会风气,给予参与者、监督者"绿币"积分,可用于兑换礼品的社会参与激励模式。

量标准国际互认的实现路径；创新碳汇产品交易方式，锚定碳达峰，加速碳中和，探索保障能源供应安全和低碳转型发展机制。

（3）城乡协调。

加强农村生态文明建设，推动环境治理，如黑臭水体治理从地级市向县级市、乡镇、农村地区扩展延伸，切实改善乡村自然环境。同时以乡村振兴为抓手，促进乡村旅游业发展、打造现代农业示范园区，构建生态农业、特色产业联动发展的产业新格局；建立完善的农村基础服务设施，强化以工补农、以城带乡，构建城乡新格局，实现城乡共美、美美与共。

（4）区域协调。

把握好长三角一体化发展"新阶段"的战略方位，发挥浙江省数字经济优势，联合其他长三角区域打造全国数字经济高地；充分发挥绿色发展优势，推进长三角"大花园"建设，共同开展"蓝天、碧水、净土、清废"行动，推广丽水生态产品发展模式，携手建设全国绿色生态发展高地。

10

共同富裕的保障机制:推进全面从严治党向纵深发展

全面从严治党是党要管党、从严治党的具体体现,是党应对时代挑战而采取的战略举措。全面从严治党作为全面建成小康社会、全面深化改革、全面依法治国的根本保证,在"四个全面"中起着提纲挈领的作用。探究全面从严治党的基本内涵、时代意义及其基本思路,有利于全面深化改革、全面依法治国、全面建成社会主义现代化强国的协调发展。

当前全面从严治党取得显著成效,党内正气在上升,党风在好转,社会风气在上扬。这些变化,是全面深刻的变化、影响深远的变化、鼓舞人心的变化,为党和国家事业发展积聚了强大的正能量。习近平总书记在党的十九大报告中指出,全面从严治党永远在路上。一个政党,一个政权,其前途命运取决于人心向背。人民群众反对什么、痛恨什么,我们就要坚决防范和纠正什么。正是基于这种坚定的政治决心和清醒的政治判断,党的十九大之后,党中央推动全面从严治党再出发,深化全面从严治党向纵深发展,为实现党的十九大提出的新时代党的建设的新目标奠定了重要基础。将"全面从严治党"纳入"四个全面"战略布局。党的十九大以来,党中央聚焦群众身边的腐败和作风问题,坚决开展扫黑除恶专项斗争,加强治理扶贫等民生领域的腐败问题,让群众感到正风肃纪反腐就在身边,不断增强人民群众对廉洁程度的感知,提升对反腐败的支持度。十九届中央纪委三次全会上,习近平总书记发表重要讲话,站在新时代党和国家事业发展全局的高度,对全面从严治党向纵深发展做出全面部署,开启了全面从严治党的新篇章。全面从严治党也取得了有目共睹的卓著成绩,不仅推动党的建设迈上新台阶,也为党和国家各项事业的顺利发展提供了坚强保障。

10.1　全面从严治党取得战略性成绩

党的十九大提出新时代党的建设总要求,突出强调以党的政治建设为统领,把党的政治建设摆在首位。十九届中央纪委三次全会上,习近平总书记充分肯定全面从严治党取得新的重大成果;指出一年多来,经过全党共同努力,党的集中统一领导更加坚强有力,党的建设新的伟大工程全方位加强,全面从严治党实效性不断提高,党内政治生态进一步改善,党在新时代新征程中焕发出更加强大的生机活力。

就全国而言,2020 年是中华人民共和国历史上极不平凡的一年。面对错综复杂的国际形势、艰巨繁重的改革发展稳定任务,特别是面对突如其来的新冠疫情,党中央统筹中华民族伟大复兴战略全局和世界百年未有之大变局,坚持以党的自我革命引领伟大社会革命,坚定不移全面从严治党,坚定不移推进党风廉政建设和反腐败斗争,坚定不移把党建设得更加坚强有力,全面从严治党取得战略性成绩。

一是让党旗在疫情防控斗争、决胜全面建成小康社会、决战脱贫攻坚中高高飘扬,让广大人民群众深切感受到,风雨袭来时,党的坚强领导、党中央的权威是最坚实的靠山。二是紧紧围绕"两个维护"强化政治监督,完善全面从严治党制度,加强党的领导和监督,深化政治巡视,完善党和国家监督体系,全面加强党的纪律建设,深化运用监督执纪"四种形态",围绕统筹疫情防控和经济社会发展、打好三大攻坚战、做好"六稳"工作、落实"六保"任务等重大决策部署加强监督检查。三是坚决破除形式主义、官僚主义,以作风攻坚促进脱贫攻坚,严肃查处验收达标中弄虚作假的问题,深化拓展基层减负工作,继续整治享乐主义、奢靡之风,坚决纠治餐饮浪费行为。四是深刻把握反腐败斗争新态势,一体推进不敢腐、不能腐、不想腐,坚决查处不收敛不收手的腐败分子，聚焦政治问题和经济问题交织的腐败案件，严肃查处对党不忠诚、阳奉阴违的两面人，对政法系统腐败严惩不贷，对扶贫、民生领域腐败和涉黑涉恶"保护伞"一查到底。五是增强党组织政治功能和组织功能，完善管思想、管工作、管作风、管纪律的从严管理制度，在斗争一线考察识别干部，在火线发展优秀分子入党。党中央对党风廉政建设和反腐败斗争取得的成绩是满意的。

地方各省响应党的号召，深入基层加强党的全面领导，推进全面从严治党在地方基层深入展开。党的十九大以来，中共浙江省委坚定维护党的领导，深入学习贯彻习近平总书记关于全面从严治党的重要论述，全面落实新时代党的建设总要求和新时代党的组织路线，全面加强党的领导尤其是政治引领，深入推进党的政治建设、思想建设、组织建设、作风建设、纪律建设，认真落实习近平总书记对浙江工作的最新指示要求，坚持以"八八战略"为统领，进一步扛起"三个地"的使命担当，建立健全"不忘初心、牢记使命"主题教育常态长效机制，干在实处、走在前列、勇立潮头，奋力实现经济社会发展目标任务，确保如期高水平全面建成小康社会，努力建设好新时代全面展示中国特色社会主义制度优越性的重要窗口，为共同富裕浙江示范做好保障。

党的十九大以来，中共浙江省委以上率下担起全面从严治党的政治责任，审时度势做出建设清廉浙江的决定，管党有力，治党有效，党内政治生态展现新气象，反腐败斗争取得压倒性胜利，全面从严治党取得新的重大成果。

队伍思想武装不断加强。全省广大纪检监察干部采取集体学习、学院培训、党支部主题党日活动、个人自学等方式，认真学习贯彻习近平新时代中国特色社会主义思想和党的十九大精神，学习习近平总书记重要讲话和系列指示批示精神，始终旗帜鲜明地讲政治，增强"四个意识"，坚定"四个自信"，做到"两个维护"。

服务保障发展成效明显。积极参与和保障打赢三大攻坚战，通过组织开展专项巡视巡察、大数据监督检查等，维护贫困群众切身利益和扶贫资金安全，促进精准扶贫、精准脱贫工作落实；通过查处损害生态环境问题，促进生态文明建设。全省积极查处扶贫领域腐败和作风问题,问责于党员干部。可以说,在脱贫乡亲的笑容里,在不断向好的蓝天、碧水、净土里,都凝聚着广大纪检监察干部的心血和汗水。通过查处李红云、蒋远华等案件,清除国企巨蠹,为国家挽回巨大经济损失,助力营造良好营商环境。

内部监督机制不断完善。制度优势正在转化为治理效能,省纪委监委机关与派驻机构等机制改革得到中央纪委的肯定,派驻监督进一步加强。推进监察职能向基层延伸,乡镇(街道)监察室普遍建立。主动接受审计监督,坚持打铁必须自身硬,严防"灯下黑",坚决清除害群之马,严厉查处违纪违法纪检监察干部,队伍纯洁性和战斗力进一步增强。

党的十九届四中全会提出要完善全面从严治党制度。坚持党要管党、全面从严治党,增强忧患意识,不断推进党的自我革命,永葆党的先进性和纯洁性。同时,我们也要看到,面对国内外风险挑战明显上升的复杂局面,面对反腐败斗争依然严峻复杂的形势,全面从严治党的任务仍然十分艰巨。习近平总书记在十九届中央纪委三次全会上明确提出取得全面从严治党更大战略性成果的重要部署,为全面从严治党指明了发展方向。更大战略性成果应当是更加稳定、更加巩固,同时实现标本兼治双效提升的成果。

10.2 以建党百年为契机巩固历史性成绩

党的十九届中央纪委四次全会中,习近平总书记发表重要讲话,深刻总结新时代全面从严治党的历史性成就,对以全面从严治党新成效推进国家治理体系和治理能力现代化作出战略部署。党的十八大以来,尽管党风廉政建设和反腐败斗争取得了历史性成就,但形势依然严峻复杂。必须清醒看到,腐败这个党执政的最大风险仍然存在,存量还未清底,增量仍有发生。政治问题和经济问题交织,威胁党和国家政治安全。传统腐败和新型腐败交织,贪腐行为更加隐蔽复杂。腐败问题和不正之风交织,"四风"成为腐败滋长的温床。腐蚀和反腐蚀斗争长期存在,稍有松懈就可能前功尽弃,反腐败没有选择,必须知难而进。

习近平总书记指出,党风廉政建设永远在路上,反腐败斗争永远在路上。我们党作为百年大党,要永葆先进性和纯洁性、永葆生机活力,必须一刻不停地推进党风廉政建设和反腐败斗争。各级领导干部特别是主要负责同志必须切实担负起管党治党的政治责任,始终保持"赶考"的清醒,保持对"腐蚀""围猎"的警觉,把严的主基调长期坚持下去,以系统施治、标本兼治的理念正风肃纪反腐,不断增强党自我净化、自我完善、自我革新、自我提高的能力,跳出治乱兴衰的历史周期率,引领和保障中国特色社会主义巍巍巨轮行稳致远。

党的二十大报告指出,中国式现代化是全体人民共同富裕的现代化。共同富裕是中国特色社会主义的本质要求,也是一个长期的历史过程。中华人民共和国成立以来,中国共产党团结带领全国人民在推进中国式现代化进程中不断朝着实现共同富裕的目标坚定前行,新时代新征程中,我们更应坚定信心,发扬历史主动精神,科学理解中国式现代化本质要求,扎实推进共同富裕。

首先,要在学懂弄通做实习近平新时代中国特色社会主义思想上取得更大成果。习近平新时代中国特色社会主义思想是党和国家长期坚持的指导思想,是新时代新征程中攻克难题、破解矛盾的"金钥匙",是确保纪检监察事业不断开创新局面的强大力量源泉。全省纪检监察干部必须经常学、反复学,不断学思践悟,做到真学、真懂、真信、真用,真正用以武装头脑、指导实践、推动工作。特别是各级纪委监委领导班子、领导干部要成为学懂弄通做实的表率,纪检监察机关要成为学懂弄通做实的模范机关。要认真组织开展"不忘初心、牢记使命"主题教育。建立健全各项学习、教育、培训制度,加强专题研学、培训教学、晋升考学、日常自学。充分发挥省纪检监察干部学院等阵地作用,组织全省纪检监察干部分期分批开展轮训。充分发挥监督作用,督促各级党组织加强对习近平新时代中国特色社会主义思想的学习武装。

其次,要在强化政治监督、践行"两个维护"上取得更大成果。"两个维护"是最重要、最根本的政治纪律和政治规矩。纪检监察机关必须把践行"两个维护"作为首要政治职责,坚持党中央重大决策部署到哪里,监督检查就跟进到哪里。要严明政治纪律和政治规矩,坚决纠正上有政策、下有对策,有令不行、有禁不止的行为,特别是对"七个有之""两面派""两面人"问题盯住不放,坚决查处。加强对新形势下党内政治生活若干准则等法规制度执行情况的监督检查,着力纠正党内政治生活不严肃不健康和在坚持民主集中制、选人用人等方面存在的突出问题。积极协助并督促各级党委(党组)认真履行全面从严治党主体责任,加大问责追责力度,确保"两个维护"真正体现在实际行动上、落实到具体工作中。

再次,要在整治形式主义、官僚主义上取得更大成果。习近平总书记强调,形式主义、官僚主义是当前党内存在的突出矛盾和问题,是阻碍党的路线方针政策和党中央重大决策部署贯彻落实的大敌。全省纪检监察机关必须从坚持政治原则、严明政治纪律的高度,拿出铁腕反腐的决心、力度、韧劲,坚决整治形式主义、官僚主义问题。从 2021 年开始,全省集中开展整治形式主义、官僚主义问题三年行动,坚决果断亮剑,务必大见成效。整治不能唱"独角戏",而要打好总体战。各级纪委监委要协助和督促党委(党组)担负起整治形式主义、官僚主义的政治责任,并加强监督,从严问责,公开曝光,形成震慑。

习近平总书记强调,要以强有力的政治监督,确保党中央重大决策部署贯彻落实到位。要坚持学懂弄通做实党的创新理论,以庆祝建党 100 周年为契机,引导党员、干部加强党性锻炼、党性修养,坚定理想信念,百折不挠把自己的事办好。要健全贯彻党中央重大决策部署督查问责机制,加强对立足新发展阶段、贯彻新发展理念、构建新发展格局、推动高质量发展等决策部署落实情况的监督检查。党员、干部要筑牢思想防线,时刻自重自省自警自励,慎独慎微慎始慎终,做政治信念坚定、遵规守纪的明白人。

10.3　推进全面从严治党向纵深发展,引领共同富裕新征程

2021 年全国两会对《中华人民共和国国民经济和社会发展第十四个五年规划和 2035 年远景目标纲要(草案)》(简称"草案")进行审查。草案将

"全体人民共同富裕取得更为明显的实质性进展"作为 2035 年远景目标之一,国家将支持浙江高质量发展建设"共同富裕示范区"。2021 年 1 月 22 日,习近平总书记在中国共产党第十九届中央纪律检查委员会第五次全体会议上发表重要讲话,他强调,2021 年是实施"十四五"规划、开启全面建设社会主义现代化国家新征程的第一年,所有工作都要围绕开好局、起好步来展开。要深入贯彻全面从严治党方针,充分发挥全面从严治党引领保障作用,坚定政治方向,保持政治定力,做到态度不能变、决心不能减、尺度不能松,确保"十四五"时期我国发展的目标任务落到实处。习近平总书记重要讲话高屋建瓴、思想深邃、内涵丰富,是推进全面从严治党向纵深发展的重要遵循。要增强"四个意识"、坚定"四个自信"、做到"两个维护",主动担当作为,忠诚履职尽责,努力取得全面从严治党更大战略性成果,为"十四五"时期目标任务落实提供坚强保障。

10.3.1　政治上深入把握全面从严治党

习近平总书记强调全面从严治党,首先要从政治上看,不断提高政治判断力、政治领悟力、政治执行力。中央纪委委员王立山表示,腐败是我们党面临的最大威胁,很多腐败案件看似是经济问题,实际上是与政治问题交织在一起的。只有从政治上分析问题,才能看清本质,更加深刻地认识到腐败问题的极端危害性;只有从政治上解决问题,才能抓住根本,更加自觉坚定地推进全面从严治党向纵深发展。

因此,我们必须旗帜鲜明地讲政治,要深入学习贯彻落实习近平总书记重要讲话精神,把准政治方向,增强政治能力,强化政治监督,更加自觉地肩负起"两个维护"重大政治责任,奋力夺取全面从严治党更大战略性成果。

10.3.2　推进党风廉政建设,深入反腐败斗争

党风廉政建设和反腐败斗争的形势依然严峻复杂。我们必须坚定不移地正风肃纪反腐,凝聚党心军心民心,厚植党执政的政治基础。反腐败没有选择,必须知难而进。

在过去多年反腐败斗争的基础上,我党坚持不懈、久久为功,坚决果断

"打伞破网",深挖彻查黑恶案件背后的腐败问题,同时做好以案促改的"后半篇文章",切实做到查处一案、警示一片、治理一域,不断增强人民群众的获得感、幸福感、安全感。再次把一体推进不敢腐、不能腐、不想腐作为全面从严治党的重要方略长期坚持下去,同时将正风肃纪反腐与深化改革、完善制度、促进治理贯通起来,用好"四种形态",综合发挥惩治震慑、惩戒挽救、教育警醒的功效。

2021 年是实施"十四五"规划、开启全面建设社会主义现代化国家新征程的第一年,所有工作都要围绕开好局、起好步来展开。保障"十四五"时期党中央重大决策部署贯彻落实到位,既要摸底数、防风险,也要查问题、促发展,一体推进不敢腐、不能腐、不想腐,为立足新发展阶段、贯彻新发展理念、构建新发展格局提供坚强的纪律保障。

10.3.3 思想上紧握治党的武器

重视思想建党是马克思主义政党建设的基本原则,是我们党的优良传统和政治优势。用好思想建党这个传家宝,抓好思想教育这个全面从严治党的根本,不断增强党的自我净化、自我完善、自我革新、自我提高能力,始终保持党的先进性和纯洁性,才能确保党始终成为中国特色社会主义事业的坚强领导核心。着重从思想上建党是中国共产党的一个创造,是中国共产党的一个独特优势,也是党在革命、建设、改革过程中形成的一个重要经验。历次党的代表大会都把思想建设摆在了突出的位置,坚持走实事求是的思想路线,不断发展创新思想建设的理论。实践证明,着重从思想上建党是党不断发展壮大的一个重要原则,在党取得一个又一个阶段性胜利中、为巩固党的长期执政地位等都发挥了巨大的作用,成为我们党不断发展壮大的一个重要武器。①

习近平总书记指出:"要炼就'金刚不坏之身',必须用科学理论武装头

---

① 于欣:《全面从严治党视域下的思想建党研究》,中共中央党校 2018 年博士学位论文。

脑,不断培植我们的精神家园。"①坚持全面从严治党,就必须坚持不懈抓好思想理论武装,加强马克思列宁主义、毛泽东思想和中国特色社会主义理论体系的学习,特别是不断深化习近平总书记系列重要讲话精神的学习教育,切实做到指导思想先进、理论武装先行。习近平总书记系列重要讲话精神,是中国特色社会主义理论体系的最新成果,是指导具有许多新的历史特点的伟大斗争最鲜活的马克思主义,也是广大党员、干部改造主观世界和客观世界的有力思想武器。要教育引导党员、干部全面系统掌握讲话的丰富内涵、精神实质和实践要求,做到学而信、学而用、学而行,做到对党忠诚、个人干净、敢于担当,增强中国特色社会主义道路自信、理论自信、制度自信、文化自信。深入推进理论武装,要坚持"三贴近"原则,结合党员、干部的思想实际,善于用事实说话、用典型说话,把抽象的理论用生动感性的语言形象地表达出来,把中央最新精神讲清楚,把社会现实问题讲清楚,使党的创新理论切实为党员、干部所掌握,真正成为改造思想的武器。

10.3.4 数字赋能,智慧治党

我们要不断提升党建工作科学化、规范化水平,推动基层党建工作再上台阶。建立全面从严治党信息化平台,推进党务工作信息化建设。运用科技手段助力数字党建工作,把严的标准、严的措施贯穿管党治党全过程,同时让各级党组织、党员干部习惯在监督和约束下工作和生活。覆盖基层党组织和深入党员干部,真正实现"让党建看得见,让改变看得见",打通党建"最后一公里",以高质量党建引领全面从严治党高质量发展。

数字赋能全面从严治党,建设信息化平台,将平台建设成指挥中心、导航中心、辅导中心和体检中心,搭载资讯、党务、文化、廉政、学习、应用、监督等栏目,涵盖纪检工作管理等党务工作内容,让数字化平台成为党员学习、管理、考核、评价、宣传的阵地。

浙江省委召开全省数字化改革大会,全面部署全省数字化改革工作。

---

① 中共中央宣传部编:《习近平总书记系列重要讲话读本》,人民出版社、学习出版社2014年版,第161页。

时任浙江省委书记袁家军在会上强调，要认真贯彻落实习近平总书记关于全面深化改革和数字中国建设的重大部署，加快建设数字浙江，推进全省改革发展各项工作在新起点上实现新突破，为争创社会主义现代化先行省开好局、起好步。全面从严治党数字化改革是统筹运用数字化技术、数字化思维、数字化认知，把数字化、一体化、现代化贯穿到党的领导、党的建设和党的治理全过程各方面，对全面从严治党的体制机制、组织架构、方式流程、手段工具进行全方位、系统性重塑的过程。推进党建数字化改革，完善全面从严治党体系，促进党的建设和执政及治理能力现代化，激发活力、增添动力，把握一体化、全方位、制度重塑、数字赋能、现代化的改革特征，聚焦信息党政、数字党建、智慧治党等方向，从整体上推动全面从严治党向纵深发展的质量变革、效率变革、动力变革，在根本上实现整体智治、高效协同的全面从严治党智慧化转变。

"十四五"规划草案提出，"全体人民共同富裕要迈出坚实步伐"的目标和"更加积极有为地促进共同富裕"的要求，这实际上是对促进共同富裕作出了进一步的部署。要紧扣社会发展不平衡不充分这个主要矛盾，以缩小城乡区域发展差距和收入分配差距为主攻方向，在推动高质量发展中扎实推进共同富裕。

习近平总书记强调，充分发挥全面从严治党引领保障作用，确保"十四五"时期目标任务落到实处。我们党作为百年大党，要永葆先进性和纯洁性，永葆生机活力，必须一刻不停地推进党风廉政建设和反腐败斗争，推进全面从严治党向纵深发展，开启和引领共同富裕新征程。

第二部分

实践篇

1

浙江 2035 年社会主义现代化建设目标任务研究①

为切实做好浙江 2035 年社会主义现代化建设目标任务的研究工作,课题组在比较研究三大主流现代化理论、5 个社会主义现代化理论,以及分阶段总结 6 个现代化先行国家推进现代化建设经验与对浙江启示的基础上,结合浙江省情社情,设计评价浙江高水平现代化的具体标准,构建包含 12 个现代化一级指标、35 项二级指标的"浙江 2035 年社会主义现代化建设指标体系";分"静态进程、动态追赶"与"单项指数、综合指数"对浙江现代化建设情况进行评估分析,以现代化进程综合指数超过 6 个现代化先行国家 100%、追赶综合指数达到 6 个现代化先行国家平均水平为标准,分领域剖析浙江现代化短板,根据单项进程指数"四高六低"、单项追赶指数"六高四低"等特点,分"双低"短板、"单低"进程、"极差"追赶、"双高"优势四类,对短板领域着力实施倍增攻坚、合作共赢、提标追赶、超常规引领"四大工程",重点促进(绿色)GDP 倍增、海外投资倍增、人均 GDP 倍增、数字经济倍增"4 个倍增",协调建设"产业、教育基础牢靠,科技、城市、消费、文化、政府治理动力十足,全面开放共赢,收入分配合理,人民幸福健康,生态文明兴盛"的高水平现代化体系,聚焦聚力建设社会主义现代化强省。

---

① 课题组成员:李军、马淑琴(执笔人)、王海、陈钰芬、高燕、徐越倩、徐蕾、王文治、孙豪、徐元国、程艳、王江杭、周梦赉(浙江省商务厅)。

1.1 现代化的理论体系

"现代化"是工业革命以来全球普遍兴起的主题之一。现代化理论体系分主流现代化理论和社会主义现代化理论。

1.1.1 主流现代化理论

主流现代化理论有三类：经典现代化理论（20 世纪 50 年代—60 年代），描述的是基于传统农业社会转型的古典工业现代化图景；后现代化理论（20 世纪 70 年代—80 年代），描述的是基于后工业化社会的后现代化转变设想；新现代化理论（20 世纪 90 年代以来），描绘的是基于传统现代化的反思性现代化理论、新现代化理论、综合现代化理论。

1.1.2 社会主义现代化理论

社会主义现代化理论主要有五类：经典社会主义现代化理论，是基于社会化大生产按比例发展的"马克思主义"、西方"新马克思主义"；非均衡型社会主义现代化理论，是基于苏联实践的非均衡型社会主义现代化理论体系；综合社会主义现代化理论，是基于中华人民共和国成立初期实践包含工业现代化、农业现代化、国防现代化、科学技术现代化的"四个现代化"；赶超型社会主义现代化理论，是基于中国改革开放初期社会主义现代化建设实践的"三步走"赶超战略；强国型社会主义现代化理论，是基于党的十九大报告提出的"全面建成社会主义现代化强国"体系。

1.1.3 社会主义现代化理论的浙江内涵

"八八战略"是对浙江现代化进程的经验总结和理论提炼，是浙江建设社会主义现代化最为重要的战略指引，是一个与时俱进、内在统一、包容协调、以人为本的理论体系。"八八战略"是浙江提前基本实现现代化的总战略，是"两个高水平"建设、"富民强省十大行动"、建设社会主义现代化强省的总指引。

1.2 现代化先行国家的经验借鉴及浙江启示

日本、德国、韩国、美国、英国、新加坡 6 个现代化先行国家,所处阶段不同,推进体制有别,政策重点不一,措施成效迥异,对浙江省 2035 年高水平建成社会主义现代化强省具有借鉴启示作用。

1.2.1 经验借鉴

(1)加速起飞阶段:经济先行。

加速起飞阶段,注重运用多种组合,形成经济"加速度"。

新加坡(1965—1978)实行工业出口、进口替代、自由港、贸易自由化等政策,借助国际产业转移推进本国现代化。

韩国(1948—1960)借助美国援助、政治优先等政策快速迈向"现代化",但特权阶层独占成果引发"419 学生革命"。

德国(1862—1914)通过系统推进"自上而下"的政治改革、"联俄亲奥拉英反法"外交、贸易壁垒、科学工业融合、军工产业、全民教育等政策,稳妥推行加速赶超的现代化之路。

(2)高速发展阶段:新动力接续引领。

高速发展阶段,"创新"和"科技"成为现代化建设的主要推动力量,以新动力、新业态引领现代化建设迭代发展。

新加坡(20 世纪 70 年代至今)以城市现代化和政府治理现代化为重点,打造"花园城市"、清廉政府。

韩国(1960—1980)实行"激进"经济战略,埋下了国家企业官僚化、新兴财团干政、盲目引进外资等隐患。

(3)战略调整阶段:现代化协调推进。

经历了高速发展后,一个国家(地区)的现代化建设取得较大成绩,内政、外交需要进行战略性调整。

英国(19世纪)丧失全球现代化建设的引领地位。虽然在国家现代化、经济现代化上取得了极大成就,但是无法稳妥处理好贫富分化、环境污染、治安恶化、价值沦丧等内部问题,也无法应对新兴强国崛起、殖民体系瓦解等国际问题。

日本(1979年至今)从"高调挑战"到"隐形崛起"。政治、经济、金融领域的"高调挑战"被大国压制,被动从"日本第一"(1979)、"卖掉东京买下美国"(1989),到经历"失去的15年"(1995—2010,日企外迁、制造业空心化、就业减少、社会老龄化),选择低调、具有迷惑性的"社会5.0"(2016),貌似放弃经济崛起、产业振兴,实则全力加速人工智能、大数据、物联网、机器人等新兴产业研发与应用,研发投入、诺贝尔奖获奖人数、核心专利、国家创新质量、GNP等指标均位居世界前列,实现"隐形崛起"。

(4)基本建成阶段:形成系统优势。

基本建成阶段,政治、社会、文化、治理等现代化系统实现相互平衡、相互促进、全面发展,并即将进入新一轮的现代化建设起步阶段。

美国(1877—1960)第一次基本建成现代化阶段,实施本国垄断竞争、跨国垄断竞争政策,以城市化、都市化、信息化为主要社会形态,以近代新技术革命为主要动力,成为现代化强国。1992年以来出台新经济政策,保持高科技领域的全球领先地位,进入第二次现代化起步准备阶段。

1.2.2　浙江启示

一是浙江现代化建设,要以人为核心,可持续推进现代化。要与人民共享发展红利,满足人民对美好生活的向往,跨越发展陷阱,如韩国反复出现政权动荡、高层腐败,墨西哥等拉美国家陷入"中等发展水平陷阱",英国、巴西、伊朗出现贫富差距过大等问题。

二是浙江现代化建设,要以非连续转型为基础,定位好现代化建设的发展阶段。要灵活应对经济技术变革、非连续转型,不能把加速起飞、高速发展阶段的经验,简单套用到战略调整阶段,否则会被发达国家"高维锁定"。

三是浙江现代化建设,要以经济建设为中心,平衡好所处阶段的过渡任务。中共浙江省第十四届委员会第二次全体会议提出"到2035年……高水平完成基本实现社会主义现代化的目标"。如何"高水平完成"? 有"量"无"质",不是高质量发展,更不是"高水平完成"。工业现代化、城市现代化较易"攻坚破难",而分配不公、环境恶化、社会紊乱则短期难以解决,且会对现代化成果形成反噬。

四是浙江现代化建设,要以统筹协调为导向,处理好目标任务的各项矛盾。在有限空间、有限投资、有限管理的制约下,将出现产业现代化的结构失范,制造业过早过快下滑。在低收入、高房价、低消费的锁定下,产业现代化、收入现代化、消费现代化处于低水平供需平衡状态。在贸易摩擦政治化、产业发展"空心化"等诸多矛盾影响下,产业现代化、开放现代化进程有所放缓。

总的来看,浙江省到 2035 年实现社会主义现代化、高水平建成社会主义现代化强省目标,要坚持以经济建设为中心,构建"产业、教育基础牢靠,科技、城市、消费、文化、政府治理动力十足,全面开放共赢,收入分配合理,人民幸福健康,生态文明兴盛"的高水平社会主义现代化体系。

1.3　现代化的评价标准与指标体系

1.3.1　评价标准

立足省情社情,结合现代化理论、评价标准,浙江高水平现代化的评价标准是:在"八八战略"指引下,从"高速度增长"转向"高质量发展",全方位追赶现代化先行国家,高水平建成社会主义现代化强省。

一是浙江现代化的基准。到 2035 年,浙江人均 GDP(购买力平价法)与现代化先行国家间的差距应不断缩小,达到 3.0 万—4.1 万美元的基本水平;浙江现代化进程综合指数超过 2010 年的美国和新加坡、2017 年的英国和日本、2014 年的德国、2018 年的韩国,高水平建成社会主义现代化。

二是社会主义现代化强省的标准:达到对标国的平均水平。到 2035年,浙江现代化综合追赶指数达到 6 个现代化先行国家 2035 年的平均水平；大多数现代化领域达到对标国 2035 年的平均水平，实现建成社会主义现代化强省目标。

1.3.2 现代化指标体系

坚持科学性、系统性、对标性、导向性、衔接性、客观性原则，以产业、科技、城市、农村、开放、消费、生态、文化、收入、教育、卫生和健康以及政府治理"12 个方面"为总框架，遴选 90 项指标作为"浙江省现代化指标体系"的选择对象。在此基础上，采用专家意见法、对标分析法，精简形成包含 12 个现代化、35 项指标的"浙江 2035 年社会主义现代化建设指标体系"（见表 1-1"指标"栏）。

表 1-1 浙江省 2035 年社会主义现代化建设指标体系（精简）

指标		单位
一级指标	二级指标	
（一） 产业现代化	1. 单位建设用地生产总值	万元/亩
	2. 人均 GDP	万元
	3. 数字经济核心产业增加值占 GDP 的比例	%
	4. 骨干企业装备数控化率	%
（二） 科技现代化	5. 全社会研究和发展（R&D）经费支出占 GDP 的比例	%
	6. 基础研究经费支出占研发比例	%
	7. 科技进步贡献率	%
（三） 开放现代化	8. 实际利用外资占 GDP 比重	%
	9. 对外直接投资占 GDP 比重	%
	10. 自主品牌产品出口额占全省出口总额的比例	%
（四） 农业农村现代化	11. 新型职业农民占乡村人口比重	%
	12. 创建乡村振兴精品村	个
（五） 收入现代化	13. 城镇居民人均可支配收入	万元
	14. 农村居民人均可支配收入	万元

指标		单位
一级指标	二级指标	
（六） 消费现代化	15. 人均居民消费支出	元
	16. 网络零售额相当于社会消费品零售总额比例	％
	17. 重点领域主要消费品国际标准一致性程度	％
（七） 政府治理现代化	18. 营商环境指数	—
	19. 在线服务成效度	％
	20. 清廉指数	分
	21. 政商亲清指数	—
（八） 文化现代化	22. 人均文化事业费	元
	23. 博物馆参观总人次	万人次
（九） 教育现代化	24. 政府教育支出占 GDP 的比重	％
	25. 高等院校科研经费投入总额占 GDP 比重	％
	26. 高技能劳动者占就业人员比重	％
（十） 城市现代化	27. 城市智慧大脑服务面积覆盖率	％
	28. 未来社区数量	个
	29. 群众安全感满意率	％
（十一） 卫生和健康现代化	30. 人均预期寿命	岁
	31. 国民体质监测合格率	％
	32. 全省智慧医疗覆盖率	％
（十二） 生态现代化	33. 单位 GDP 节能减排降碳	—
	34. 城市环境空气 PM2.5 年均浓度	微克/立方米
	35. 省控断面Ⅲ类及以上水质断面占比	％

1.4　浙江现代化的进程和水平评估

　　对产业、科技、生态等 10 个现代化领域,选取 29 项可量化的指标进行单项和综合测算;政府治理现代化领域,采用静态评估。农业农村现代化领域是浙江优势领域,但考虑到乡村振兴、脱贫攻坚等因素,且与收入现代化、产业现代化等密切相关,根据分析结果同步纳入重要攻坚任务,不做单独评估分析。

总体判断:静态进程分析显示,浙江在 2033 年高水平实现社会主义现代化;动态追赶评估显示,浙江在 2030 年实现建成社会主义现代化强省目标。

1.4.1 静态的进程指数分析

(1)综合评估:浙江现代化进程有望提前实现。

以 6 个现代化先行国家固定对标年份的指标实际值作为静态进程目标,分析浙江的现代化进程指数。由图 1-1 可以看出,浙江现代化进程指数由 2007 年的 34.79%—44.15%上升到 2035 年的 85.08%—105.91%,呈线性平稳增长趋势。根据浙江现代化的基准,按上限值预测,浙江在 2033 年(100.92%>100%)高水平实现社会主义现代化。

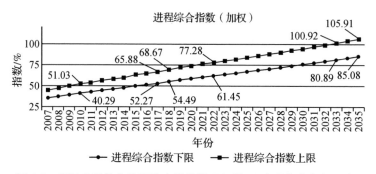

进程综合指数(加权)

图 1-1 浙江省现代化进程综合指数情况(对标 6 个现代化先行国家)

(2)单项分析:进程指数"四高六低"。

单项进程指数分析结果,如图 1-2 所示。

"四高"领域:2035 年,科技、生态、文化、卫生等 4 个领域进程指数相对较高(>100%),分别达到 118.33%,113.19%,107.27%,101.88%。

"六低"领域:2035 年,收入、教育、消费、开放、城市、产业等 6 个领域进程指数相对较低(<100%),分别达到 76.22%,81.10%,81.59%,92.18%,95.53%,98.82%。

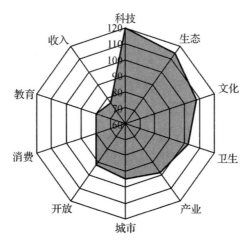

图 1-2 浙江省现代化进程单项指数情况(对标 6 个现代化先行国家)

1.4.2 动态的追赶指数分析

(1)综合评估:追赶任务艰巨。

以 6 个现代化先行国家的平均水平预测值作为动态追赶目标,动态分析浙江的现代化追赶指数。由图 1-3 可以看出,浙江的追赶指数由 2007 年的 38.40%—44.53%上升为 2035 年的 71.41%—89.43%,呈线性增长趋势。根据浙江建成社会主义现代化强省的标准,按上限值预测,浙江在 2030 年 (81.20%＞6 个国家的平均水平 80.42%)实现建成社会主义现代化强省目标。

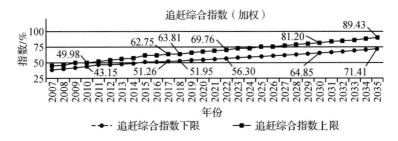

图 1-3 浙江省现代化追赶综合指数情况(对标六个现代化先行国家)

(2)单项分析:追赶指数“六高四低”。

单项追赶指数以达到 6 个现代化现行国家 2035 年的平均水平为标准,其结果如图 1-4 所示。

“六高”领域:2035 年,卫生、科技、开放、城市、消费、生态 6 个领域“追赶"到 6 个对标国家 2035 年的平均水平(80.42%),依次为 96.69%,88.97%,86.25%,81.24%,81.00%,80.98%。

"四低"领域:2035 年,教育、收入、文化、产业未"追赶"上 6 个对标国 2035 年的平均水平,依次为 72.42%,72.64%,75.53%,79.45%。

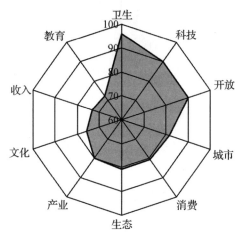

图 1-4　浙江省现代化追赶的单项指数情况(对标 6 个现代化先行国家)

1.4.3　浙江政府治理现代化静态进程分析

政府是国家治理的核心主体,政府治理现代化是实现社会主义现代化、高水平建成社会主义现代化强省的最大推力,是全面深化改革的"牛鼻子"。限于动态数据可获得性,通过静态进程分析发现,浙江政府治理已初步实现现代化,特别在数字政府、廉洁政府、参与型政府建设方面走在全国前列。与广东和江苏相比,浙江的政府透明度、法治建设、数字化政府建设等方面略低于广东和江苏。与德国和新加坡比较,浙江在基础设施建设、政务平台建设上存在较大差距。

1.5　浙江短板分析

浙江对比现代化先行国家及国内其他省市,在各领域的细分指标上各有"短长",以下择要阐述部分短板。

1.5.1 产业现代化的短板

(1)浙江产业竞争力相对较低。

《中国产业竞争力报告(2018)》显示,浙江产业创新力、智能化不足广东的 70%。

(2)浙江工业基础相对较弱。

与广东、江苏相比,浙江工业增加值、规上工业企业数、规上工业企业主营业务收入以及规上工业企业利润相对较低,如表 1-2 所示。

表 1-2　2021 年浙江与广东、江苏的工业竞争力对比分析

区域	工业增加值 (亿元)	规上工业 企业数(个)	规上工业企业主营 业务收入(亿元)	规上工业 企业利润(亿元)
浙江	27015.3	53730	100301.3	7019.4
广东	45142.9	66307	173649.7	11278.4
江苏	44634.1	56281	153888.6	9586.5

数据来自《中国统计年鉴》(2022)。

1.5.2 科技现代化的短板

(1)研发投入相对不充分。

2021 年,浙江全社会研发投入 2132 亿元,创新能力综合排名跃居全国第 4 位,排在前 3 位的分别是广东、北京、江苏。浙江研发投入强度达 2.9%,与江苏的差距从 5 年前的 0.23 个百分点缩小到 0.05 个百分点;基础研究经费占研发经费投入的比重达 4%;区域创新能力居全国第 5、省(区)第 3。

(2)基础研究相对不充分。

截至 2019 年,浙江基础研究经费投入年均增速 15.97%,2018 年达 39.7 亿元,占研发经费投入比重为 2.75%,与全国平均水平相比并不突出。

(3)人才投入相对不充分。

截至 2022 年,浙江研发人员总量已达 77.58 万人,每万名就业人员中研发人员有 151.15 人年,均居全国第 3 位。高端人才相对不足,尤其是领

军型、灵魂型高端人才匮乏,这是浙江人才建设中面临的突出问题。

1.5.3 开放现代化的短板

(1)高科技产品出口占比较低。

2018—2022 年,浙江高新技术产品出口额占全省比重从 6.6% 提升至 10.1%,但始终低于韩国(14%—35%)。自主品牌产品出口占全省比重从 11.7% 增至 15.9%。

(2)进口开放度低。

2022 年,浙江进口开放度为 16.24%,全省进口 1.26 亿美元,与江苏(3.13 万亿元人民币)、广东(2.98 万亿元人民币)相比仍有差距。

1.5.4 消费现代化的短板

人均居民消费支出不高。2023 年第一季度人均可支配收入数据显示,浙江首次突破 2 万元关口,为 20158 元,位居全国第 3,低于上海(23489 元)、北京(21367 元)。

1.5.5 生态现代化的短板

(1)高技术减碳新阶段:碳排放强度高、下降难度高。

2020 年,浙江省碳排放指标位于全国第 10,人均碳排放位于全国第 15,单位 GDP 二氧化碳排放位于全国第 25,双碳工作任重道远。据生态环境部环境规划院统计,2021 年上半年,浙江省碳排放量 2.12 亿吨,较 2020 年同期增长 0.37 亿吨,上升 21.3%。其中,能源活动排放增长 0.34 亿吨,上升 21.4%;工业过程排放增长 0.03 亿吨,上升 18.9%。对标美国和日本,浙江即将进入碳排放强度下降的高难度阶段。

(2)高效率用能新阶段:能效提高水平快、能源数字化转型慢。

2012—2021 年,浙江省单位 GDP 能耗累计下降 25.8%,以年均 3.7% 的能源消费总量增速,支撑了年均 7.2% 的 GDP 增速。相较于日本,浙江能源数字化转型进展缓慢。日本借助能源互联网市场,1973—2014 年 GDP 增加了 2.4 倍,但工业能耗却减少了 10%。

（3）精准化治气新阶段：PM2.5 年均浓度下降多、主要设区城市仍未达标。

2022 年，浙江省设区城市细颗粒物（PM2.5）平均浓度为 27 微克/立方米；设区城市空气质量优良天数比例为 90.3%。但对标美国、日本 8—12 微克/立方米，浙江精准化治气短板明显。

1.5.6　文化现代化的短板

（1）文化生活水平低于江苏和广东。

浙江全社会文化生活指数上升较快，从 1991 年的 365.1 增至 2015 年的 60048.5，2017 年降为 54495.8。由于文化创新发展动力不足，2017 年浙江的文化生活水平指数（54495.8）低于江苏（62490.2）和广东（83447.8）。

（2）浙江博物馆数量增长较慢。

1991—2007 年，浙江与江苏和广东的博物馆数量差距不大。2008—2017 年差距不断扩大。根据国家统计局数据，截至 2021 年末，浙江省拥有博物馆 425 个，与山东省（629 个）相差 204 个，博物馆文物藏品 1572122 件/套，2021 年博物馆参观人次为 4070.23 万人次。

（3）文化投入水平相对不高。

1991—2007 年，浙江政府文化支出、公教支出与江苏和广东相差无几，2008 年之后差距逐步扩大。2017 年浙江政府文化支出（159.66 亿元）与江苏（194.37 亿元）相差 34.71 亿元，与广东（285.87 亿元）相差 126.21 亿元；公教支出（1430.15 亿元）与江苏（1979.57 亿元）相差 549.42 亿元，与广东（2575.52 亿元）相差 1145.37 亿元。

1.5.7　收入现代化的短板

根据浙江省统计局发布的数据，2022 年，全省人均 GDP 达 11.9 万元，低于江苏省（144475 元）和福建省（126845 元），距离 2027 年 17 万元的目标还差 5 万元。

1.5.8　教育现代化的短板

科研经费投入提升较慢。1990—2017 年，浙江高等院校科研经费投入总额占 GDP 比重增幅较小,与日本和英国的差距较大,低于江苏和全国平均水平。
2017 年,浙江高等院校科研经费投入占 GDP 比重为 0.12%,低于江苏(0.13%)、
广东(0.14%)、全国平均水平(0.14%)、英国(0.41%)、日本(0.38%)。

1.5.9 卫生现代化的短板

医护人员尤其是护士人数严重短缺。每千人注册护士数从 2000 年的
1.08 人上升至 2021 年的 3.56 人,同样高于各期全国平均水平,但增长速度
较慢,仍未达 2018 年全球平均水平(3.7 人),至 2021 年该指标仍不及 2017
年美国(11.51 人)和日本(11.54 人)的 1/3。

1.6 浙江 2035 年现代化建设目标任务及对策建议

总的目标任务是:以习近平新时代中国特色社会主义思想为指引,坚定
不移沿着"八八战略"指引的路子走下去,在增创未来经济新优势、未来城市
新优势、未来生活新优势等方面"更进一步、更快一步",力争到 2035 年,高
水平建成动力更强、质量更优、效率更高的社会主义现代化强省。包含 12
个现代化一级指标、35 项二级指标的浙江 2035 年社会主义现代化建设主要
目标具体内容见表 1-3。

表 1-3 浙江省 2035 年社会主义现代化建设目标(精简)

指标		单位	评价标准(阶段目标)				指标性质
一级指标	二级指标		2018 年	2022 年	2030 年	2035 年建设目标	
(一)产业现代化	1.单位建设用地生产总值	万元/亩	27.96	—		40	引领性
	2.人均 GDP	万元	9.86	12	—	20	引领性
	3.数字经济核心产业增加值占 GDP 的比例	%	9.9			20	引领性
	4.骨干企业装备数控化率	%	56.74 (2017 年)			80	引导性

续　表

指标		单位	评价标准（阶段目标）				指标性质
一级指标	二级指标		2018 年	2022 年	2030 年	2035 年建设目标	
（二）科技现代化	5. 全社会研究和发展（R&D）经费支出占 GDP 的比例	%	2.52	—	—	3.0	引领性
	6. 基础研究经费支出占研发比例	%	2.8（2017 年）		—	12	赶超性
	7. 科技进步贡献率	%	61.8	68	—	70	引领性
（三）开放现代化	8. 实际利用外资占 GDP 比重	%	2.2			2.5	补齐性
	9. 对外直接投资占 GDP 比重	%	2.2			2.5	补齐性
	10. 自主品牌产品出口额占全省出口总额的比例	%	—	10		25	引导性
（四）农业农村现代化	11. 新型职业农民占乡村人口比重	%		1		2	预期性
	12. 创建乡村振兴精品村	个	—	1000	—	2800	引导性
（五）收入现代化	13. 城镇居民人均可支配收入	万元	5.56	7	—	11	引领性
	14. 农村居民人均可支配收入	万元	2.73	3.5	—	6	引领性
（六）消费现代化	15. 人均居民消费支出	元	29471	—		70000	引领性
	16. 网络零售额相当于社会消费品零售总额比例	%	66.8	—		85	引领性
	17. 重点领域主要消费品国际标准一致性程度	%	—	95（2020 年）	—	97	引领性
（七）政府治理现代化	18. 营商环境指数	—	78.53	—	—	85	引领性
	19. 在线服务成效度	%	79.1	—	—	90	引领性
	20. 清廉指数	分	88.5	88	90	91	约束性
	21. 政商亲清指数	—	84.7	86	89	90	引导性

续　表

指标		单位	评价标准(阶段目标)				指标性质
一级指标	二级指标		2018 年	2022 年	2030 年	2035 年建设目标	
(八)文化现代化	22.人均文化事业费	元	105.06	—		180	赶超性
	23.博物馆参观总人次	万人次	6485(2017 年)		—	10000	引领性
(九)教育现代化	24.政府教育支出占 GDP 的比重	%	2.8			5.6	补齐性
	25.高等院校科研经费投入总额占 GDP 比重	%	0.11			0.4	补齐性
	26.高技能劳动者占就业人员比重	%		8		12	赶超性
(十)城市现代化	27.城市智慧大脑服务面积覆盖率	%		30		60	引领性
	28.未来社区数量	个	—	—	—	400	预期性
	29.群众安全感满意率	%	96.84			97.5	引领性
(十一)卫生和健康现代化	30.人均预期寿命	岁	78.77	79	79.5	80	预期性
	31.国民体质监测合格率	%	90.6(2016 年)	91.8 以上	94	95	引领性
	32.全省智慧医疗覆盖率	%	—	80 以上		85	引领性
(十二)生态现代化	33.单位 GDP 节能减排降碳	—	完成上级下达指标				约束性
	34.城市环境空气 PM 2.5 年均浓度	微克/立方米	33	35	—	25	约束性
	35.省控断面Ⅲ类及以上水质断面占比	%	84.6	—	>90	90	约束性

注 1:部分 2022 年、2030 年、2035 年数据来源于浙江省现行政策文件,部分指数求发布单位建议预设。

注 2:2035 年建设目标。借鉴发达国家、兄弟省份关于现代化建设的研究成果,与浙江省现代化建设阶段目标衔接,根据省级部门、高校专家意见、建议,测算得出 2035 年建设目标。

注 3:指标性质分为进程类、成果类。进程类指标主要分为引领性、赶超性、补齐性、约束性。"引领性"指标,是指目前处于全国前列,并继续走在前列;"赶超性"指标,是指目前低于兄弟省份或全国平均水平,通过"更进一步"的发展,有望"走向前列"的指标;"补齐性"指标,是指目前低于兄弟省份,通过"更快一步"的发展,能够达到平均水平的指标;"约束性"指标,是指现代化建设中,国家下达的指标。成果类指标主要分为预期性和引导性。"预期性"指标,是指预期取得该方面的成果;"引导性"指标是指引导取得该项成果。

坚持分类施策与协调推进相结合,分"双低"短板、"单低"追赶、"单低"进程、"双高"优势四类,实施"四大工程",即倍增攻坚工程、合作共赢工程、提标追赶工程、超常规引领工程,协调推进建设高水平社会主义现代化体系,建成社会主义现代化强省。

1.6.1 针对"双低"短板领域,实施倍增攻坚工程

针对"进程指数较低、追赶指数较低"的收入、教育、产业等 3 个"双低"领域,兼顾农业农村现代化,强化精准发力、倍增提质,加快奋进追赶。力争到 2035 年,收入现代化进程指数达到 87.75%、追赶指数达到 86.73%,教育现代化进程指数达到 87.36%、追赶指数达到 78.99%,产业现代化进程指数达到 111.96%、追赶指数达到 87.27%,努力将浙江建设成为高收入大省、数字中国标杆省、先进制造业强省、高等教育强省、职业教育强省。

(1)实施"绿色 GDP 倍增""海外浙江倍增"攻坚工程。

转变单纯追求 GDP 的观念,要看 GDP,但不唯 GDP,坚持宜工则工、宜农则农、宜开发则开发、宜保护则保护,构建循环经济体系。既要 GDP,又要绿色 GDP,推进建设"绿水青山就是金山银山"实践示范区,加快构建生态工业体系,做强绿色农业,做专绿色服务业,扩大生态产品有效供给,聚力打通"绿水青山"向"金山银山"的转化通道。深入推进国家绿色 GDP 试点省份工作,以环境核算和污染经济损失调查为内容,建立地区环境核算框架,全面实施绿色 GDP 核算。既比 GDP,更拼比 GNP,借鉴日本海外投资的经验,组建跨境投资政策性金融机构、全球产业链投资基金、海外投资综合性服务平台,大力度推进国际产能合作,建设"一带一路"境外站、境外经贸合作区和国际合作产业园、数字经济"飞地"园区,发展"浙江人经济",努力再造一个"海外浙江"。力争到 2035 年,GDP、绿色 GDP、GNP(国民总收入)实现倍增发展,全省单位

建设用地 GDP 从 2018 年的 27.96 万元/亩提高到 40 万元/亩,打造"绿水青山就是金山银山"实践标杆省、绿色 GDP 示范省、GNP 强省。

(2)实施"人均 GDP 倍增"攻坚工程。

借鉴日本"国民收入倍增计划",以"人人消费、拉动内需"的消费升级革命引领经济高质量发展、供给高水平优化。缩小阶层间、区域间收入差距,全面推进产业扶贫、精准脱贫、乡村振兴,全面实施低收入农户高水平全面小康计划,加大 26 个加快发展县扶持力度,决战决胜消除集体经济薄弱村,擦亮"千万工程"金名片。深入实施创业富民行动、低收入家庭增收行动、企业减税降费行动,促进城乡居民收入与企业收入、政府收入、经济增长基本同步。力争实现人均 GDP 从 9.86 万元提高到 20 万元,城镇居民人均可支配收入从 5.56 万元提高到 11 万元,农村居民人均可支配收入从 2.73 万元提高到 6 万元。

(3)实施"数字经济倍增"攻坚工程。

借鉴英国"未来工业 2050"、德国"数字化战略 2025"(打造欧洲数字经济第一强国)战略,深化数字经济产业化、规模化发展,建设"高价值制造发射中心",实施"安全可控制造供应链计划",着力培育数字安防、智能网联汽车等世界级先进制造业集群,壮大集成电路、人工智能、新型显示、柔性电子、区块链等数字经济核心产业,建设高性能信息网络基础设施、高等级绿色数据中心。借鉴日本"互联工业"战略、美国"先进制造业"计划,加速推进产业数字化、智能化转型,应用推广工业大脑、"5G+AI+产业互联网",建设"未来农场""未来工厂""未来商场"等一批"灯塔项目",促进传统制造业"全球价值链升级",发展壮大数字贸易、数字金融等新业态新模式。整合提升各类产业园区,拓展"万亩千亿"大平台,建设数字经济"未来园区",打造四大新区,建设长三角一体化发展示范区。借鉴美国 STEM(科学、技术、工程、数学)教育计划、德国"职业教育 4.0"倡议,促进高等教育"科教融合"、职业教育"产教融合",建设大院名校集聚区、产教融合示范区、数字化职教基地,前瞻引进培养适应数字经济工作实际、满足数字技术发展的高级人才。力争到 2022 年,全省数字经济核心产业总量较 2017 年翻一番,超过 1 万亿元;到 2035 年,数字经济核心产业增加值占 GDP 的比重较 2018 年翻一番,达到 20%。

1.6.2　针对"单低"进程指数,实施合作共赢工程

针对"静态进程指数相对较低"的开放现代化领域,主动化解贸易摩擦、单边主义、保护主义、产业空心化挑战,培育国际竞争和合作新优势。力争到 2035 年,开放现代化进程指数达到 92.18%,努力建设成为全球领先的高质量外资集聚地、国际消费名城、新型贸易中心。

(1)实施"高水平走出去"合作共赢工程。

全面参与"一带一路"建设,全面推进长三角区域一体化发展,深化义甬舟开放大通道建设。借鉴美国出口管制经验,针对关键核心技术、基础核心零部件、军工敏感领域,强化供应链安全管理、产业链安全管控。全面实施凤凰行动、雄鹰行动、雏鹰行动,支持民营企业直接投资参股、控股或全资收购境外企业,设立境外科技研发机构。

(2)实施"高质量引进来"合作共赢工程。

借鉴上海全力招引"特斯拉超级工厂"的经验,回应重大项目投资的诉求,围绕重大产业链绘制全球精准合作招商图、设立产业专项投资基金、对标缩短外资项目签约落地周期,全速吸引高新技术领域外资,全力建设国际产业合作园。举办中国国际网上进口博览会、跨境电商国际名品博览会,参与中国(上海)国际进口博览会,建设优质产品进口市场。对照世界银行营商环境评价标准,对标新加坡、韩国等,打造国际一流营商环境。对标世界著名消费中心城市,促进国际消费便利化、时尚化、集聚化,培育争创国家级"国际消费中心城市",打造国际品牌新品的"浙江首发地"、浙江制造的"全球旗舰店"。

(3)实施"高效率数字贸易"精准合作工程。

积极参与制定数字贸易国际规则,加强数字贸易投资政策协调,推进数字产品的免税待遇和数字产品非歧视性待遇,加速电子商务全球化、自由化。帮助更多中小企业获取数字技术,应用推广物联网、人工智能、3D 打印和区块链,实现包容性贸易增长。推进世界电子贸易平台(eWTP)全球化布局,推进建设舟山"数字自贸区"、宁波"16+1"经贸合作示范区,大力推动油品贸易便利化。建设"网上丝绸之路",建设中国(杭州、宁波)跨境电子商务

综试区,推进跨境电商对"一带一路"沿线国家的全覆盖。

1.6.3 针对"极差"追赶指数,实施提标追赶工程

针对动态追赶指数区间"极差较大"的文化、城市、生态现代化领域,拉高对标标准,努力争先进位。力争到 2035 年,文化现代化追赶指数达到89.08%,城市现代化追赶指数达到 93.68%,生态现代化追赶指数达到93.56%,努力将浙江建设成为文化发展先行省、美丽中国示范省、生态文明示范区、环保执法最严省、长三角世界级城市群一体化发展金南翼。

(1)实施"文化+"提标追赶工程。

推动文化与产业、科技、旅游、贸易高品位融合,推动文化事业全面繁荣、文化产业快速发展。弘扬红船精神、浙商精神,传承发展传统文化、"活态"文化、民俗文化。建设特色新型智库,培育高端智库、专业智库、社会智库。做强横店影视文化产业实验区、中国(浙江)影视产业国际合作实验区等平台,打造"中国好莱坞"。发展网络视听、数字出版、数字教育、动漫游戏等新兴文化业态。

(2)实施"未来城市"提标建设工程。

借鉴日本"社会5.0",以人为中心,构建全新生产、生活、商业模式,全面推进建设"城市大脑",全面升级建设长三角一小时通航圈、省内一小时交通圈、无人驾驶高速公路,促进自动驾驶、在线医疗、绿色建筑、清洁能源、人机互联等技术的全面应用。借鉴雄安新区"数字孪生城市"、加拿大 Quayside未来社区建设经验,以人本化、生态化、数字化为价值导向,建设高品质未来社区。借鉴日本六本木新城综合商圈建设经验,支持建设千亿级智慧商圈,满足中高端消费需求,扩大信息消费、体验消费、创意消费,推广新零售模式。

(3)实施"诗画浙江大花园"样板工程。

全面实施大花园建设行动计划,高标准创建全域旅游示范省,打造国家公园、美丽山水、美丽城乡、美丽河湖、美丽园区、美丽田园、美丽海岛,构建"一户一处景、一村一幅画、一镇一天地、一城一风光"全域大美格局。抓好"四条诗路"千万级核心景区建设与申遗工作,深掘诗歌文化底蕴,全力打造

"养眼、养肺、养胃、养脑、养心"的"诗画浙江、美好家园"。打响"中国长寿之乡"品牌,全省域创建"长寿之乡",打造健康养生福地。力争到 2035 年,建成绿色美丽和谐幸福的现代化大花园,成为践行习近平生态文明思想示范区和美丽中国示范区。

(4)实施"生态红线"保护修复工程。

勘定生态保护红线,强化生态红线的管控与约束,严守生物多样性维护、水源涵养、水土保持等生态保护红线。以重点湿地、矿山、岸线、滩涂为重点,开展生态环境整治修复。推进长三角生态绿色一体化发展示范区建设,推进实施"+生态""生态+"绿色经济投资项目,打造生态价值新高地。高标准提质推进蓝天、碧水、净土、清废四大攻坚行动,高标准打赢污染防治攻坚战、PM 2.5 精准攻坚工程,高标准推进大湾区水质治理、八大水系全流域治理。完善环境行政执法与司法协调联动机制,建立健全环境公益诉讼制度。

1.6.4　针对"双高"优势领域,实施超常规引领工程

针对"静态进程指数高、动态追赶指数高"的科技、卫生等两个现代化领域,以及政府治理现代化领域,以超常规力度强化领先优势,努力在更高水平、更深层次、更广领域推进现代化建设。力争到 2035 年,科技现代化进程指数达到 123.59%、追赶指数达到 91.25%,卫生现代化进程指数达到 113.70%、追赶指数达到 110.00%;在政府治理方面,率先将浙江打造成为创新强省、"掌上办公"之省、"掌上办事"之省、非公有制经济健康发展标杆省、全民健康样板省。

(1)以超常规力度建设创新强省。

借鉴日本"技术预见调查"(自 1971 年起)经验,不断提高对前沿科学技术发展趋势的把控水平,不断提升对未来重大科技突破可能性的识别能力。举全省之力建设以之江实验室为核心的杭州城西科创大走廊。推进建设 G60 科创走廊、宁波甬江科创大走廊。加快建设国家自主创新示范区、环杭州湾高新技术产业带。布局建设二十国集团(G20)国际技术转移中心。建设国家产业创新中心、国家制造业创新中心、长三角产业创新中心、产业创

新服务综合体。推进以大科学装置为重点的"国之重器"建设,促进超重力离心模拟与实验装置项目早日建成投入使用,在未来信息技术、空气动力学、生命科学等领域部署专用大科学装置和多学科平台型大科学装置。制定超常规的引才政策,给予超常规的人才政策倾斜。加快建设"双一流"高校,支持建设国家级科技创新平台、国际性龙头学科和教学科研团队。

(2)以超常规力度提升全周期健康服务。

以全周期增进人民健康福祉为目标,突出解决好新生儿、妇女儿童、老年人、残疾人、低收入人群等重点人群的健康问题。坚决落实医疗器械卫生、医疗设备安全、用电安全、消防安全、食品药品安全等规范管理,应用远程会诊、分级诊疗、在线预约、人工智能、纳米技术、3D打印等技术,强化医德医风建设、行业自律和医疗卫生领域失信治理。以"医药特色小镇、上市药企募投项目、浙江道地药材种植基地、新型卫生健康基础设施"为投资重点,不断扩大健康产业总规模。

(3)以超常规力度建设高效政府。

开展"网格化管理、组团式服务、智慧化综治",切实促进基层社会治理扩面、提质、增效。"比学赶超"推动政府数字化转型,深化"最多跑一次"改革,推进跨部门高效办公、跨层级高效流转、跨地域高效集成,促进全省域"一证通办""一网通办"向长三角"一体通办""一键通办"迭代升级。保持清廉政府优势,压实压紧党委主体责任,引领全社会崇廉倡廉促廉。绘制政商交往负面清单,构建亲清新型政商关系。准确把握新时代平安浙江建设的风险点和薄弱点,坚决打赢平安风险化解攻坚战。

2

加快电子商务进农村，畅通国内城乡大循环①

加快电子商务进农村是畅通国内城乡大循环的最强支撑点和最大动力源，也是破解"农产品进城"和"工业品下乡"瓶颈的最佳着力点，对推进现代流通体系建设，促进城乡要素资源双向流动，构建乡村振兴发展新格局，具有十分重要的意义。受商务部委托，浙江工商大学"提升电子商务进农村"课题组，多方调研了农村电子商务的基本情况，分析了提升电子商务进农村面临的主要瓶颈，并提出了提升电子商务进农村的对策建议。

2.1 电子商务进农村综合示范的主要成效

自 2014 年起，商务部会同财政部、国务院扶贫办开展电子商务进农村综合示范工作，支持示范地区建设完善农村电商体系。至 2019 年末，电子商务进农村综合示范工作已经累计支持 1231 县（次），涵盖近 1200 个县、全国 60% 以上的县级行政区（不含市辖区），对 832 个国家级贫困县实现全覆盖。

在电子商务进农村综合示范工作的带动下，我国农村电子商务发展取

---

① 课题组成员：肖亮、邱毅、袁霄、郭飞鹏、余福茂。

得较好成效。一是交易规模增长迅猛。2019 年全国农村网上零售额 1.7 万
亿元,占网上零售额比重为 16.0%,对全国网上零售额增长的贡献率为
20.9%。农产品网上零售额达 3975 亿元,高于全国网上零售额增速
10.5%。二是引领农业生产方式变革。2019 年我国各类涉农电商平台 3 万
多个,农产品电商平台有 3000 多个,农村电商合作社数量达到 2011 家。截
至 2020 年 3 月,全国农村电商突破 1300 万家。三是基础设施逐步改善。以
快递为例,2019 年农村地区快递网点超过 3 万个,公共取送点达 6.3 万个,
收投快递超过 150 亿件,占全国快递业务总量的 20%以上,支撑工业品下乡
和农产品进城超过 8700 亿元。四是就业带动作用突出。2019 年,吸引各类
返乡入乡创新创业人员累计超过 850 万人,创办农村产业融合项目的占到
80%,利用"互联网+"创新创业的超过 50%,全国在乡创业人员超过 3100
万人。五是增收脱贫成效显著。2019 年,贫困地区累计实施扶贫产业项目
98 万多个,建成扶贫产业基地近 10 万个,832 个贫困县已初步形成特色主
导产业 1060 个,实现网上零售额 1489.9 亿元。

2.2 加快电子商务进农村面临的主要瓶颈

2.2.1 农产品电商供应链体系发展滞后

一是农产品规模化程度较低。据农业农村部统计,2019 年全国认定"一
村一品"示范村镇 2409 个,但快递服务现代农业"一地一品"年业务量超百
万件的项目仅 163 个,占比 6.77%。二是农产品品质稳定性较差。如,"三
品一标"认证的普及率不高,导致农产品在电商零售环节的品相、大小、质量
不稳定,影响消费者的购物体验。三是农产品冷链物流设施滞后。据中物
联冷链委的数据,2019 年全国人均冷库库容量为 0.11 立方米,远落后于美
国 0.37 立方米、日本 0.23 立方米、荷兰 1.14 立方米的人均水平;人均冷藏
保温车保有量约为 1.54 辆/万人,仅相当于美国的 8.79%、日本的
7.76%左右。

2.2.2 扩大农村居民网络消费面临硬约束

一是农村居民消费能力不足。2019年农村居民人均可支配收入为16021元,仅为城镇居民的37.82%;人均消费支出占人均可支配收入的比重达到83.19%,面临硬约束。二是农村常住人口缺乏网络消费习惯。2019年底,全国0—15岁和60岁以上老人占比达到35.97%。由于大量青壮年农村劳动力进城务工,农村实际常住人口中65岁以上老人和15岁以下儿童的占比超过2/3,而这两个群体的网络购物意愿和能力都不足。三是农村电商基础设施仍有待改善。2019年我国县、乡镇级的物流网点覆盖率约为65%,仍有74.9%的村没有农村电商配送站。此外,截至2020年3月,我国农村地区互联网普及率仅为46.2%。

2.2.3 促进城乡供需协同升级的能力不强

一是精准匹配城乡供给与需求的信息服务能力不足。其导致城镇工业品产能过剩与农村居民消费升级需求的失衡、农村农产品季节性集中上市与城镇居民即时有效消费需求的失衡。二是推动农业生产方式升级满足城镇居民农产品品质消费需求的能力不足。2019年全国农村电商合作社仅占全国注册登记农民合作社217万家的0.09%,在带动订单农业等新型农业生产经营方式方面仍有较大空间。三是引领工业品换代升级满足农村居民美好生活需求的能力不足。尤其是网络直播等农村电商的新业态存在监管盲区,部分淘汰低质商品进入农村市场,导致部分企业倾向于通过低成本优势供给低端消费品,客观上抑制了产业创新能力,侵蚀了农村居民消费信心。

2.2.4 农村电商扶贫长效机制尚有待深化

一是农村电商扶贫企业普遍面临前期投入较多、盈利周期长、资金紧张的难题,市场化生存艰难。二是不少贫困地区的农村电商和物流服务站点布局仍有待优化,且存在站点功能较为单一、盈利能力较弱等问题,运营缺乏可持续性。三是受贫困地区特色产品产量低、生产方式落后、物流体系不完善等影响,电商扶贫产业化的难度较大,自我造血功能较差,严重依赖政府补贴。四是跨区域协作扶贫机制仍需深化。2019年,浙江、江苏、福建、河北和山东五省农村网络零售额占全国农村网络零售额的比重为73.6%;广东、北京、浙江三省市农产品网络零售额占县域农产品网络零售总额的47.72%,区域不平衡问题仍然比较突出。

2.3 加快电子商务进农村的主要对策

2.3.1 优化农产品电商供应链体系,助力农产品上行

一是支持区域农产品公用品牌建设,进一步实施"一县(乡、村)一品"或"多县(乡、村)一品"工程。鼓励农业企业创建自有品牌,推广电商企业联合地方政府、农业企业共建共享共用品牌的协同运作模式。二是通过委托加工、品牌联营、采购合作、联合开发等方式,支持电商企业与农业生产加工企业建立稳定供应链关系,提升农业生产专业化、标准化和组织化程度。三是推进农产品电商供应链的数字化建设,提高关键环节、关键阶段的数据采集与利用能力,通过大数据技术手段,促进农产品精准"进城"。四是支持有条件的网点拓展冷链物流功能,在农产品重点乡镇,加快改造或新建一批集产地预冷、产后商品化处理和冷冻冷藏功能于一体的农产品产地冷链物流中心。五是支持农业生产企业探索农商互联新模式,共建配送中心,配备冷链车辆;支持农产品流通企业延伸产业链,建设有集中采购、跨区配送能力的现代化冷链物流中心。

2.3.2 释放农村居民网络消费需求,畅通工业品下乡

一是拓展农村居民网络消费场景。鼓励电商平台、手机厂商和电信运营商合作,推出针对农民的4G、5G优惠套餐,降低农村居民网络消费成本;鼓励电商平台设立面向农民的商品专区,支持电商企业和网络直播平台结合农村消费特点,策划不同主题的农村网络消费活动。二是搭建农村电商

便民服务网络。支持农村地区商贸流通企业加快数字化转型升级，实现线上线下全渠道融合发展；鼓励电商平台以乡镇为重点下沉供应链，开展集中采购、统一配送和直供直销等业务，赋能农村地区中小流通企业，提升商品品质；提升改造农村电商与物流服务站点，建设一批集"线上线下销售、营销、服务、物流"四位一体的样板服务站。三是促进农村地区重点产品的换代消费。鼓励电商平台在农村地区开展消费金融服务，对农民使用消费金融购买汽车、家电等大件耐用消费品时给予贴息支持。加强农村电商售后网络布局，提高汽车、家电等大件产品的售后服务质量。四是加强农村网络消费市场监管体系建设。将农村网络消费市场监管建设列入绩效评价指标，建立规范有序的农村网络消费市场秩序。

2.3.3 引领农村消费与农业生产"双升级"

一是支持互联网化的农产品经营企业参与组建农业产业化联合体，利用电商大数据促进农业供给侧结构性改革。二是培育服务农产品同城分销的本地电商企业，促进本地消费市场与本地农产品供给体系精准对接，打造农产品"进城"短链条，畅通农产品区域流通微循环。三是推广农商互联，发展订单农业、产销一体等多种模式，建立跨地区农产品产销合作常态化机制。充分整合电商平台采购需求和流量资源，综合运用网络直播、社区拼购、众筹预售等新方式，促进跨区域农产品分类分地区的精准对接，确保应季农产品卖得出、卖得好。四是鼓励电商平台与制造企业协作，培育一批面向农村居民换代升级消费需求的C2M"超级工厂"，开发适销对路的商品，提高农村优质商品供给能力。

2.3.4 健全电商扶贫长效发展机制，巩固脱贫攻坚成效

一是培育电商扶贫市场主体。积极发展新型农业经营主体和服务主体，培育农村电商龙头企业、农村创业致富带头人，推动农村电商扶贫由被动"输血"模式向主动"造血"模式转变。二是拓宽农村家庭增收脱贫渠道。在农村地区推广微商、电商、直播等新业态，增加自主就业和分时就业岗位，支持农村电商及其上下游产业吸纳妇女、中老年劳动力等农村剩余劳动力

灵活就业。三是创新农村电商扶贫运营模式,打造"电商＋创业带头人＋贫困户""电商＋农业龙头企业＋贫困户""电商＋农民合作社＋贫困户""电商创业模范＋贫困户"等利益联结模式,优先采购、销售贫困户农特产品,巩固脱贫攻坚成果。四是建立东西部电商产业对接协作联盟。支持西部贫困地区利用本地劳动力、土地等优势,承接东部发达地区转移的电商产业。

3

当前浙江省城市内涝治理的问题与建议①

进入夏季,暴雨、台风、洪涝等气象灾害日益增多,城市内涝进入易发期、高发期。2021 年 7 月,郑州等地的城市内涝事件再次表明,城市内涝治理的形势依然严峻复杂。城市内涝治理,地下管道是关键。在对杭州、宁波、温州、嘉兴、衢州等地,尤其是临平区智慧管网建设情况调研的基础上,针对地下管网建设各自为战、关键节点疏通不力、运维监管难度大等问题,研究员从坚持系统思维的角度,提出了规划统筹完善治理体系、聚焦重点地段关键环节求突破、着力创新运维体制机制等建议。

3.1 当前浙江省城市内涝治理的突出问题

3.1.1 统筹协调不够,部门各自为战重复建设

一是规划建设不够科学。部分县(市、区)占用河道、湿地开发建设,或采用"一堵了之"等简单粗暴方式封堵沿河雨水出口,造成城市排水不畅。二是地下管网数字管理系统、传感器等分散建设。污水、供水、雨水、路灯、

① 课题组成员:陈寿灿、张丙宣、叶杰。

弱电、天然气等领域新建的数字系统多为单独建设,各部门分别部署功能相似或相同的传感器,每个传感器 0.2 万—1 万元不等,造成巨大浪费。三是多头、重复采集数据,信息孤岛林立。地下管网的基础信息多以规划图、施工图和竣工图等文本形式存在,有些管网数据严重缺失、查阅困难,各部门分别单独采集各自需要的基础数据和运行数据,采集的数据不共享。

3.1.2 重点地段、关键环节上的痛点堵点,削弱了城市内涝治理能力

一是已有设施标准低。不少县(市、区)老城区排水管渠结构老化,排涝标准仅为 0.5—1 年暴雨重现期,部分城区应急排涝能力不足 100 立方米/时。二是共同沟、管网智能化综合调度系统等关键环节上的短板和痛点,是造成暴雨、台风期间城市内涝的重要原因。三是新建管网移交难。除了衔接、破损等问题,资金短缺、人手不足是造成新建管网移交难、部门接不住管不好的重要原因,譬如某区负责雨水管线的部门仅有 3 名工作人员,也没有相应的预算。

3.1.3 运维成本高、监管难

一是运维成本高。调研发现,一些地方每年智慧地下管网运维费用相当于建设成本的 10%,每年每个传感器更换一次电池就需要 500—800 元,有干部指出"即使建得起智慧管网,也不一定用得起",而且随着设施的老化,运维成本还会持续增加。二是运维单位多,监管运维单位难。由于城市管网量大面广,每个部门的管网都有各自的运维单位,缺乏对运维单位的有效监管是各部门长期面临的共性问题。

3.2 统筹推进城市内涝治理的临平探索

为破解城市内涝的难题,2017 年以来,杭州市临平区率先在东湖街道探索建设集成式智慧管网,统筹推进地下管网的规划、建设和运维,提升城市内涝治理水平。截至 2021 年 6 月底,管网运维人员减少了 30%,运维成本

每年降低 10%。

3.2.1 统筹谋划集成式智慧管网体系

一是统筹推进城市地下管网数字化建设,统筹地下管网新项目的规划设计、管线规格、建设施工、数字芯片植入、竣工验收的全过程,形成集雨水、污水、弱电等管网于一体的综合性电子档案,向各部门开放共享。二是探索形成闭环管理机制,形成"实时监控—自动预警—自动派单—及时反馈—监管考核"的全流程闭环管理机制,实现"管网云端化、决策科学化、运维系统化"。三是形成地下管网整体智治"一件事",整合各类管网规划、设计、施工、验收、交接、运维、反馈等环节,形成智慧管网"一件事"。

3.2.2 实行平台化管理

一是发现问题实时化。在排水口和泵站等重点部位统筹安装供多部门多类人员共同使用的监测设备,实时在线采集管网运行数据,精准发现问题,截至 2021 年 6 月底,已精准查找,处置污水、雨水管网问题 1246 项。二是地下空间信息可视化。运用统一地址库,对管网进行唯一身份编码,将雨水、污水管道测绘,CCTV 检测影像、报告、修复情况及"四表一图"内容全部纳入平台,使所有信息在管理平台上直观呈现。三是研判预防科学化。以全域地下管网综合信息为依据,科学研判可能出现的内涝区域,通过加设排水应急工具、协调泵站调度等措施有效防范汛期、台风期间城市内涝问题。

3.2.3 采用整体智治

一是迭代升级。目前,已对雨水、污水、弱电实施全天候实时在线监管,下一步将纳入供电、燃气、通信等,实现地下管网全域覆盖。二是延伸触角。在统筹推进主干管网智慧化建设的基础上,将智慧管网建设延伸到智慧河道的打造。三是功能集成。目前已形成了集"在线监控—防汛预警—巡查养护—事件管理—远程控制—指挥决策—模拟分析"于一体的可伸缩、易扩展的集成管理,实现地下管网规划、建设、运维的整体智控,让地下隐蔽工程变为阳光工程。

3.3 加强浙江省城市内涝治理的对策建议

3.3.1 坚持系统思维,规划统筹,不断完善城市内涝治理体系

一是规划统筹,建设集成式数字治理平台。以设区的市为单位,在数字政府系统建设中,系统谋划地下智慧管网应用模块,按照"多规合一"的原则,运用统一地址库,将新建管网、传感器以及应用系统,全部纳入集成式数字治理平台,逐步将雨水、污水、给水、电力、燃气、通信等现有的数字系统,纳入智慧管网治理平台。二是整合地下管网的规划设计、建设施工、竣工移交、运维管护、巡查检测、应急管理等环节,形成地下管网"一件事",形成职责清晰、分工明确、协同高效的大规划、大建设、大运维体制,实现"治理链条"的前中后无缝衔接。

3.3.2 聚焦重点地段关键环节,破解城市内涝治理的痛点堵点

一是规划建设共同沟或地下综合管廊,尤其是在旧城改造、地铁建设、道路升级改造过程中,可以考虑在老城区中心地带、新城核心区以及城郊交通枢纽区等重点地段,规划建设共同沟或者地下综合管廊。二是加快开发城市内涝治理的场景应用,提升数字平台的实战应用能力。优先开发暴雨内涝、管网渗漏精细化模拟算法以及应急管理等应用,以系统性思维精准找到治理城市内涝难题的方法。

3.3.3 创新运维体制机制,提升城市内涝治理的综合能力

一是建立运维的事项清单。以厘清运维事项清单为切口,以数字化聚焦多跨协同的高频事项,探索创新管网运维"一件事"应用场景,推动场景化的多业务协同,持续推进地下管网建设运维的数字化转型。二是充分发挥住建部门的综合协调作用,统筹地下管网相关责任部门开展综合巡查。统筹协调权属单位或部门、第三方运维单位、属地、民间组织开展综合巡查,整

合地下管网巡查的力量,实现一次巡查覆盖并发现多领域问题,综合履行多项职能,快速现场处置,高效督办解决问题。三是数字赋能,推动业务融合、多跨协同运维。通过智慧管网平台,对规划建设部门、施工单位、社区物业、城管、镇街等赋能,推动业务深度融合,推动管网运维的多跨协同、精准高效监管、科学评估第三方运维单位的工作,降低运维成本。

4 更好发挥浙江民企在促进共同富裕过程中初次和第三次分配功能[①]

民营企业是初次分配和第三次分配的主体和主渠道,其有竞争力的薪酬待遇以及结构比重合理的股权分配,不但有助于促进共同富裕,还是从根本上提升企业竞争力和凝聚力的重要途径。目前不少浙江企业的实践已经提供了很有说服力的证据,而且未来还有很大的改善空间。本章分析了浙江民企在促进共同富裕过程中的实践探索及其理论意义,并提出了推动民企更好发挥共同富裕推进器作用的政策建议。

"十四五"规划和 2035 年远景目标纲要提出,支持浙江高质量发展建设共同富裕示范区。发达的民营经济是浙江走向共同富裕的重要动能。从浙江实践看,民营企业是推进共同富裕的重要分配单元,可以发挥不可替代的基础作用。

4.1 合理的员工薪酬和股权分配促进劳资共享发展成果

作为创造财富和社会财富初次分配的重要主体之一,民营企业对于实

---

① 本文收录于《浙江省新型重点专业智库浙江工商大学浙商研究院成果要报》2021 年第 14 期,未公开发表,于 2021 年 6 月 2 日获浙江省副省长卢山批示。作者:杨轶清。

现社会共同富裕至关重要。如果处理得好,实现共同富裕的努力过程也是企业竞争力提升的过程,这是一个既有利于社会,也有益于企业自身的双赢举措。

其中关键是员工薪酬和股权分配,从实践来看,一个企业在行业里有竞争力,一定意味着这个企业员工的薪酬有竞争力,长期来看,二者存在必然联系,很少有例外。

与薪资相比,股权意味着更可观的资产和收益,也意味着股东身份,也是更有力度的共同富裕推进器和更有效的人力资本激励。很多实践都已经证明,结构和比重合理的股权分配,有助于高水平共同富裕的实现和员工归属感、创造力的持久激发。

位于宁波余姚的舜宇集团,是全球最大的光电厂商。2021 年营收超过400 亿元,市值突破 2000 亿元,一跃成为浙江省龙头企业,公司的发展后劲十足,员工也充满活力。舜宇的良好发展,得益于创始人王文鉴财散人聚的理念和实践。

1994 年,舜宇实行股份制改造,按照当时民营企业的惯例,创始人可占股 30%—50%。但秉持"防止家族化"和"共创共享"理念的王文鉴不愿意独占大股,他按照工龄长短、职务高低、贡献大小,把公司股份分给包括食堂厨师、保洁员工在内的 350 多名员工,给自己仅留下 6.8% 的股份。舜宇集团此后又进行了 3 次大规模股权激励,几次稀释后,王文鉴的个人持股一步步减少到 3.54%,2600 多名员工拥有了舜宇股份。目前,员工只要持有0.05% 的股份,就是一位货真价实的亿万富翁!

像王文鉴这样大面积与员工分享股权的企业家,目前还不是主流。据2017 年不完全统计,浙江民营上市公司实际控制人合计持股平均超过40%,说明我们大多数企业还有实施股权激励的空间。

4.2　民营企业也是乡村振兴和农民共同富裕的推进器

农民富裕、乡村振兴是共同富裕的重点和难点,民营企业不仅是促进公

司内部共同富裕的基本载体,也可以在农村共同富裕中大有作为。浙江几
个著名的富裕村,其根本都是民营企业在背后的支撑和驱动。

位于萧山瓜沥的航民村 20 世纪 70 年代末开始创办乡村工业。1999
年,在浙江乡镇企业普遍推行转制、转"私"的大环境下,航民村带头人朱重
庆不为所动,不当"老板",推行了集体控股的产权改革方案——村集体控股
56%,个人持股44%。在个人持股中,"口粮"(村龄股)占40%、"劳力"(工龄
股)占40%、"肥料"(企业管理人员贡献股,包括外来管理人员)占20%。每
年按股分红,人均超过1.5万元。在2006年、2011年和2017年,又进行了3
次配股,目前村集体股份占51%,个人股份占49%。航民村通过股权量化,
构建了村民、职工、经营者共享集体经济的利益共同体,奠定了共同富裕的
基础,极大地激发了村民职工的活力和积极性,成为一个"充分就业+按劳、
按资分配+社会福利"的和谐新农村。除了劳动收入和股权分红,村民按年
龄每人每年领取 3000—6000 元不等的福利费,享受几乎覆盖生老病死所有
方面的村民免费优待。

在东阳的花园村实行的则是另一种共同富裕的模式——企业产权按照
"谁出资、谁所有"的原则归属不变,花园集团的创始人邵钦祥先人一步致富
后带领原花园村村民共同发展,之后在 2004 年和 2017 年,花园村先后两次
完成"1村+9村"的扩并,带动周边 18 个村走上共同富裕之路。2020 年,全
村 1.4 万名村民人均收入突破 14 万元,还能享受 30 余项福利,子女上学实
行 16 年免费教育制,从幼儿园到高中书学费全免……5 万多外来人口共享
着花园村发展带来的红利。

这几个村的共同富裕模式各有不同,但共同点都是村里有若干家实力
强劲的大型民营企业集团。企业董事长担任村委会主任,企业成为实现村
民共同富裕的坚强后盾和支撑。

4.3　国企混改是实现共同富裕的大道

相较于民营企业,国有企业在灵活度上是不是会略逊一筹? 在实现共

同富裕的过程中,又如何发挥其主渠道作用? 浙江的实践证明,国有企业经过混合所有制改革后,通过市场化机制直接而直观地实现高质量的共享发展成果,是实现共同富裕的金光大道。海康威视、物产中大和宁波银行都是这方面的成功案例。

这 3 家企业都是除阿里巴巴之外,重要经济指标全省第 1 名;他们的体制机制比较相似:都是"国有体制＋民营机制"——国有控股、股东多元化、骨干员工和管理层持股。

海康威视是央企中国电子科技集团旗下中电海康控股的上市公司,中电海康持有约 40％的股份,骨干员工和管理层间接持有 7％左右的上市公司股份,CEO 个人直接持有 1.95％的股份。海康威视从 2010 年上市后每 2 年推出 1 期股权激励计划,获得股权激励的员工股份占比最高时达到 24％,被激励员工人数超过 6000 人。海康威视还在 2015 年 9 月起推出《核心员工跟投创新业务管理办法》,对于创新业务子公司,公司持有 60％的股权,员工跟投平台跟投 40％的股权。这样大的股权激励覆盖面和跟投比例,即使在民营企业,也较为前沿和少见。

以"全员创新、合伙创业"为公司精神的浙江物产中大,在保留原有部分成员公司高管及员工持股不变的前提下,将职工持股会改造成有限合伙人制,实施 2015 年度员工持股计划,高管及员工骨干共计 1062 人在上市公司层面入股,持股比例为 7.01％,成为浙江省首家实现混改整体上市的省属企业。

宁波银行 2007 年 IPO 上市时自然人股东超过 3000 人,管理层和骨干员工的利益、身价与公司业绩、市值建立了直接且直观的联系。

3 家企业市场化机制的建立,兼顾了国家、企业、员工三方利益。力度较大的股权激励机制,既较好地实现了利益共享,也有助于形成稳定而有活力的经营管理团队,促进了企业竞争力的提升,形成员工利益与企业效益双赢的良性循环。

4.4 具体建议

浙江民营经济是浙江高质量发展建设共同富裕示范区的独特优势,民营企业是重要的市场主体,浙商是民营经济的人格化主体。本章在分析论证基础上,对省委省政府及省委统战部、省国资委(国企民企混合发展)、省市场监管局、省工商联等提出如下建议,供决策参考。

建议在两年一届的世界浙商大会上设立浙商共同富裕奖项,由省委省政府领导颁奖,以表彰奖励在推进共同富裕过程中做出表率的优秀浙商代表。继续毫不动摇地支持鼓励民营经济朝着"两个健康"发展,及时消除各种杂音和干扰,进一步树立企业家的信心和决心,持续改善他们的未来预期。通过优秀浙商精神影响社会各界继续努力拼搏,使创业创新创富成为全社会推崇的价值导向,进一步激发全社会的创业热情,让创造财富的源泉充分涌流。

考虑推出一批"企业高质量发展与社会共同富裕"同步双赢发展的示范企业,进一步弘扬企业家精神,鼓励企业在初次和第三次分配过程中发挥主体作用。充分发挥民营企业作为创造社会财富、分配财富的平台和载体功能,同时以此为契机促进薪资和股权激励的优化及公司治理的完善。企业是社会初次分配的主要载体,效率和公平兼顾的初次分配为共同富裕奠定基础。反过来,由财散人聚效应带来的有效激励机制,为企业健康发展装上了发动机。以萧山航民村为例,40 年间村集体资产增长了 10 万倍,成立了浙江省村级企业第一家上市公司。

鼓励浙商积极履行社会责任,以恰当的方式参与"责任分配",关注贫弱回馈社会。浙商履行社会责任多年来走在全国前列。2019 年鲁伟鼎宣布,将万向集团公司截至 2018 年度审计报告的资产,全部捐赠设立鲁冠球万向事业基金。温州青川装饰董事长陈建录,坚持每年拿出公司 10%以上的利润回馈社会。

加强新财富伦理观的传播和引导,促进人力资本成长的薪资不是成本而是资本,合理的股权分散不是失去控制权,而是凝聚人才的有效路径。遭遇内外部经营压力时,很多企业往往选择裁员降薪来度过低谷期,也有企业认为,要绝对控股(持股51％以上)才能确保企业控制权,这样的陈旧观念也影响了企业凝聚力和竞争力的提升。

　　过多过滥的富豪榜加剧了社会焦虑情绪,参照不炒作高考状元的经验,考虑停止评选发布各类富豪榜。富豪榜是企业家个人财富的量化呈现,虽然发布富豪榜体现了崇尚创业和重视企业家的社会观念,有其积极意义。但现在富豪榜过多过滥,且准确性、权威性存疑,商业炒作盛行,加剧了社会焦虑情绪,客观上恶化了贫富差距的社会观感,许多上榜浙商本人也极为反感,可以考虑以恰当的方式停止富豪榜的评选发布。

5 设立剑瓷产业融合创新试验区，推进历史经典产业高质量发展①

近年来，龙泉大力推进历史经典产业发展，创建青瓷、宝剑两个省级特色小镇，创新丽水学院中国青瓷学院"政产学研"合作办学模式等，取得了积极成效。课题组通过调研龙泉剑瓷产业发展现状，分析了龙泉剑瓷产业发展存在的问题，提出了相关对策建议，主要观点如下。

利用大数据、区块链等新兴技术，构建剑瓷产业数字经济新生态。做强大文旅产业，培育剑瓷产业融合发展新业态。全面推动剑瓷产业与文创、旅游、数字经济等深度融合。

加快制定剑瓷产业关键领域标准，积极引导剑瓷生产工艺与技术创新，加强剑瓷产业标准化建设，推动剑瓷产业创新发展。

加强剑瓷文化遗产保护传承与综合利用，深化龙泉剑瓷文化研究与推广。加强剑瓷人才培养与学科建设，提升剑瓷文化国际影响力，推动国际文化名城建设。

探索剑瓷产业财税改革、跨区域矿产资源协同保护和合理开发、行业管理制度改革创新，探索促进剑瓷产业发展的体制机制建设。

---

① 课题组成员：肖亮、袁霄、雷蕾、郑高隆、吴敏、赵永长。

5.1　龙泉剑瓷产业发展存在的问题

历史经典产业普遍面临发展水平低、地方贡献小、内生动力不足、文化研究阐释滞后、文创设计人才紧缺等问题,究其根源在于创新环境还未形成、制度政策不够匹配、资源要素不够到位。近年来,龙泉着力创建青瓷、宝剑两个省级特色小镇,创新丽水学院中国青瓷学院"政产学研"合作办学模式等,虽然取得积极成效,但龙泉剑瓷产业依旧面临许多难点、痛点问题。

5.1.1　产业层次性不够高

剑瓷文化产业发展没有摆脱单打独斗局面,尚未形成集聚发展态势,"低小散弱"产业格局尚未完全改变。剑瓷产业存在严重的"三多三少"(规下多规上少、个体多企业少、艺术瓷多日用瓷少)问题,全市剑瓷领域市场主体(企业、个体工商户)总数超过 4000 家,但规(限)上企业仅 8 家,且年产值还不到景德镇、德化县等陶瓷产区规上企业年产值的 1/10。且目前青瓷产品结构仍以艺术瓷为主,日用瓷特别是礼品及定制类的精品日用瓷产品在开发、生产与营销渠道上尚有不足。从宝剑产品看,仍以传统艺术刀剑类型生产为主,产品类型较为单一,在市场监管及消费者习惯转变的背景下,产品供给无法满足市场需求。

5.1.2　保障统筹度不够高

剑瓷科技攻关"点上开花、面上无果",剑瓷产业标准化生产、青瓷制作烧制工艺和宝剑出口管制等"卡脖子"问题仍未完全破解;增值税抵扣链不健全、剑瓷产业标准体系不完善、瓷土等矿产资源协调管控与绿色开发利用水平低等问题仍亟待解决;行业内一定程度上还存在产品以次充好、营销恶性竞争等现象,行业自律和政府监管尚未形成合力。

5.1.3 高端要素不够集聚

一是在数字化和数字经济的浪潮下,剑瓷行业企业缺乏相关人才和知识,导致很难抓住机遇实现跨越式发展。二是龙泉用地空间紧张,用地供求矛盾突出,剑瓷产业项目普遍规模较小,难以在新增建设用地空间中得到保障。三是剑瓷企业大多属于中小微企业,融资能力偏低,金融机构对文化企业支持力度不足,企业普遍存在融资难的问题。四是文化产业人才多集中在附加值较低的产业链中低端,优秀的文化创意人才、懂文化又懂经营的复合型高层次人才、科技型人才引进难、留住难问题仍然突出,剑瓷人才体系建设存在一定程度的滞后。

5.2 设立剑瓷产业融合创新试验区,助推历史经典产业高质量发展的对策建议

2019年8月,国务院同意景德镇设立国家陶瓷文化传承创新试验区,实施了陶瓷产业增值税抵扣链改革等创新举措,进一步推动了景德镇陶瓷产业高质量发展。为助推历史经典产业高质量发展,在龙泉设立剑瓷产业融合创新试验区十分必要。

5.2.1 全面推动剑瓷产业与文创、旅游、数字经济等深度融合

一是构建剑瓷产业数字经济新生态。利用大数据、区块链、云计算、物联网、人工智能等一系列新兴技术,将数字化技术全面应用到剑瓷产业的设计、生产、销售等环节,推进剑瓷产业数字化工程,塑造促进剑瓷产业数字化转型的创新体系,构建开放、协同、融合的数字化生态体系。培育剑瓷电商与数字经济,打造抖音龙泉直播基地、京东龙泉专区,做大国内电商与跨境电商。开发龙泉剑瓷文化数字产品,打造龙泉剑瓷文化符号,丰富文化符号应用场景。二是培育剑瓷产业融合发展新业态。做强文化创意和设计服务,以"文创产业化、产业文创化"促进剑瓷产业创新发展。推进大文旅产业

发展,打造"一剑钟情·从瓷开始"城市旅游风景线。发展专业展会服务,促进藏品作品展览、行业会议论坛、研究成果发布、业内人士交流等展会功能融合发展。孵化文化经纪服务,活跃文化市场。

5.2.2 加强剑瓷产业标准化建设,推动剑瓷产业创新发展

一是加快剑瓷产业关键领域标准制定工作。支持龙泉市有序推进剑瓷产业相关领域地方标准制定工作,条件成熟的标准应积极争取上升为行业标准、国家标准,创新剑瓷标准化应用与管理的模式与机制。二是引导剑瓷生产工艺与技术创新。引导日用瓷艺术化,推动艺术瓷创新发展,以宝剑文化内涵拓展助推产品创新,不断丰富剑瓷产品体系,促进剑瓷产品开发与跨界融合。综合运用手工技艺和数控、3D打印等新技术,提升剑瓷作品的艺术表现力和创作力。加强新材料应用,开发高端工业用瓷、工业五金等新产品,融入高端智造产业链。

5.2.3 加强剑瓷文化的挖掘与传承,建设国际文化名城

一是加强文化遗产保护传承与综合利用。建立剑瓷文化遗址、遗迹、遗物及非物质文化遗产的保护名录。加强剑瓷文化遗址集中连片保护,实施主动性考古发掘项目,促进历史文化名镇、名村、名街的保护与综合利用,注重可移动文物的预防性保护和数字化保护。开展"非遗"进校园、进社区、进文化礼堂活动,推动"非遗"数字化呈现、活态展示与活态传承。二是深化龙泉剑瓷文化研究与推广。统筹部署龙泉剑瓷文化研究工作,建设数字化文献资料库,建立开放合作研究平台,剖析传统文化精髓,挖掘剑瓷文化的新时代价值,形成一批具有国内外影响力的标志性研究成果。协同做好龙泉剑瓷文化"主场传播"和"走出去"工作,建立文化传播新媒体矩阵,利用全息投影、5G等新技术,创新文化呈现与传播方式。三是打造国际文化名城。持续推进国家历史文化名城保护工作,打造"青瓷宝剑 天下龙泉"城市品牌,建设具有国际影响力的剑瓷文化地标。扩大文化交流"朋友圈",与全球知名的刀剑、陶瓷产区缔结"国际友好城市",举办全球刀剑、青瓷专业展会。提升城市旅游、商务接待能力与服务品质,构建多元立体的公共交通体系,彰显文化名城独特魅力。

5.2.4 探索促进剑瓷产业发展的体制机制建设

一是探索剑瓷产业财税改革。对手工技法生产制造瓷制品、刀剑制品，按简易办法征收增值税。推进剑瓷产品全产业链增值税试点，加强财税扶持政策配套，减轻全产业链税负。二是探索跨区域矿产资源协同保护和合理开发机制。依托龙庆经典文创区，探索建立跨区域青瓷矿产资源协同保护机制，促进青瓷矿产资源的科学、有序开发，逐步实现跨区域青瓷矿产资源保护机制覆盖龙泉溪上下游主要矿区。三是开展行业管理制度领域的改革创新。鼓励试验区开展矿产资源产权制度改革、传统文化与历史经典产业类省级特色小镇考核制度改革、剑瓷行业专业技术人才和技能人才职称评审和技能鉴定制度改革等创新试点。

5.2.5 加强剑瓷人才培养与学科建设

支持龙泉青瓷宝剑技师学院强化青瓷、宝剑两大"非遗"专业建设，培养高技能人才，推动"非遗"传承人才走向全国、走向世界。引导丽水学院中国青瓷学院逐步实现本科生全程在龙泉培养，创新实践教学模式，建立完善的青瓷宝剑学科体系。鼓励青瓷宝剑文化研究院、故宫博物院龙泉窑研究中心做大做强，注重整合国内外高水平研究力量，打造具有国际影响力的剑瓷文化研究高地。

6 新兴信息技术提升浙江制造业高质量发展①

6.1 新兴信息技术提升浙江制造业高质量发展的关键问题

2020 年 3 月 16 日,时任浙江省委书记车俊在浙江省制造业高质量发展大会中对浙江制造业高质量发展的目标和行动纲领做出重要指示。自新冠疫情暴发以来,省内制造企业的生存发展面临严峻挑战,这也充分暴露了现有发展模式的弊端与不足,新兴信息技术的应用则是补齐发展短板的重要举措。课题组通过对浙江省制造业企业的实地走访与考察,发现当前浙江省制造业企业在利用新兴信息技术推动高质量发展上主要存在四个方面的问题。

6.1.1 新兴信息技术创新能力不足

制造业的核心是创新,但浙江省制造业企业自主创新能力不强,产业效率较国际先进水平有较大差距。产学研是技术创新的关键环节,目前省内产学研存在合作不紧密、风险大、模式单一、利益不平衡等问题,研发活动之间的匹配性、协同性不强。制造业企业对新技术的投入、重视度不足。受新

---

① 课题组成员:孙元、祝梦忆、丁浙斌、李旭杰、范周建、顾宸嫣。

冠疫情影响,中小型制造业企业的生存空间被进一步压缩,研发活动放缓,企业更加注重稳定经营,对于成本高、风险大、周期长的新兴技术投入研发缺乏内驱力。

6.1.2 先进制造业人才短缺

各高校的 2019 年就业报告显示,省内高素质劳动力布局存在行业不均衡和地区不均衡现象。行业上,互联网和金融仍然是主流行业,制造业人才吸纳不足;地区上,杭州、宁波在"抢人大战"中占据先机,与其他省内城市人才实力差距不断扩大。此外,中小企业缺乏配套的内部人才培养机制,生产主要依靠流水线员工,人才结构不合理削弱了企业抗风险能力。新冠疫情期间,大量劳动密集型企业面临用工荒、复工难等情况,导致生产中断。

6.1.3 信息化基础设施、行业标准等有待完善

"5G＋工业互联网"工程需要配套的基础设施和信息标准。目前省内的 5G 网络覆盖、信息安全、国际通信和连接质量有待提升,在一些诸如 5G 芯片、存储系统、高端通信设备等核心部件以及核心工业软件的技术水平和覆盖面亟待提高,特别是先进技术如何有效下沉到三、四线城市。此外,制造业的行业信息标准需要进一步优化,目前多数企业使用的工业软件和接口标准不一致,产生的数据难以同步和集成,无法满足工业互联网对于企业知识流、信息流、数据流互联互通的需要。

6.1.4 中小企业两化融合的经济基础薄弱

资金压力阻碍了企业的两化融合。《推进浙江制造业高质量发展的调研报告》中强调,高额的经营成本、原材料及土地、劳动力成本导致企业缺乏流动资金。新冠疫情期间也暴露了企业资金软肋,一旦生产停滞,资金链极易断裂。目前中小企业融资主要靠自发筹资和少量信贷,银行贷款门槛高,企业融资难、融资贵、数额小等问题突出。由于金融支撑体系的缺乏、中小企业抗风险能力弱,在行业下行、融资压力和不确定性风险的相互作用下,疫情过后,中小企业对新兴技术的投资会更趋保守。

6.2 新兴信息技术提升浙江制造业高质量发展的对策建议

6.2.1 全面提升浙江省制造业新兴技术创新能力

一是强化"产学研金政"融合。推动系统集成商、设备和软件供应商及研究机构共同形成产业群；成立校企技术研发中心、联合科研实验室等中介机构，提供信息沟通和咨询服务；支持创新型领军企业打造先进科研机构，组建浙江省数据智能技术创新中心，强化企业创新主体作用；支持信用评级机构、资产评估机构、科技金融中介服务机构共同搭建科技金融服务平台，拓宽融资渠道。

二是推动企业管理思维转变。企业加快管理创新，把复工复产过程变为转型升级过程，引入新的信息化设备和技术，推行线上办公、视频会议、远程服务，提升智能化决策和数字化管理水平；对全省规模以上企业主要负责人开展分领域、分层次、多形式的培训，遴选一批优秀企业家予以重点培养和跟踪服务。

三是提高企业信息化管理水平。加强关键共性技术创新，推进智能制造关键技术装备、工业互联网等系统集成应用；推动浙江省制造业企业与数字网络平台对接，进行全产业链质量控制；全面推行以企业资源计划管理、供应链管理、客户关系管理等为重点的信息化管理，加快推行以柔性制造、准时制生产、仓储智能化等为重点的精细化管理，积极推行卓越绩效管理。

6.2.2 加强制造业人才培养

一是拓展人才培养路径。全面增强从业人员的信息技术应用能力，开展"浙江工匠打造行动"，支持企业定期选送各类人才到高校学习行业前沿知识，培养高素质复合型制造业人才；学校围绕智能制造等领域，从传统制造业改造提升关键环节和技术瓶颈出发，重点培养相关专业学生数字化建模与仿真、大数据运用等专业技术；企业加强"千人计划"人才引进工作，支持一流科研院所、研发机构落户浙江；聚焦传统制造业改造提升重点领域，分行业组建专家服务组加强指导服务。

二是促进紧缺人才激励体系建设。坚持以品德、能力和业绩为导向，建立不以人事关系、学历条件、户籍条件为基础的人才引进和资助机制；完善海外高层次人才居住证制度，落实来浙工作、出入境等便利措施，建立安居保障、子女入学等服务通道；推进国家海外人才离岸创新创业基地、"海智计划"浙江工作基地建设，吸引科技人才落户和优质项目转化；成立各类人才发展基金，探索实行年薪制、协议工资制等激励政策。

三是加强人才统计与需求预测。建立科学合理的人才统计指标体系，制订和实施浙江省制造业紧缺急需人才引进计划；及时更新人才需求预测，引导高校招生计划对制造业重点领域的相关专业倾斜，精准对接浙江省人才需求。

6.2.3 完善制造业信息化基础设施及行业标准建设

一是加快完善浙江省信息基础设施建设。深入实施浙江省新兴信息技术基础研究能力提升工程，聚焦大数据、人工智能、物联网、5G、类脑智能计算等新兴信息技术，部署重大基础研究项目；鼓励高校、科研院所、区域行业创新平台等以非营利方式向企业开放科研基础设施。

二是促进浙江省制造业产业技术与信息技术深度融合。加快研发以新兴信息技术为支撑的产品和设备，建立符合浙江制造业实际情况的制造业信息系统；推进浙江省制造业创新中心建设，加快攻克高端芯片、工业操作系统等基础技术和下一代人工智能、区块链等前沿技术。

三是推进"浙江制造"标准提升。重点围绕万亿产业和先进制造业，加快制定达到国际先进或国内一流水平的"浙江制造"标准体系；以监管部门、龙头企业、行业协会为主体，推进大数据、云计算生态体系建设，培育工业大数据应用示范企业，推动传统制造业向基于大数据分析与应用的智能化转型；实施工业和信息化领域标准提升工程，支持企事业单位参与制造业国际国内标准制定和修订工作。

6.2.4　加大对浙江省制造业高质量发展的扶持力度

一是加快金融、信贷体系的改革与完善。引导支持政策性融资担保机构为中小企业提供融资担保服务;支持金融机构针对省内企业供应链、存货担保融资等实行新型融资方式,支持中小企业开展股权融资、债权融资、融资租赁;支持有条件的企业挂牌上市融资,拓宽融资渠道;通过区域金融创新,在政策引导下适度放松民间资金进入金融服务领域限制,形成多层次金融服务体系与多渠道资金供给体系。

二是增强对制造业企业高质量发展的扶持力度。扩大质量提升补助金的发放范围,提高补助额度;对用于质量提升的贷款出台专项政策,简化手续、降低利率、减少附加条件等;适当加大减税降费力度,扩大税收减免范围;推进融资畅通工程,规范商业银行借贷行为,增加信用贷款、无还本续贷余额和企业户数,帮助企业降低融资成本;应对公共突发事件,如新冠疫情,相关部门应制定突发公共事件应急预案,建立运作高效的企业突发事件指挥体系,通过降低企业用水用气成本、减免住房保障租赁费用、调整住房保障阶段政策等减轻受疫情影响的中小企业资金压力,有序组织有条件的地区和行业复工复产。

三是为制造业企业高质量发展营造良好的发展环境。推进"立、改、废"工作,深化"最多跑一次"改革,营造有利于制造业转型升级的法规政策环境;充分发挥智库、行业协会在制造业发展中的指导和服务作用;放宽互联网融合性产品和服务的市场准入限制,制定制造业行业互联网准入负面清单,营造有利于"互联网+"制造业的政策环境。

7

关于建设高素质强大浙商队伍的几点建议①

当前,全球宏观经济形势错综复杂,浙商群体总体处于爬坡过坎、迭代升级、转型发展的关键期,面临新的机遇和挑战。浙江省委全会通过的《关于建设高素质强大人才队伍打造高水平创新型省份的决定》,对"加快创新型浙商队伍建设"进行了决策部署。为推进浙商这支浙江重要人才队伍建设,对资深知名浙商、中小企业主、新生代浙商分级分类助力赋能,营造浙商前浪后浪逐浪高的生生不息的生态系统。浙江省新型重点智库浙江工商大学浙商研究院提出了如下对策建议,供省领导和相关部门决策参考。

中共浙江省委十四届七次全会做出了《关于建设高素质强大人才队伍打造高水平创新型省份的决定》,根据习近平总书记赋予浙江的新目标新定位,以超常规举措打造人才引领优势、创新策源优势、产业创新优势和创新生态优势,在新时代全面展示中国特色社会主义制度优越性的重要窗口建设中发挥示范引领作用。在"全力建设具有影响力吸引力的全球人才蓄水池"的具体措施中,包括了"加快创新型浙商队伍建设"这一重要举措,大力实施"浙商青蓝接力工程"和新生代企业家"双传承"计划,全面拓展提升企

---

① 本文收录于《浙江省新型重点专业智库浙江工商大学浙商研究院成果要报》2020 年第 6 期,未公开发表,于 2020 年 8 月 24 日获浙江省委常委、统战部部长熊建平批示。作者:陈寿灿、杨轶清。

业家和企业高层次管理人才全球视野、战略思维和创新能力,形成一支拥有百名领军人才、千名骨干人才、万名后备人才的创新型浙商队伍。根据省委决议精神,以及浙江民营经济和浙商群体的实际情况,我们提出以下具体的对策建议。

7.1　以"五对组合"助力青年浙商的精神传承和专业赋能

改革开放 40 多年后的今天,第一代企业家年龄大多数已经接近或超过60 岁,这就意味着未来 5—10 年将进入浙商交接班的高峰期。如何顺利交接班是大多数浙商企业面临的共同考验。

在浙商进入传承和发展的关键时刻,企业家、政府、社会要共同努力来改善企业的健康发展环境。打造一支责任上有担当、经营上有本事、政治上有方向、文化上有内涵的年轻一代民营经济代表人士队伍。

通过"师徒、父子、中外、O2O、政商"五对组合,形成新生代浙商的精神传承和业务赋能的矩阵。具体地说,可以通过老一辈浙商与新生代"师徒"结对;父子同进课堂,面对面学习讨论遭遇的困惑;本土浙商新生代与海外浙商二代三代,结成创新互助共同体;传统产业新生代与典型互联网年轻创业者结对互助;以及新生代浙商到政府部门挂职锻炼学习。

这"五对组合"模式,通过统战部、工商联、团委、经信厅、侨办侨联等部门分工合作,充分发挥不同社会力量的互补优势和差异化组合,助力和赋能新生代浙商成长。其中部分结对组合已经在实施,并收到了初步的效果。

7.2　筹建设立浙江民营经济学院,打造浙商成长"军校"

近年来,浙江民营企业陷入困境甚至倒闭的案例不少。除了经济周期和市场环境因素之外,部分民企自身主业不强,核心竞争力缺失,多元化摊子铺得大,盈利能力、可持续发展能力不强,竞争力羸弱也是不可忽视的因素。

从部分民企暴露出的问题看,民营企业的公司治理、股东文化、社会责任、人才短板、接班人传承等,都面临严峻考验,迫切需要自我完善升级。

民营企业教育培训是提升民营企业人力资源素质的基础性工作。目前针对民营企业的教育培训工作不能说不重视,但培训主体、对象、标准等参差不齐,没有形成省级层面民营企业教育培训主渠道,建议省政府设立专项,先期依托部分高校,设立浙江民营经济学院,开设经营管理类、责任文化类、统战党建类、素质修养类、家族传承类、专业技术类等课程,严格设定标准,强化过程管理,待条件成熟时考虑独立办学。

7.3　参照浙江省科学技术最高奖,设立浙商终身成就奖

2020 年 7 月 17 日,在浙江省科技奖励大会上,李兰娟院士和阿里云总裁张建锋获得科技大奖,这是浙江省首次设立的最高科技奖。这对全体科技人员的激励意义巨大。参照这个模式,可以考虑设立浙商终身成就奖。

第一代浙商逐渐进入晚年,为更好地褒奖第一代浙商的创业成就,传承他们特有的创业精神,激励走进新时代的浙商更好地创业创新,建议省委省政府适时设立"浙商终身成就奖"。"浙商终身成就奖"不同于一般的评选活动,主要是设定严格标准(比如 80 周岁以上或创业 50 年以上,在创业创新、爱国爱乡、诚信守法、社会责任、公益慈善、政商关系等方面取得公认的成就),经过严谨程序,每年推选出若干位"浙商终身成就奖"得主(一般 2 至 3 位),由省委省政府主要领导亲自颁奖。

8 跨境电商深化发展中的人才问题及几点建议[①]

跨境电商是国务院深化外贸领域"放、管、服"改革的重要内容,是促进我国外贸稳定发展、提高国际竞争力的重要手段,也是当前浙江省传统外贸企业转型升级的最主要方向,为浙江民营经济发展带来了新机遇。但是,跨境电商人才供需不平衡问题已成为产业持续发展的突出障碍。浙江工商大学"基于大数据的跨境电子商务统计监测、评估与监管体系研究"课题组联合浙江国际电子商务研究院、杭州市商务委员会和杭州跨境电子商务协会,对杭州市 148 家跨境电子商务企业(包括 103 家交易企业、26 家服务企业和 19 家平台企业)共 391 名员工进行了调查与访谈,具体内容如下。

8.1 跨境电商人才的需求规模及构成分析

8.1.1 人才缺口规模持续扩大

通过对 148 名企业人力资源主管进行调查,得到跨境电商人才需求总

---

① 本文系国家社科基金重大项目"基于大数据的跨境电子商务统计监测、评估与监管体系研究"(16ZDA053)成果。课题组成员:苏为华、张崇辉。

缺口为 1362 人,平均每家企业人才缺口为 9.2 人,且缺口规模呈扩大之势。其中,交易企业人才缺口为 716 人,平均人才缺口 6.95 人/家;服务企业人才缺口为 348 人,平均人才缺口 13.38 人/家;平台企业人才缺口为 298 人,平均人才缺口 15.68 人/家。据不完全统计,杭州从事跨境电子商务的企业有上万家,以此推算,相关人才需求缺口为 10 万人左右。

8.1.2 需求结构矛盾突出

据调查,营销及运营策划类的岗位需求量最大,占人才总需求量的 56.45%;商务类人才需求量次之,人才需求占比为 15.8%。究其原因,一是交易企业在行业中占比较大,而营销和商务是其主要业务;二是上述两类人才的技术壁垒相对较低,人员流动性大。另外,因技术和产品类、风控类以及通关类人才匮乏,相应岗位的人才需求总量虽不大(对应的占比分别为 14.93%,7.26% 和 5.56%),但企业无法通过市场得到有效满足。

8.1.3 专业诉求以商科为主

据调查,国际贸易专业的学生最受企业青睐,需求量占比达 27.86%;语言类(以英语为主)、物流类、电子商务类和市场营销类专业需求量占比较为接近,分别为 17.91%,16.67%,15.92% 和 15.67%。这同样与目前行业中交易企业数量占绝对比重相关。结合当前跨境电子商务产业的发展态势,相关专业的热度将会得到延续。

8.1.4 职业技能需求差异大

据调查,95.47% 的人力资源主管表示复合型人才是最为紧缺的。但是,不同类型的企业对复合型人才的技能需求不一致。对于交易企业,要求具备较强的营销能力(基于电商平台)、外语能力和外贸业务技能;对于服务企业,对技能的要求主要集中在营销和分析(包括财务、产品和风险等)方面;对于平台企业,则要求复合型人才具备较强的数据分析和运营管理(包括网站运营、渠道管理等)能力。

8.2 跨境电商人才供需面临的主要问题

8.2.1 员工能力结构与岗位需求匹配度低,技能提升迫在眉睫

对于交易企业,有54.9%的员工认为外语能力、分析能力和运营能力最为重要,有52.9%的员工同样认为这三种能力是自身最需继续提升的。与此类似,在服务企业中,有55.4%的员工认为市场营销、项目策划和数据分析能力最为重要,也是其目前最想要提升的。平台企业略有不同,有68.3%的员工认为分析能力、营销能力和网站运营与维护能力最为重要,但其目前最需要提升的能力包括分析能力、外语能力和移动端开发能力。

8.2.2 员工满意度低,企业痛点成顽疾

据调查,员工整体满意度为75.52%。其中,交易企业员工满意度为76.08%,服务企业员工满意度为73.99%,平台企业员工满意度为75.86%。究其原因,跨境业务多变化导致工作内容复杂,行业竞争激烈致使工作压力偏大。同时,企业收入分配体系不合理,绩效考核机制不清晰是其主要痛点。另外,培训体系不完善,对员工职业生涯的提升有限。调查显示,有44.77%的员工未参与过任何培训,与94.47%的培训意愿率形成鲜明对比。

8.2.3 员工离职率高,工作压力与薪资待遇不成正比是主因

跨境电商企业平均年离职率为14.62%,高于企业正常年离职率(一般认为合理区间为2%—10%)。从企业类型看,交易企业平均年离职率为14.78%,服务企业平均年离职率为19.02%,平台企业平均年离职率为8.36%。从岗位类型看,运营和销售类岗位的离职率最高,平均年离职率达18.09%;商务类岗位次之,为12.90%。结合其他调查数据,发现跨境电商行业离职率虽高,但大多离职者会通过内部推荐的方式留在业内工作(内部推荐方式占跨境电商企业人才招聘的19.20%),主要原因在于行业发展前

景较好(有 91.25％的员工看好本行业发展),且工资水平较其他行业的同类岗位有优势(有 90.03％的员工持该观点)。但是,有 83.60％的员工认为工作压力与薪资不成正比是跳槽的主要原因。

8.2.4　应届毕业生的能力与企业需求不一致,校企合作有待加强

据反映,跨境电商企业对应届毕业生的最主要能力诉求为学习能力、营销能力和分析能力(占比分别为 27.10％,21.29％和 18.71％)。在实际工作中,应届生体现的主要问题为动手能力弱(占 26.97％)、沟通能力不强(占 25.45％)、专业知识应用能力差(占 20.61％)。能力诉求与体现的问题相关性较强,也即应届毕业生的基本能力素质与企业需求存在明显的不匹配现象。另外,校企对接渠道也有待进一步拓展。据统计,仅有 41.2％的企业与高校开展过相关合作(包括进行宣讲等招聘工作)。

8.3　建议

8.3.1　提高政府参与度,加强培训的"效"与"度",助力员工职业技能提升

员工能力结构与工作需求不匹配,培训是当前阶段最有效的解决方式。调查显示,目前员工参加的培训有 69.17％是由企业自行组织的,政府参与度不足;培训内容主要为跨境电商知识和综合性专业能力,满意度达92.97％,但整体上受众面较窄(员工参与比例为 44.77％)。另外,对于授课方式,有 65.44％的员工偏好面对面授课而非网上授课;对于授课形式,内部培训(支持率为 53.8％)比统一组织外部培训更具效率;对于授课主体,社会机构专家(支持率为 52.88％)比政府和高校专家更受欢迎。

8.3.2　建立跨境电商人才交流平台，完善人才配套政策，促进产业竞争力提升

调查显示，有51.74％的人力资源主管认为，缺乏统一的跨境电商人才交流平台以及人才配套服务不完善，进一步加剧了产业"人才困局"。现行人才政策具有普适性，对于跨境电商产业的覆盖面较低（本次调查显示，享受过人才政策的员工不足2％）。建议针对跨境电商产业，制定专项人才配套服务政策，提升产业吸引力，引导更多人才涉足跨境电商领域。

8.3.3　建立"跨境电子商务＋"课程体系，搭建 Co-op 海内外实习基地与"一带一路"国际创业园，共同助力跨境电商人才培养

有32.26％的企业认为，就当前阶段，对高校课程体系进行调整是提升应届毕业生能力的最有效方式。建议高校建立"跨境电子商务＋"课程体系（"＋"指针对不同的岗位类型，开设对应的专业课程），重点传授跨境电商物流、金融、运营、营销、商务数据分析等知识；加大跨境电商课程群和在线开放课程（双语）建设，开设跨境电商微专业，加强跨境电商理论知识推广和应用。另外，还有30.11％的企业认为，定期到企业进行实践也是比较有效的方式，可通过建立校企联动平台，形成人才供给与需求信息更充分的流通。建议依托跨境电商综试区和跨境电商产业园区，引入 Lazada、eBay 等跨境电商知名企业，建立一批跨境电商 Co-op 海内外实习基地，提升跨境电商人才的实践能力；依托各开发区，建立"一带一路"国际创业园，引入一批从事跨境贸易的留学生，搭建国际创新创业服务平台。

8.3.4　探索跨境电商精英人才培养新模式，打造跨境电商教育特区和人才高地

调查显示，目前大部分企业特别缺少中高端的跨境电商精英人才，即具备跨文化交流能力，熟悉第二外语，通晓跨国经营与管理、商务技术与服务的复合型人才。建议高校与政府、企业共同创办跨境电商精英学院，建立"政企校研创"深度融合的人才培养模式，共同建设课程、师资队伍、培养方

案、实习实训和科研项目,构建"本—硕—博"为一体的人才培养体系。高校以精英学院为核心,整合社会资源,引入名校,聚焦跨境电商前瞻性研究,建立跨境电商研究院,培养高端跨境电商人才;利用"中非桥""中阿交流中心"等海外跨境平台,搭建中非、中阿跨境电商人才培养新桥梁;充分发挥中国(杭州)跨境电商人才联盟、杭州众智跨境电商人才港的作用,对接商务部,开展高端跨境电子商务人才和跨境电商师资培训;立足"全球电子商务创新创业大赛",为跨境电商新业态的发展不断注入活力。

9 关于加强钱塘江流域饮用水公共安全的几点建议①

饮用水公共安全事关民生，其重要性不言而喻。千岛湖，2019年向杭州市主城区供水、2020年向杭州市区全面供水。这是钱塘江流域继20世纪50年代新安江水电站建设之后又一影响深远的大事。浙江省委、省政府高瞻远瞩，在2019年初的省政府工作报告中明确提出："坚持像保护西湖一样保护千岛湖，高标准推进千岛湖临湖地带综合整治，确保水质不下降、景观不破坏。"这将是一项长期坚持不懈的目标和任务。如何贯彻落实省委、省政府的战略目标，我们认为，首先对钱塘江流域的饮用水公共安全面临的挑战应该有清醒的认识，如全流域管理的沟通协调机制有待完善、居民公共安全理念有待深化、农村饮用水水质有待提升、流域生态环境监测有待加强等。在千岛湖水贯通杭城之际，我们在前期调研的基础上，提出进一步加强钱塘江流域饮用水公共安全建议，主要如下。

---

① 本报告为浙江省哲学社会科学规划课题"钱塘江流域城市饮用水变迁与钱塘江流域公共安全对策研究"研究成果。课题组成员：王志邦、夏康炎。

9.1 研究制定《钱塘江流域饮用水公共安全保护法》,打牢饮用水公共安全法律基础

钱塘江是浙江人民的母亲河。目前,浙江省关于饮用水保护的法律法规主要为《浙江省水域保护办法》,侧重减少建设项目对水域占用;《浙江省饮用水水源保护条例》,涉及饮用水水源地的确定、水质保护等内容。关于钱塘江的法律法规主要为《浙江省钱塘江管理条例》,包括钱塘江河道的开发、利用和保护,河道、江堤、海塘的管理等内容,但在钱塘江流域饮用水公共安全保护方面缺少全流域保护法律法规。千岛湖已成为杭州市第二水源地,该水源地跨越浙江和安徽两个省级行政区域,干流长 359 千米,其中 2/3 在安徽境内。故安徽境内来水水质对千岛湖水质起着决定性的作用,千岛湖饮用水水源地公共安全如何保护;千岛湖作为杭州市区饮用水水源地后,对富春江、钱塘江水位及其水质有何影响;每年从千岛湖引水量如何控制,是否有最大限值;遇到特别干旱之年,该如何应对;等等。这些问题与钱塘江流域饮用水公共安全都息息相关,在已建立的基于"利益共享、责任共担"的跨省流域生态补偿机制基础上,应当从国家层面出台相应的法律法规,我们认为该法律法规至少应包括以下方面。

9.1.1 确立钱塘江流域饮用水公共安全管理和协调机构

现行饮用水水源保护管理体制是以县级行政区域为单位,负责本行政区域内的水质保护,发展和改革、生态环境、住房和城乡建设、水利、农业、交通运输等部门按照各自职责做好相关保护工作。流域内饮用水公共安全管理工作被分成多块,缺乏统筹协调机构,容易形成"九龙治水"局面,且流域涉及安徽、浙江省际之间,以及浙江省内衢州、金华、杭州市际之间的沟通协调。参照国外流域治理经验,为解决流域管理问题,一些国家成立相应的管理和协调机构,如英国的泰晤士河水务局,法国的国家级、流域级、地区级和地方级治理机构,澳大利亚的墨累—达令河流域委员会。因此,有必要对钱塘

塘江流域饮用水公共安全管理和协调机构从法律上进行规定,确定其职责、权限、机构设置、限制与罚则等。

9.1.2 确定流域内饮用水公共安全保护对象

需要全面考虑水资源开发利用、水环境保护、水生态保护修复、生态风险防控、突发公共安全事件应对及处理等方面的需求。

9.1.3 确定流域内饮用水公共安全保护措施

需要明确标准规划、空间管控、产业结构调整、监督管理、生态补偿、责任制等,同时考虑现行国家普适性和省级制度章程如何转化为针对钱塘江流域的具体要求。

9.2 以千岛湖向杭州市主城区供水为契机,大张旗鼓地开展钱塘江流域饮用水公共安全和节水宣传,培育居民可持续公共安全理念

钱塘江流域饮用水公共安全离不开居民的参与和支持,培育居民可持续公共安全理念很有必要。目前,居民关于饮用水的公共安全和节水理念有待深化。如2011年新安江发生苯酚泄漏事件,引发恐慌,杭州市民纷纷抢购瓶装水;又如居民的一些不良习惯,将生活垃圾直接倒进水源地,造成水源地污染。我们认为培育居民可持续公共安全理念至少需要考虑以下几点。

9.2.1 及时把握宣传时机

以千岛湖向杭州市主城区供水为契机,借助"世界水日""中国水周"等主题宣传活动,开展公共安全和节水宣传。

9.2.2 以史为鉴,加强对钱塘江流域城市饮用水原水及供水方式变迁的宣传

我们通过研究发现,该流域城市饮用水原水及供水方式经历了三次重大变迁:一是以江水(溪水、河水)、井水、湖水为主要饮用水的分散式取水;二是以江水为主要原水的集中式供水;三是以水库水和新安江、富春江、钱塘江江水为原水的集中式供水。钱塘江流域仅剩下开化县、建德市、桐庐县、富阳区、萧山城区和杭州主城区及滨江区居民饮用水原水为江(溪)水。从全省 11 个市城区看,除舟山市外,没有以水库水为原水的仅杭州、嘉兴两市。而杭州主城区 85.29% 原水为钱塘江水。三次变迁都与当时的社会经济发展变化有着密切联系,这既是社会经济发展历程的缩影,也是人类与自然相处过程的见证。饮用水原水及供水方式变迁的宣传,对于当下浙江人正确认识浙江的水情,认识人类自身活动对水环境的影响,认识 20 世纪 80年代以来环境变化对地域社会发展和人们身心健康的影响,具有资治、教化作用。

9.2.3 引导公众参与到宣传工作中来

国外经验显示,让公众参与流域治理具有积极作用,这也是参与式治理的内在要求。注重引导公众积极参与和支持,对可持续公共安全理念培育将大有帮助。

9.3 推动城乡饮用水一体化,补齐钱塘江流域饮用水公共安全短板

农村饮用水安全是实施乡村振兴战略的基础。浙江省于 2018 年 12 月全面启动"农村饮用水达标提标行动",通过水源保障、推进管网延伸、建设水厂等方式,计划到 2020 年基本实现城乡居民同质饮水。我们认为,推动城乡饮用水一体化,保障钱塘江流域饮用水公共安全,需注意以下几点。

9.3.1 打好农村排污攻坚战

保障饮用水公共安全的关键在于做好污染防治工作。许多饮用水水源地都在农村,农村的生活垃圾、污水排放,极易造成水源地污染,做好农村排污工作迫在眉睫。

9.3.2 引进新技术,破解厕所难题

农村粪便排入溪流,对饮用水公共安全造成重大影响。引进国外先进技术,将粪便转化为有机肥,有助于保护饮用水公共安全。比如,2018年在北京举办的"新世界时代"厕所博览会上展示了"比尔·盖茨"马桶,该马桶可以将排泄物直接转化为肥料和二次用水,将有利于解决好农村的厕所问题。历史上,明朝中期的饼肥曾掀起一场"肥料革命",这是农业上的重要技术进步。浙江在厕所革命中,能否走在前列,带来有机肥的技术革新?

9.4 加强流域生态环境质量监测,兜底钱塘江流域公共安全可持续发展

浙江是"绿水青山就是金山银山"理念的发源地,是"绿水青山就是金山银山"理念的坚定实践者。保障钱塘江流域饮用水公共安全问题系民生大事,加强流域生态环境监测是践行"绿水青山就是金山银山"理念的重要体现。特别是千岛湖配水引水工程实施后,对流域生态环境的潜在影响需要引起重视。千岛湖成为杭州市第二水源,某种意义上是因为,如果千岛湖不再向下游放水便成了"死水"。建德市新安江段水温常年保持在17摄氏度左右,千岛湖水位下降后,将对新安江下游和富春江、钱塘江生态环境、小气候及景观造成影响。我们认为,加强流域生态环境监测很有必要,重点需要考虑建立流域生态环境质量监测大数据库:一是确定大数据库内容。主要包括重大风险源、风险隐患、生态环境指数等。二是实现大数据库共享。该大数据库需实行联网,并能快速、准确地传输到相应管理和协调机构、各行

政和职能部门,避免产生"信息孤岛"。三是充分发挥大数据库结果应用的作用。该数据库应成为钱塘江流域饮用水公共安全决策的重要依据,监测结果也可与政府考核挂钩,从而切实保障流域饮用水公共安全。

10

杭州市打造"国际科技金融中心"的政策建议①

科技金融中心是科技资源和金融资源在空间上的深度聚合,是支持金融服务脱虚向实的终极目标。杭州已确立了在金融科技领域的优势,应该在科技金融方面有更多探索、更大作为,积极打造"国际科技金融中心"。

10.1 杭州"国际科技金融中心"的构想

打造杭州国际科技金融中心就是要让杭州未来能够实现为全球创业者提供最全面的创业指导,提供最便捷的国际融资,让其享受最美好的自然和人文风景,实现科技成果的有效转化和资本化,让杭州成为全球的科技创新创业乐土。

10.1.1 什么是"科技金融",与"金融科技"有何关系?

科技金融是指通过创新财政科技投入方式,引导和促进银行业、证券业、保险业等金融机构及创业投资等各类资本,创新金融产品,改进服务模

---

① 本文系杭州市决咨委、杭州市哲社规划办课题(HZJZ20180103)的阶段性成果,发表于《杭州信息·八面来风》2019 年第 4 期(总第 287 期),作者:陈宇峰、陈明鑫。

式,搭建服务平台,实现科技创新链条与金融资本链条的有机结合,为初创期到成熟期各发展阶段的科技企业提供融资支持和金融服务的一系列政策和制度的系统安排。这种政策和制度安排主要包括:政府创业投资引导基金、科技信贷、投贷联动、融资担保、贷款风险补偿、多层次资本市场、科技保险、知识产权证券化以及科技租赁等。

金融科技是指运用科技手段重塑传统金融产品、服务与机构组织的创新金融活动。自信息化开始,到互联网、移动互联网、云计算、大数据、人工智能等的普及,一系列新技术正广泛应用到金融领域,并不断产生新的金融产品和服务,改变了传统金融模式。

科技金融和金融科技相互区别又互为融合,两者的发展无疑都需要创新赋能。正如科技部成果与区域司处长朱星华所言,科技与金融融合的障碍主要是金融机构面临的风险和收益匹配关系的选择。因为科技金融工作的着力点是科技成果的转化和资本化,即科创企业的初创期和成长期,恰恰是投资的高风险期,难以满足金融机构特别是银行的低风险要求,所以政府发展科技金融,就是要创新金融产品和服务,降低市场投资风险,赋能金融资源支持科技创新。因此,在某种情景下,科技金融和金融科技自然会融合发展。例如,在科创企业风投方面,由于科创企业具有"轻资产、高成长、高风险"的特征,银行可以针对科创企业成长不同阶段的经营状况,运用大数据、人工智能等技术手段量身定制金融产品和服务,这样就能在控制风险的基础上提高金融资本效率。

10.1.2 "国际性"体现在哪些方面?

第一,资本的国际性。通俗地说,就是不仅要充分利用国内的资本用于杭州的科技创新,而且要广泛吸收利用国外资本,让全世界的资本都愿意投入到杭州,服务杭州的科技项目。这在客观上要求杭州未来必须具备便捷的国际融资服务、高效的国际支付清算系统和活跃的国际金融交易场所。

第二,项目的国际性。在杭州孵化的科技项目,不仅有大量来自杭州本土的创业项目,也有来自国内其他地区的项目,还有来自世界其他国家和地区的科技项目。要与其他国家和地区构建校校合作、校企合作、产学研平台合作等多方位的合作模式。未来,这些项目或者想法因为杭州具有成熟的科技孵化条件、浓厚的科技创新氛围、活跃的风险投资环境而选择进驻杭州,并形成具有国际影响的领先优势学科。

第三,人才的国际性。人才的国际性就是要求杭州具备国际化人才,即具有国际化意识和胸怀以及国际一流的知识结构,具有国际化水准的视野和能力,在全球化竞争中善于把握机遇和争取主动的高层次人才。这要求杭州加快引进海外人才,积极推进本土人才国际化,打造世界级的科技人才队伍,打造世界级的专业投资管理运营团队。实现让政府引导专业化管理团队,让专业化管理团队服务企业发展。

10.1.3　"中心"需要什么条件?

"中心"是一个"相对"且"动态"的概念。简而言之,就是要最终实现科技资源和金融资源在空间上的高度集聚。这是一个在某种特定机制作用下,从无到有、从小到大、从弱到强,逐步发展形成的过程。在中心内部,科技企业云集,金融市场齐全,服务业高度密集,对周边地区乃至全球都具有较强的辐射影响力。例如,旧金山科技金融中心,不仅拥有美国乃至全球最为重要的科技中心——硅谷,吸引着全球最顶尖的科技人才,而且拥有全球最为发达的科技金融发展环境,吸引了全世界富有眼光的天使投资人,集聚了规模庞大的风险资本与创业投资基金,对全世界的科技创新起到了引领示范作用。

杭州打造这个"中心"的远景,就是要汇聚国内外科技资源和金融资源,建立具有国际影响力的科技金融中心。要凭借杭州在金融科技领域的绝对优势,把互联网金融、私募金融、场外交易市场等新兴金融发展优势转换为服务科技创新创业的科技金融优势,完善更加专业、细分的创新配套环境,控制潜在隐患风险,一步一个脚印,从区域性中心走向全国性中心,从国内中心走向国际中心。

10.2　杭州打造"国际科技金融中心"的基础

10.2.1　经济结构更加优化

近年来,杭州经济总量一直稳居全国前十,在 2015 年更是迈入"万亿方阵"。2017 年,杭州实现地区生产总值 12556 亿元,增长 8.0%。信息经济增加值增长 21.8%,对经济增长贡献率超过 50%。同时,确立了以信息经济为引领、现代服务业为主导、先进制造业为支撑的现代产业结构,通过高技术服务业和高技术制造业"双轮驱动",加快经济动能转换。

10.2.2　科技资源不断集聚

截至 2022 年,杭州市拥有国家(全国)重点实验室 15 家、省实验室 7 家、省重点实验室 39 家,构建起了"国家实验室＋国家重大科技基础设施＋国家重点实验室＋省实验室"的新型实验室体系,为杭州战略科技力量实现质的飞跃插上翅膀。

依托不断增强的科技"硬实力",杭州强化关键核心技术攻关,组织实施省级以上重大科研项目 780 项,其中 158 项科技成果荣获国家科学技术奖,科技自立自强支撑基础研究取得重大突破。依托不断汇聚的高能创新平台,杭州实现经济高质量发展有了新动能。比如,浙江北大信息技术高等研究院累计建设了 18 家联合实验室,撬动企业研发资金投入 1.4 亿元。依托一批又一批的众创空间,无数年轻人的创业梦想插上了翅膀。据市科技局统计,这些孵化空间累计孵化科技企业 3.9 万家、国家高新技术企业 900 余家、主板和海外上市企业 86 家、独角兽企业 30 余家。

近年来,杭州建立起"创客—市雏鹰—省科小—国高企—省领军"的梯度培育体系,实施科技企业"双倍增"计划,推动科技企业"微成长、小升高、高壮大"。十年来,国家高新技术企业数从 2012 年的 1779 家提升至 2022 年的 10222 家,科技型中小企业三年翻一番,增至 2.3 万家。杭州上市的 269

家公司中,165家为高新技术企业,数量居全国第4。

此外,杭州主动服务三大科创高地,大力发展新一代信息技术、高端装备、生物技术等战略性新兴产业和未来产业。2021年规上高新技术产业、装备制造业和战略性新兴产业分别实现增加值2828亿元、2062亿元和1851亿元,2013年以来年均增长10.7%,11.2%和12%。

2022年,之江实验室集聚人才团队规模达2900人;西湖大学已签约198位学术人才;中国科学院基础医学与肿瘤研究所已汇聚9个院士团队……

打造人才高地,杭州还把目光投向了国际。杭州先后出台了市"115"引进国外智力计划等一系列外国人才引进政策和举措。近5年引进各类外国人才超过6万人次,海外人才净流入率保持全国大中城市首位。杭州连续12年入选"外籍人才眼中最具吸引力的中国城市",为加快杭州人才国际化建设、建设世界名城提供有力的国际人才支撑。

10.2.3　金融资源更加多元

全市共有各类银证保持牌金融机构500多家,初步形成"1+X"金融空间布局。打造了以私募基金为特色的玉皇山南基金小镇,集聚金融大数据和云计算服务企业的云栖小镇,以及天使投资和创业投资、量化投资和智能金融服务等新型金融业态的西溪谷互联网金融小镇。金融小镇已集聚各类金融服务机构4300余家,管理资产规模近2万亿元。此外,咨询、财务、审计和担保等金融服务业也快速发展。

10.2.4　人才资源不断汇聚

2017年,杭州人才净流入率、海外人才净流入率均居全国城市第1,连续多年入选"外籍人才眼中最具吸引力的中国城市"。这不仅因为杭州是美丽的城市,更得益于杭州的人才政策。2015年,杭州出台"人才新政27条";2016年,出台人才"若干意见22条";2017年又推出了"人才国际化"的实施意见。

10.2.5 历史机遇难能可贵

《杭州市金融业发展"十三五"规划》明确提出,要建成全国一流新金融
中心和区域金融中心。浙江省"大湾区"战略和《钱塘江金融港湾规划》则进
一步拓展了杭州金融发展空间,为杭州科技提升和金融集聚发展提供了一
个重要的战略平台,是难得的历史机遇。另外,杭州作为"中国(杭州)跨境
电子商务综合试验区"和"国家自主创新示范区",具有政策先行优势。

10.3 杭州与目前"国际科技金融中心"的差距

10.3.1 科技资源存量不足

从资源禀赋和发展定位出发,杭州更有希望对标美国硅谷,但还存在巨
大差距。与拥有台基电、华硕、联合微电子、联发科技等世界著名企业的"亚
洲硅谷"——我国台湾新竹科技金融中心相比,我们也存在较大差距。另
外,相对北京、上海、深圳、广州、南京等城市,杭州的科技资源存量还不足,
自主创新基础薄弱,全社会研究与试验发展经费相当于地区生产总值的比
重、高层次的科技研究院所数量和世界五百强中国总部或研发中心落户数
等关键指标还比较落后,信息经济的核心技术也面临激烈竞争。

10.3.2 金融纵深度不够

与旧金山相比,杭州最显著的差距在于缺乏多层次资本市场。美国拥
有全国性市场和区域性市场、主板市场与二板市场、场内市场和场外市场、
传统证券市场和衍生产品市场,形成了一个投融资无缝隙对接的多层次资
本市场,实现了科技与金融的贯通。我们目前不仅缺乏多层次资本市场,而
且在规范性和成熟度方面还有很长的路要走。另外,与北上广深相比,杭州
本土金融实力相对不足,本土法人金融机构数量较少、规模较小,缺乏强有
力的龙头金融机构,服务长三角经济的能力有限。杭州民营经济发达,中小

微企业是推动经济发展的主要力量。但中小微企业融资渠道仍然十分狭窄,融资难、融资贵问题没有从根本上得到解决,科技型中小企业风险投资体系不完善,以创业创新企业等为主要融资对象的普惠金融有待深入发展。缺乏国际知名的风投机构和国际化的管理团队。专业的科技银行、科技保险、科技基金等科技金融机构尚处于初步探索阶段。

10.3.3　制造业存在短板

当前全球产业格局面临重大调整,信息技术与制造业深度融合。发达国家纷纷实施"再工业化"战略,重塑制造业竞争新优势。杭州装备制造业基础薄弱,关键核心技术和装备仍主要依赖进口,高新技术产业占比以及工业增加值率还不够高。传统产业转型升级压力较大,新兴产业、高端产业投资不足影响发展后劲,信息经济产业偏"软",集成电路、半导体等核心基础产业发展仍存在短板。

10.3.4　综合型人才存量不足

当前金融机构没有足够的人才去熟悉和了解更多的成长型企业以及行业规则,而只有熟悉和了解才会催生沟通与合作。另外,相比于其他发达地区,杭州在国际知名金融机构和专业人才的集聚方面依然有较大差距,省内高校培养的金融人才则与市场需求存在一定程度的脱节现象,尽管杭州近年来加快吸引人才步伐,但有效对接和吸引国际人才的机制和平台建设相对滞后,国际化人才存量不足。

10.3.5　上海极化效应影响

上海市已做出详细规划,要建成在亚太地区具有领先地位的国际金融中心。同时,上海自贸区金融改革创新先行先试的政策优势将进一步显现:一方面,通过辐射和扩散效应,提高杭州金融国际化水平和整体金融能级;另一方面,上海金融极化效应会增强,使杭州面临金融机构重心转移、金融资源竞争加剧、金融高端人才流失的风险与挑战。

10.3.6 制度创新空间不足

杭州缺乏金融市场政策制定的自主权,不能完全与国际金融市场接轨。虽然杭州的金融科技在国际上处于第一阵营,但金融科技的国际化政策尚缺乏支持。另外,科技创新创业受现行管理制度约束限制较多,通过制度创新破解"四不"问题的难度仍然较大。

10.4 杭州打造"国际科技金融中心"的对策建议

10.4.1 提升科技创新与集聚水平

要充分认识到"科技创新是科技金融的需求源泉"。利用科技产出和技术领先所形成的良好的轮动效应,在不同时期的科技产出中形成领先技术和产业优势,为风险投资提供广阔而又持续的需求空间,又为成长后的科技企业重新参与风险投资,带动其他高科技企业发展提供基础,形成良好的投融资循环。杭州致力于打造"天堂硅谷",也要努力形成技术轮动和投融资循环。一方面,要充分利用杭州充沛的中小企业资源,全面支持中小科技型企业发展,大力培育创新主体,不断集聚创新要素,并通过持续深化科技体制改革,不断释放创新动能,进一步优化杭州创新环境;另一方面,要紧密对接全球优质资源,吸引国际机构、跨国公司进驻杭州,注重与国内外知名院校及科研院所合作共建高层次研究平台,支持主动融入全球创新网络,积极参与全球创新合作与竞争,紧跟全球技术前沿动向。

10.4.2 扩大金融集聚与深化程度

一要全面发挥杭州在金融科技领域的核心竞争力,以打造"国际金融科技中心"为突破口,利用大数据、云计算等优势更精准地识别和服务优秀有潜力的科技创新企业,增强资本效率,降低投资风险。二要充分调动杭州民间资本优势,配置各类社会资源,服务中心科技企业,满足科技企业在科技开发、成果转化、产业化发展以及进一步发展壮大各个阶段所面临的金融需求。三要借鉴旧金山、特拉维夫等经验,以风险投资为突破口,积极引进国内外知名的风投机构和管理团队,带动提升杭州风险投资管理整体水平更上一个台阶。四要借鉴硅谷银行模式,加快推进银行科技支行、科技保险分公司、科技小额贷款公司等科技专营机构建设,增加科技金融供给主体,为杭州科技型企业提供多层次、差异化、全覆盖的融资服务。

10.4.3　吸引专业化复合型人才

专业化复合型人才是搭建并支撑连接科技创新与金融服务这座桥梁的最核心要素。要继续坚定不移地做好人才引育工作,实行个性化的激励政策引进高新技术人才、紧缺高端金融人才和国际化管理人才,并要使人才引得进、留得住。要更加注重培养和引进精通英语等国际语言的人才,为吸引国外金融机构的落户创造良好的软环境。中国香港、新加坡等后起的国际金融中心,很大程度上得益于语言的优势。另外,借鉴特拉维夫的经验,加强与外事部门长期合作,举办高水平国际论坛,邀请世界各国影视媒体前往杭州报道城市的文化旅游、饮食生活等,建立更加宽广的全球媒体沟通平台。

10.4.4　协调与上海及省内城市关系

上海是全球金融中心和改革的窗口,拥有巨大的资本优势和政策优势。杭州既要向上海借力发展,主动承接、筑巢引凤,构建以上海、杭州、宁波为顶点的发展格局;又要与上海错位发展,突出自身特色和优势,有计划、有步骤地在科技金融领域做深、做大、做强,切忌眉毛胡子一把抓。同时,还要处理好与浙江区域内各主要城市之间的关系,实现错位发展、形成合力。特别是湾区金融中心的建设涉及多个地市,要树立全省上下一盘棋的理念,打破行政壁垒,提升配置效益,加快形成富有竞争力和国际影响力的科技金融生态圈和产业带。

10.4.5　守住金融创新"安全底线"

金融创新风险伴随着金融创新的全过程,防范金融创新风险是保障科技金融创新的一项基础性工作,而完善的金融创新监管体系,是推动金融创新长效发展的重要保障,必须处理好创新与监管之间的关系。从旧金山的发展经验中,我们得出规范的监管体系和宽松的金融环境是相辅相成的关系:一方面,严格的金融创新监管体系能够有效防范金融风险;另一方面,宽松的金融环境对促进金融创新、保持金融活力和自身发展能力有着重要作用。杭州要进一步完善新金融的监管体系,守住金融的安全底线,时刻维护好新金融的金名片。

10.5 各地经验

10.5.1 旧金山:以创业风险投资为市场核心基础

旧金山国际科技金融中心充分发挥了市场在科技金融中心发展中的主导作用,以科技股权投资机构为最主要的市场供给者,以专业性的科技信贷机构为有效补充,以科技资本市场为纽带,相互促进、共同发展,形成了具有鲜明市场特色的科技金融中心发展模式。

(1)全力支持科技创新。

旧金山湾区把支持科技创新作为首要任务,形成了长期的技术领先高地和产业优势,并产生了良好的轮动效应,为科技金融提供了广阔而又持续的需求空间。同时,牢牢抓住了以互联网为代表的现代信息科技,特别是移动支付、社交网络、搜索引擎和云计算等技术潮流,诞生了大量金融科技公司。

(2)大力扶持风险投资。

政府通过间接政策对风险投资的发展给予了极大的支持,但对风投业务基本不干预,任其自由发展。鼓励懂技术、会管理的退休工程师或前任企业家参与风险投资,让风投资本做出更加正确的投资决策。目前,总部位于硅谷的风险投资机构超过400家,管理风险投资资本上千亿美元,数量和资本规模分别占全美国的46%和44%。

（3）打造专业化的科技银行。

打造"硅谷银行"，将其定位为"为硅谷服务的银行"，在市场定位、产品设计、风险控制等各方面对传统商业银行业务方面进行创新。以"财务顾问＋托管"的专业化服务模式介入风险投资的交易过程，为投融资双方提供一体化的综合金融服务，充分考量了硅谷高技术型初创企业"轻资产"的独特属性，有效解决了商业银行的资本资产定价模型在信贷风险评定中几乎完全失灵的问题。

（4）积极做好金融配套服务。

湾区政府非常注重咨询、会计、审计等服务业发展，为科技金融发展提供了强有力的配套服务。鼓励大型法律服务集团以"类融资"方式为初创公司提供完善的法律支持服务，创造性地以初创公司的股权作为报酬长期持有，减轻了初创企业的负债压力。另外，当地政府还非常注重保护城市的自然美景、别致的社区风格，增强对创业者的吸引力。

10.5.2　特拉维夫：政府主导科技金融中心规划发展

为了实现科技回归，特拉维夫政府打通了老城区与资本对接的空间、制度、人力等桥梁，在离金融区更近的区域打造科技区，构筑科技回归的资本引力。同时，积极建立双边科技合作基金，链接来自全球的投资者，搭建庞大的科技投资网络。

（1）设立创业投资引导基金。

政府直接设立创投引导基金，吸引各类社会资本，实现政府资金的杠杆放大效应，推动风险投资事业。对创业投资机构的组成做了明确规定，即必须由一个境外机构和一个境内机构组成有限合伙人才能参与。制定科技企业支持计划，注重对科技型中小企业的扶持，为创业者提供必要的资金支持。政府一旦将资本注入后，就彻底交给企业和运营团队管理。

（2）构建完善的企业数据库。

市政府建立了非常详细的各类企业的发展情况数据库，包括企业的规模、人数、区位、产品市场、发展阶段、生产规模、主要融资形式、当前存在的主要问题等。通过专业的金融分析工具，分析各类企业的最优融资模式和规模,减轻了政府的财政负担,也使得资本配置更加有效与合理。

(3)让懂科技的人管理投资。

规定由首席科学家负责分配集成后的全球网络投资资金,以确保资金投入最有潜力的科研项目、最需要资金的科创环节中。以孵化器信托的方式管理这些资金,其中政府资助的部分作为补助金,一旦计划成功后就必须返还给政府。如果创业失败,则会宣布企业计划破产并解散企业,政府在孵化阶段所支付的任何费用无须企业偿还。同时,对创业者的失败经历进行深入评估,以便更好地促进初创企业的发展。

(4)吸引全球资本的加盟。

举办"DLD特拉维夫创新节",吸引了来自全球的数百家创新公司、风投基金、天使投资人、大型跨国企业,邀请了来自全球各国的商界、政界精英人物,参与创新机制与城市创新发展的讨论。当地政府还与以色列外交部长期合作,邀请世界各国影视媒体前往特拉维夫报道城市的文化设施、饮食、戏剧、海滩生活等,从各个层面扩大特拉维夫的国际知名度。

10.5.3 深圳:以中小微企业融资担保和风险补偿为重要内容

为大力支持金融服务实业,2018年,深圳市政府印发《关于强化中小微企业金融服务的若干措施》,针对中小微企业融资难的关键瓶颈,推出8项举措11个政策点,打造中小微企业创新创业良好的融资生态环境。

(1)设立总规模30亿元的中小微企业融资担保基金。

对由深圳市融资担保机构担保的中小微企业贷款融资和债券融资业务进行再担保,当发生代偿时,融资担保基金和担保公司分别按5:5的比例分摊风险;通过为融资担保行业增信的方式,支持融资担保行业发展壮大,进一步为解决中小微企业、创业创新企业融资问题牵线搭桥。

(2)设立初始规模20亿元的中小微企业贷款风险补偿资金。

对深圳市中小微企业3000万元(含)以下规模贷款形成的不良贷款(中小微贷款评定为"次级")实行风险补偿,补偿比例按照贷款金额分梯级设定,最高不超过不良贷款(本金)的50%。资金池通过普惠高效、统一归口、精准补偿、突出重点的运作方式,提升金融机构为中小微企业放贷的积极性,有效缓解中小微企业融资难问题。

(3)建立企业发债融资支持机制。

支持符合条件的企业发行中小企业集合债、中小企业集合票据、中小企业私募债、创新创业债、绿色债等新型债券,以及在深圳前海股权交易中心挂牌发行各类创新型融资工具,按照发行规模的 2%,给予单个项目单个企业最高不超过 50 万元的补贴;同时,对协助企业完成债券融资的金融机构、增信机构、中介服务机构,按照发行规模的 1%,以每家机构单个项目最高10 万元的标准给予支持,单个项目补贴金额最高不超过 30 万元,进一步完善企业的直接融资支持体系。

10.5.4 成都:三方合作共建"成都—硅谷科技金融中心"

2018 年 3 月,成都高新区与硅谷城市群及硅谷管理咨询公司 Him Group 集团三方拟合作共建"成都—硅谷科技金融中心"。该中心将以有限责任公司模式经营,并由 Him Group 集团提供运营管理、项目配资及咨询服务,在成都高新区和硅谷两地双向落地,由成都高新区、硅谷两地统一管理,使不同阶段的项目在中美之间得到互相支持、实现优势互补。"成都—硅谷科技金融中心"内设以下三大业务板块:

(1)成都—硅谷技术转移中心。

该部门将筛选优秀项目,为成都引进和加速硅谷高科技项目提供平台,充分发挥硅谷"孵化器"和中国"加速器"的作用。

(2)成都—硅谷金融服务中心。

该部门拟发起设立专项产业基金,通过金融创新、跨境金融合作等方式,引导国际资本流向成都本地发展的前沿技术和产业方向,为成都高新区衔接国际产业价值链和跨境科技合作搭建资本桥梁。目前已储备 40 余个包括人工智能、VR/AR、大数据、区块链、企业级应用等新兴技术项目与公司。

(3)成都—硅谷自贸之窗。

该部门将依托四川自由贸易试验区政策优势,重点围绕双边货物贸易、服务贸易、双向投资和园区合作等搭建一站式服务平台,助力中美两地中小企业全球化发展。

11

数智赋能助推浙江中药材产业"十四五"时期高质量发展[①]

习近平总书记多次就中医药产业发展做出指示,特别指出要"加快推进中医药现代化、产业化,推动中医药事业和产业高质量发展"。在此次抗击新冠疫情过程中,中医药被广泛应用于临床,治疗效果显著,充分彰显了中医药的特色和优势。浙江省既是我国中医药大省,又是浙派中医的历史文化传承地,在疫情防控和经济发展的特殊时期,还肩负着"努力成为新时代全面展示中国特色社会主义制度优越性的重要窗口"的使命任务。研究员立足浙江省中药材产业发展现状,在剖析当前浙江省中药材产业问题后,提出了数智赋能中药材产业的相关政策建议。

11.1 浙江中药材产业发展现状

浙江的中医药特别是中药材产业已成为浙江绿色生态农业强省建设和山区农民致富最具亮点的特色优势产业之一。2019 年,浙江中药材总产值63.78 亿元,近 20 年来一直保持稳步增长;全省中药产业工业总产值 227.6亿元,同比增长 12.3%;中药材资源丰富,其中铁皮石斛占全国总量的 70%

———————————
① 课题组成员:陈寿灿、王海燕、陈达强、詹沙磊、吴波。

以上,杭白菊占近 50%,元胡、白术、玄参占 30% 以上。中药材产业也为浙江乡村振兴发展、"绿水青山就是金山银山"理念践行和"重要窗口"建设发挥了积极作用,更有望成为"十四五"期间浙江高质量发展的新亮点。

当前,随着业态多元化、流通渠道重构、互联网快速发展和中药材质量安全意识不断增强的冲击,新服务、新技术、新模式的创新应用也为中药材产业的高质量发展提供了重要机遇和挑战。而经过近一年对浙江台州、金华、衢州、丽水、杭州等中药材产业相关区域的走访调研分析,我们认为,作为浙江"八大万亿产业"中健康产业的重要组成部分,中药材产业的发展潜力还未被充分激活,特别是与数字经济、智能经济的融合程度还不够,亟须获得数智赋能。

11.2　当前浙江中药材产业存在的问题剖析

11.2.1　中药材产业低小散,有待数智赋能以激活其发展潜力

浙江中药材已经实现一定程度的产业化和规模化,但中药材产业链运营模式仍较传统,分散种植、零散加工、粗放收储、集市交易等现象仍旧存在,产业低端化现象明显。浙江是"数字三农"建设起步较早、发展较快、走在全国前列的省份,但农村信息基础设施建设仍然滞后。很多种植户属于农村个体户,自身文化程度不高,对数字化、智能化种植的积极性不高。对于中药材生产和流通企业来说,生产加工过程中对数字化、智能化技术的应用匮乏,中药材交易方式仍以传统线下交易为主。

11.2.2　中药材种源保护亟待加强,行业秩序有待进一步规范

一是中药材在非道地产地异地种植、盲目地由野生变家种、中药材种植环境劣化以及种植方法不规范现象时有发生,中药材种源的道地属性被严重破坏,限制了中药材品质的提升。二是现有的中药材质量标准体系、道地特征判别检测技术以及质量安全管理决策模式存在缺陷,使得中药材在加

工和流通过程中存在掺伪风险,即使来自浙江同一产地,质量也参差不齐。三是中药材在采、收、加工炮制以及仓储等环节标准不统一,尤其是经济、技术和社会环境的时空差异使得中药材难以实现全过程的质量控制。道地性丧失风险导致浙产道地药材品牌建设受到挑战,无法实现"优质优价",限制了浙江中药材产业的高质量发展。

11.2.3 中药材市场波动不确定性大,药农返贫现象时有发生

中药材对外部环境变化高度敏感,在中药材种植和收获过程中,诸如干旱、洪涝、低温、倒春寒等极端气候会引起中药材的减收减产、供应骤降。重大突发事件也会改变中药材的需求,如此次新冠疫情过程中,中药材传统线下市场交易基本停滞。我们调研发现,一些种植户由于市场信息滞后,对中药材进行盲目种植,造成中药材积压,严重影响产业扶贫的效果,甚至在部分药农群体中出现返贫的现象。

11.3 政策建议

11.3.1 加强中药材产业数智化建设,构建中药材全产业链综合服务平台

加强中药材产业数字化和智能化建设,在数智化基础上建立科学、规范的中药材线上线下综合交易市场。一是构建集中药材大宗商品交易撮合、交易信息咨询、产品检验检疫、供应链融资、标准合约交收、仓储及物流配送等业务为一体的综合性服务网上平台,倒逼中药材产业链条高端化发展,提升市场主体的综合竞争力。二是强化综合性服务平台的数据处理和分析功能,强化中药材市场供求监测预警,构建中药材市场供求监测预警分析系统,重点强化中药材产量、贸易量、消费量、库存量、现货、标准合约价格等信息采集分析能力,增强浙江省中药材产业政策决策能力和中药材市场话语权。

11.3.2　数智化赋能中药材供给侧结构性改革,助力浙派道地中药材种源保护

一是建立和健全浙产道地药材质量评价全景式画像体系。加快现代快检技术在中药材质量把控中的应用,借助色谱、光谱、质谱、基因测序等手段提取和分析中药材有效成分,发掘中药材的隐藏质量属性,制定和完善中药材质量评价和划分标准,建立和健全浙产道地药材质量评价全景式画像体系。二是实现中药材全过程的质量监控和溯源。加快大数据、物联网、区块链等数字化、智能化技术在中药材全产业链、全生命周期各个环节的应用,打通中药材全过程数据证据链,实现中药材全过程的质量监控和溯源。三是形成大数据支持的中药材分级定价体系。规范和加强中药材质量等级识别,形成和落实以"优质优价"为导向的中药材分级定价机制,为中药材种源保护和浙产道地药材品牌建设提供技术支撑。

11.3.3　数智化驱动中药材交易制度完善,规避价格波动带来的产业风险

根据中药材产品的特点,科学、创新地做好中药材数字化、智能化交易规则制度的顶层设计。一是推出大宗中药材标准合约品种,发展中药材商品指数、中药材企业碳排放权等交易工具,充分发挥中药材标准合约市场价格发现和风险管理功能,为产业链各方提供公正、透明、科学、合理的中药材价格体系。二是通过科学设计标准化的智能合约和规则制度,改变传统中药材交易模式,规范中药材交易过程,规范中药材的物流和仓储,促进现代中药材产业体系的形成和发展。三是结合浙江"数字三农"建设的实际,研究开发更多宜农惠农的中药材数字化、智能化产品和服务,在维护市场健康稳定运行的同时稳定供应链、保证市场活力。

11.4　实施路径

11.4.1　区位布局

在区位布局方面,根据省内中药材发展现状和产业布局,推进浙江中药

材产业高质量发展的三大功能示范区建设。一是依托杭州富阳的中药材产业基础和数字技术优势，建构赋能浙江中药材产业发展的"产业大脑"，打造杭州富阳中药材有机仿生数智示范区。二是依托金华、台州已有的中药材种植规模基础，开展浙江特色中药材标准化、规模化、数智化生产，打造金台中药材量产示范区。三是发掘衢州、丽水悠久的中药材种植历史，围绕浙江中药材文化展示和特色品种生产，大力发展衢丽中药材文化展示区。

11.4.2　组织保障

建议由省发改委牵头，农业农村厅、科技厅、经信厅、市场监督管理局、商务厅等相关部门紧密协同，联合浙江工商大学在快速检测、浙江中医药大学在中医药学科的技术积累，共同建设浙江中药材产业发展技术经济研究院。发挥浙江中药材产业发展技术经济研究院的专业规划与行业关键共性技术优势，对接三大示范区，及时落实相关科技、财政及税收政策，着重解决绿色生态型道地中药材标准化有机仿生种植基地群的建设问题，推进中药材初加工标准化、规模化、数智化，尽快形成集交易、信息、物流、金融等于一体的生态化中药材线上标准合约交易供应链服务体系。

11.4.3　目标绩效

一是依托大数据、区块链等技术对中药材种源地进行可视化管理，从感官、理化和生化检测三方面构建和完善综合性的浙江省中药材质量管理体系标准。二是根据浙江省自然情况与道地药材开发利用情况，建议选取磐安、黄岩等多个浙产道地药材主产区为试点，构建数智化中药材生产体系。三是依托"互联网＋"框架，加强与大数据科技企业、中医药生产企业间的合作，构建中药材电商平台。充分利用电商产业基地，结合中药材及中成药的功效与特点，培育电商新业态。四是推动杭州市富阳区在"十四五"期间建成标准浙产道地有机仿生中药材线上标准合约交易示范中心、交割基地，初步建成2—3个浙产道地有机仿生中药材品种的标准合约交易示范平台。

12

以文旅高质量人才供给夯实"十四五"时期
文旅高质量发展之基的若干建议①

　　"十四五"时期是浙江省文化和旅游（以下简称"文旅"）真融合、深融合从而带动浙江省国民经济和社会高质量发展的关键时期，找到文旅真融合和深融合的本质和关键策略，极其重要，非常必要。我们认为，文旅融合本质上就是解决文化和旅游发展中的深层次冲突和问题，让事业和产业发展质量更高、结构更优、基础更实、贡献更大。要做到这一点，体制机制、市场环境、社会资本等固然是很重要的因素，但从根本上看，高素质的文旅人才队伍建设和供给才是解决这一问题的最有效手段。纵观浙江省文旅产业发展实际，无论是投资几百亿元的龙之梦项目、山水六旗、东方山水等，还是大量的风情小镇、景区城、景区镇、景区村项目，各类高素质人才的缺乏已经成为文旅融合发展的最大瓶颈。可以说，很多项目，如果没有补齐人才短板，可能直接影响到项目的生存。要解决人才短板问题，就必须在全面审视浙江省文旅高等教育新挑战的基础上，找到切实可行的解决方案。

---

　　①　本文发表于《浙江政务信息（专报）》2020 年第 944 期，获浙江省副省长成岳冲同志批示。作者：易开刚、吴俊。

12.1 浙江省文旅高等教育面临的新挑战

文化和旅游产业是我国增强文化自信和传播幸福快乐并产生巨大经济社会价值的战略性支柱产业,也是提升浙江人民幸福感和获得感的重要产业;是浙江省"三个地"和"重要窗口"建设的重要载体。近年来,生态旅游、康养旅游、研学旅游、遗产旅游、演艺旅游、红色旅游等文化旅游产品日益受到市场欢迎,博物馆、文化馆、美术馆、剧场、文化小镇、科技馆等文化场所已经成为新时代文化和旅游业发展的重要力量,对文旅高等教育人才的需求日趋迫切。

一是文旅产业发展对文化与旅游高等教育提出新的要求。当前浙江省经济已经进入高质量发展阶段,文化和旅游产业发展环境已经发生了巨大变化,文化与旅游产业呈现出深度互动融合的发展态势,文旅行业对融合化、复合型、科技型的文旅人才的需求凸显。但文旅高等教育在传统学科门类的限制下,文旅高等人才教育理念与行业发展脱节情况严重,比如旅游专业设置、培养目标、课程设计、实践培养以及师资队伍建设方面与文化产业的融合度低,所培养的人才质量和市场需求"对不上"。根据省教育部门的统计,2019 年浙江省本科院校旅游管理专业毕业生的行业就业率仅为20%,旅游管理专业毕业生就业 5 年后的离职率高达 90%。说明目前的旅游高等教育已经很难为旅游产业输送精准对口的人才。类似地,文化类专业人才的培育也很少体现旅游方面的需求,不能真正满足文旅融合人才的需求。

二是**缺少**促进文化与旅游高等教育融合发展的体制机制。2019 年浙江省文化与旅游部门的合并,在行政机构上实现文化与旅游的融合,为文化旅游产业的发展扫除了一定的体制机制障碍。但是在高等教育机构中,由于文化与旅游分属不同的一级学科,旅游专业本科和研究生的培养受到学科限制,文化与旅游的知识体系融合度不高。浙江省如何根据市场需求,基于浙江省的文旅产业特征与高等教育资源优势,创新体制机制,培养符合企业需要的文旅专门人才,已经成为浙江省旅游高等教育亟待解决的关键问题。

三是缺少文旅高等教育"产教融合"平台。文旅产业内涵发生变革,缺少高素质、复合化、科技型的人才已经成为行业发展的关键"痛点"。文旅高等教育不仅要解决专门人才的学校教育问题,还要考虑为广大的旅游从业者提供继续教育的平台与机构。目前在行业内,携程、美团、华住等均开办了企业大学,携程大学开发了 2000 多门线上课程,美团大学的酒旅板块开始与北京第二外国语学院合作。但目前浙江省高校文化与旅游"产教融合"平台处于空白状态,行业人才没有进行持续的职业高等教育和培训,很难跟上产业快速发展的需求。

面向未来,浙江省如何提升文旅高等教育质量,大幅增加符合市场需要的高质量人才供给,以夯实文旅融合高质量发展之基,是必须重视并解决的关键性问题。

12.2　大幅提升浙江省文旅高素质人才供给,夯实发展之基的四点建议

针对当前提升浙江省文旅高等教育人才质量中存在的现实问题,课题组在深度调研的基础上,结合高等教育人才培养的本质和规律,提出以下若干建议。

12.2.1　加强顶层设计,科学编制"十四五"文旅人才专项规划

文旅高等教育的重构与品质提升,是一项涉及文化旅游产业发展与浙江省高等教育资源配置的系统性工程,需要在省委、省政府的战略统筹下,自上而下地"系统谋划"文化与旅游高等教育的融合发展。首先,应摸清浙江省文旅人才家底与行业需求。为保障"十四五"文旅产业的高质量发展,应组织专题研究,对浙江省文化和旅游行业人才家底进行全面调研,深入认识文旅行业的需求、人才缺口与能力短板。其次,应编制文化与旅游行业的急需紧缺人才目录。明确"十四五"期间文旅高等教育融合发展的总体方

针,在"应用导向""科技赋能"和"创新驱动"的理念指导下,整合浙江省高等院校、机构和用人单位的资源,编制浙江省文旅人才供给和需求目录。最后,要将培育文旅融合的人才队伍建设目标纳入各级党委和政府的"十四五"文旅发展规划中,出台相关政策,保障产业发展的人才供给。

12.2.2 加强专业建设,提升浙江省文旅专业人才的培养质量

文旅学科和专业建设是提升文旅专业人才培养质量的关键着力点,文旅融合视角下的学科和专业建设应重在专业交叉共建,具体的路径包括:一是可以考虑筹备成立浙江省旅游大学。当前浙江省各个高校的旅游学科和专业存在着发展速度慢、学科单一、质量不高的问题,建议由省教育厅与省文化和旅游厅合作牵头,成立浙江省旅游大学,专门为浙江省文旅产业培养符合市场需求的高质量文旅专业人才。二是依托现有各个高等教育机构的优势学科,创新构建文旅专业课程群。比如,在旅游专业建设过程中,应引导高等教育机构依托本校所具有的核心教学与科研优势,按照"突出特色、精准定位、错位发展"的专业培育要求,充分认识产业需求,以应用为导向,发挥交叉学科优势,引导文旅特色的课程群建设,打造具有浙江发展特色的文旅优势专业。比如,应引导旅游类专业积极与艺术设计、传媒、电子商务、人工智能、法学等专业交叉共建,把新媒体技术、设计技术、人工智能技术等新技术融入课堂教学中,为学生提供跨学科的学习环境,以适应文旅新业态、新趋势的发展需要。

12.2.3 加强产教融合,开创浙江省文旅高等教育的新模式

文旅产业对于文旅高级人才的实践能力有较高的要求,因此为文旅高等教育事业提供产教融合平台和项目是创新培养模式的重要手段。文旅高等教育的"产教研"与"产学研"融合,可以通过以下几方面展开:一是培养协同化,建立"政府＋院校＋企业＋X"的多层次、跨领域文旅人才培养模式,同时搭建产教融合服务平台,提高产教的协同性、契合性,形成更紧密的产教研协同机制。二是营造高等教育和文旅产业统筹融合发展格局。鼓励浙江省高等教育机构以文旅产业转型升级的需求为导向推动学科专业建设,在

文旅大企业的有力支持下,通过实践导师制、实践项目制、实践基地制、创新孵化园等载体,建设一批"产学研"教学科研基地,引导学生积极参加与文旅相关的实践活动。三是促进产教供需双向对接。将企业需求融入人才培养环节,以破解产教供需矛盾问题。建立政府、企业、学校和社会组织共同参与的产教融合供需对接机制,鼓励文旅企业积极参与产教融合中介平台和市场服务组织的建设。

12.2.4　加大政策创新,为文旅人才"引育用留"提供良好的政策环境

面对文旅产业招不到人才、留不住人才的困境,浙江省应鼓励教育主管部门和各级政府创新机制,为培育人才、用好人才和留住人才创造环境,主要手段:一是应根据浙江省产业需求,在省教育厅、省文旅厅、省财政厅和省人社厅的协同下,由省级层面合力出台关于支持高校加强文旅学科建设与人才培养的政策,提升文旅专业在高校中的地位和竞争力;出台关于新时期浙江省文旅人才引进、培育、使用等专门政策。比如,凡是进入文旅指定行业的专门人才即提供专门的补贴经费,要求三年内不得离开本行业从事其他行业工作。二是鼓励各级政府和用人单位出台地方性专门文旅人才政策,为文旅高级人才提供创业支持、项目资助、住房补贴等激励手段,提高文旅从业人员的自豪感、获得感与归属感,改善社会对文旅产业就业环境的认识,激发文旅人才创新热情和工作积极性。

13

以乡村文旅融合助推浙江省更高质量乡村振兴的思路及对策研究①

乡村文旅融合是振兴乡村文化、提高村民文化获得感、实现乡村旅游优质发展的必由之路。浙江省委、省政府历来重视乡村建设工作,从"千万工程"到美丽乡村建设行动计划,再到深化美丽乡村、"万村景区化"工程,乡村振兴战略得到有序推进和有效落实。如何紧紧把握文旅融合大趋势,推动乡村文旅深度融合发展成为"诗画浙江"建设的重要抓手,成为我国更高质量乡村振兴的"重要窗口",是必须思考的现实问题。

13.1 乡村文旅融合助推浙江省乡村振兴的战略价值

13.1.1 乡村文旅融合赋能乡村振兴战略的实施

乡村地域类型多样,文旅资源丰富,集中了各级文物保护单位、非物质文化遗产项目,还拥有一大批传统村落,涌现出众多热门乡村旅游目的地,推动着乡村旅游快速发展。因此,乡村成为深入推进文旅融合的前沿阵地,

---

① 本文发表于《浙江政务信息(专报)》2020 年第 828 期,获浙江省副省长成岳冲、彭佳学同志批示。作者:易开刚、厉学芹。

文旅融合也成为实现乡村振兴的重要方式和有效路径。在乡村振兴战略大背景下,解决好乡村层面的文旅融合,对发展乡村产业、传承乡村文化、改善乡村风貌、提升村民收入等有着巨大作用。

13.1.2　乡村文旅融合赋能联动三产协同发展

乡村文旅融合的思维和模式,以循环农业、创意农业、农事体验等为基本依托,推动旅游与农产品加工、特色产品开发、文化、体育、康养等产业进行融合,使第一、二、三产业相互关联、形成链条、深度融合发展,逐步构建起一个多业并举、有效增值的农业、文化、旅游产业综合体。因此,乡村文旅融合既可以推进环境建设、实现生态宜居、提升乡风文明、构建有效管理组织,又可以促进农村第一、二、三产业融合。

13.1.3　乡村文旅融合赋能乡村旅游内涵创新

文旅融合发展有利于形成特色化的旅游物理空间。乡村文化融入乡村田地、屋舍,可以提升乡村资源的价值,提高乡村文化的可视度。文旅融合发展有利于形成文明开放的旅游文化空间。文旅融合发展能够充实乡村文化内涵,提高村民的文化自信,培育文明新乡风,形成文明开放的旅游氛围。文旅融合发展有利于形成充满活力的旅游经济空间。乡村文旅融合能够借助文化盘活现有的乡村资源,提升乡村原有产品品质,创造新的旅游吸引物。

13.2　助推浙江省乡村文旅融合的思路

乡村文旅融合将文化和旅游相互结合,在展现美丽乡村面貌的同时,实现经济效益和社会效益的统一。本研究基于大量的案例研究,结合对浙江省多年来美丽乡村建设经验的总结思考,提出"1＋4"乡村文旅融合发展思路。

13.2.1 找准一个切入点

文化是最关键的切入点,从不同的角度深入挖掘素材资源,根据各个地域不同的传统文化、历史文化、当代文化,打造具有差异性的文旅项目,给予游客们真实的风土人情体验。

13.2.2 树立四种思维模式

一是产业化思维,完善乡村文旅融合产品体系。创新乡村文旅特色产品体系时,要基于农村绿水青山、田园风光、乡土文化等资源,重点突出休闲度假、旅游观光、养生养老、创意农业、农耕体验、乡村手工艺等多产业融合创新,构筑乡村旅游引领的复合型产业链条,激活乡村产业经济造血功能。二是全媒化思维,转变乡村文旅融合营销模式。运用"互联网+"的新模式,通过乡村文旅 O2O 模式,实现线上线下紧密结合的营销推广。除加强政府领导组织、规划、宣传、推动外,要借助自媒体、短视频、直播等平台优势进行形象宣传,以提升知名度和影响力。三是标杆化思维,加强乡村文旅融合服务管理。认定一批规划策划(设计)完善、文化特色鲜明、互动体验性强、综合带动力大、市场前景良好、消费者评价高的乡村文旅融合示范项目,及时总结文旅融合成功的经验与模式,并予以重点扶持和示范推广。树立标杆化思维,紧抓文旅融合服务管理,提升文旅融合的质量效益。四是生活化思维,推进乡村文旅融合基础建设。统筹使用各级专项资金和各项涉农资金,支持一批带动性强、辐射面广的乡村旅游基础设施建设改造项目。加快各地计划内旅游公共服务设施建设进度,如乡村停车场、交通驿站、标志系统、乡村公厕、垃圾和污水处理等设施。加快推动智慧旅游基础设施建设,扩大宽带通信、移动互联、无线网络及监控摄像头等设施覆盖面。

13.3 助推浙江省乡村文旅融合的对策建议

13.3.1 深挖乡村文化资源,增加乡村文旅融合厚度

文化是乡村文旅融合的灵魂,因此要在保护传统文化的基础上,做好文化的挖掘与开发工作。一是充分挖掘乡村传统文化要素。具有地方特色的地形地貌、水域景观、特殊气象、历史遗址、传统饮食、传统服饰、民俗节庆、名人轶事、故事传说、文化记忆等都可以作为乡村文化挖掘的对象,要将这些元素中的文化成分进行串联,形成富有乡村特色的乡村文化体系。二是重视优秀乡村文化的传承。一方面,要增强对乡村传统文化现实意义的解读,将乡村传统文化用现代人易于接受的方式来表达,拉近本土文化与游客的距离;另一方面,要提高乡村传统文化的曝光度,吸引本村或外来有兴趣者学习,培养优秀的乡村文化、乡村手艺传承人。三是提高乡村文化的旅游化开发程度。充分利用乡村文化礼堂集中展示乡村优秀文化成果,培养乡村文化解说员,通过乡村文创产品、乡村音乐节、民俗表演、乡村文化体验等形式提升乡村文化可视度。

13.3.2 优化文旅产品结构,加深乡村文旅融合程度

产品是乡村文旅融合的载体,因此要强化乡村产品体系建设,不断延伸乡村文旅产业链。一是做精乡村文旅融合基础产品。增强文化在民宿、餐饮、乡村景观等基础旅游产品中的渗透力度,民宿外部设计尽量保留传统民居特色,内部装饰融入更多当地特色元素;使用带有当地文化符号的餐具,宣传当地风味美食;增强乡村文化景观设计与改造力度,通过墙绘、户外展览等方式,在乡村建筑、乡村景观中渗透文化元素。二是做优文旅融合衍生产品。开发实用性与美观性兼具的文创产品,促进文化资源与现代消费需求有效对接。同时,严格筛选产品生产商,保证文创产品质量的稳定性,推动文创产品可持续发展,并与设计公司或艺术院校合作,提高文创产品设计

水平。三是提高文旅体验产品比重。在原有产品体系的基础上,增设乡村文化讲堂、深度农耕、手工艺作坊等体验性项目,提高游客参与度,优化乡村文旅产品供给结构。

13.3.3 创新文旅营销方式,扩展乡村文旅融合广度

营销是推广乡村文旅融合成果的重要途径,因此要结合乡村实际,选择适当的营销组合路径,打响乡村文旅融合品牌。一是转变乡村营销方式。突破乡村的地域局限,以项目或景观为导向,结合自媒体、短视频等途径,打造乡村爆款。同时,通过长期的项目带动,培养固定的粉丝群,节省营销成本,借助会议接待、研学接待、综艺录制等方式,提升乡村知名度。二是重视乡村文旅 IP 营销。通过举办创意设计大赛,面向社会征集乡村主题 IP、特色产品 IP 等,并将可视化的 IP 符号通过新媒体传播。三是打造乡村文旅营销平台。整合各省市乡村旅游信息,以省市为单位建立集信息发布、住宿预订、项目预约等功能于一体的综合性宣传平台,改善乡村信息碎片化、乡村与游客信息不对称的现状。

13.3.4 构建共建共享发展机制,增强文旅融合强度

共建共享的发展机制是乡村文旅融合的保障,乡村需要借助乡村发展机制联通政府、村民与社会各界,保障人才通道通畅,资金渠道稳定。一是创新合作参与机制。完善农民参与机制,鼓励农民以土地、林权、技术、手艺、资金等入股乡村文旅项目;优化外部企业对接机制,成立乡村项目对接小组,公开招标信息,以项目促合作;鼓励社会企业与乡村合作社、家庭农场、农户合作,提升农产品附加价值。二是优化资金引进机制。管理部门要优化扶持政策,加大对社会资本牵头的乡村建设项目的财政补贴力度和贷款补助力度;成立乡村发展基金,鼓励社会人士、企业家积极捐款。三是明确收益分享机制。规范合作形式,落实合同签约制度,保障农民利益;推进村民"基础收入＋股份红利"的收入机制,保障村民既有稳定的农产品、餐饮、住宿收入,又有旅游项目分红收入。

推动浙江省山区 26 县文旅产业跨越式高质量发展的对策建议①
——基于开化县的实践与启示

2021 年 3 月,浙江省发展改革委、省文化和旅游厅等 6 部门联合印发的《关于加快推动山区 26 县旅游业高质量发展的意见》明确指出,要通过 5 年努力,完成 4000 亿元文旅投资,推动旅游业成为山区 26 县当地国民经济的主导型产业和助力富民增收的主渠道。进入新发展阶段,面对"建成诗画浙江大花园最美核心区""全国绿色发展先行标杆"的战略目标,文旅产业已然成为推动 26 县跨越式高质量发展的重要路径之一。建议山区 26 县以文旅融合为抓手,聚焦业态创新、品牌打造、山海协作等重要环节,推动山区文旅产业高能级跃迁和高质量发展。

14.1 开化县文旅融合助推生态经济、富民经济发展的经验和举措

2016 年,习近平总书记在调研考察衢州市开化县时,赞誉"开化是个好地方"。依托"华东绿肺""钱江源头"等优势生态资源和"根雕艺术"等文化

---

① 本文发表于《浙江政务信息(专报)》2021 年第 557 期,获浙江省常务副省长陈金彪、副省长成岳冲同志批示。作者:易开刚、厉学芹。

资源,开化县充分发挥文旅融合优势,建立了"工业围绕旅游快转型、农业围绕旅游调结构、康养围绕旅游强功能"的大文旅产业格局,成功实现"三、二、一"产业结构调整。2020 年,开化县全年生产总值 150.5 亿元,位居山区 26 县前列,其中旅游收入 87.8 亿元,占比 58.34％;业已建成 1 个国家级 5A 景区、2 个国家级 4A 景区、8 个 3A 级景区、1 个 2A 级景区,省 A 级景区村庄 203 个,荣膺国家生态县、国家重点生态功能区、国家首批生态旅游示范区、美丽中国示范县、中国休闲小城、中国天然氧吧、全国休闲农业与乡村旅游示范县等多个称号,走出了生态立县、文旅融合发展的特色富民道路。

14.1.1　创新意识强,举措落实快

开化县于 1997 年在全国率先提出"生态立县"发展战略,先后建成全省首个省县联通大数据中心,推出全国首个县域级文旅 IP"十四五"建设与发展规划。

14.1.2　战略定位高,专项扶持准

开化县定位文旅产业为县域经济战略性支柱产业和引擎产业,出台《加快文化旅游产业发展若干政策》等专项扶持文件,在战略层面上统揽文旅产业体制机制运行、优势资源配置。

14.1.3　以文旅为统筹,开展全国"多规合一"试点

2014 年,开化县入选全国 28 个"多规合一"试点市县之一,以文旅为导向,开展"多规合一"规划编制,将开化整个县域作为完整旅游目的地进行整体规划布局、综合统筹管理、一体化营销推广,真正实现"一本规划"统领、"一张蓝图"指引。

14.1.4　把共建共享作为核心目标

大力推进"美丽县城、美丽集镇、美丽乡村、美丽田园"的四美城乡建设,努力将文旅业态从单一的"风景好"向深层次的"服务好"转变。

14.1.5　成立"1"个机构

发挥文旅方牵头抓总作用,牵头各相关部门、各个乡镇全面配合文旅工作,形成"大文旅"实现"大管理"。

14.2　以文旅融合为抓手,推动山区文旅高质量发展的五点建议

14.2.1　集资源优势,强业态创新,做好"山"字新文章

面对国内市场需求释放、文旅消费迭代升级、区域一体化加速推进、出行交通圈加快建成等机遇窗口期,山区 26 县更应持续放大生态优势,聚焦特色优势、整合有限资源,树立"大文旅"的视野和境界,让文化成为产业的支撑,为旅游注入灵魂的传承,构建新消费市场、新应用场景、新发展空间。第一,换一种眼光看家底,立足自身优势,做好"山"字文章。开化县牢牢把握"钱江源"区位优势,融合根雕、开化纸、美食等非遗资源,打造文旅亮丽名片"一个被习近平总书记点赞的好地方,一个只有雾没有霾的地方,一个可以用矿泉水洗澡的地方,一个被 5A 级景区重重包围的地方,一座可以吃的休闲小城"。第二,换一种玩法挖资源,深度开发市场,拓宽发展空间。开化县用工业的理念发展旅游,构建"一心一线十区块"文旅产业新布局,将根宫佛国打造成千万级龙头景区,把金溪画廊打造成浙西最耀眼的旅游带,将十大典范村打造成最有特色的旅游村,丰富不同旅游市场消费需求。第三,换一种思路做产业,延伸产业链条,打造新兴业态。开化县积极开展省文旅消费城市试点,做好"文旅+""+文旅"工作,创新发展休闲度假游、美食旅游、夜间旅游、研学旅游、体育休闲、养生养老等旅游业态,使钱江源国家公园、开化根宫佛国文化旅游区成为"绿色中国自然大课堂研学基地"。

14.2.2　重品牌打造，广宣传推介，提升文旅 IP 影响力

品牌是推动文旅产业高阶化的关键路径，山区 26 县在文旅品牌打造方面已开始形成区域品牌意识，例如"丽水山耕""衢州有礼"等，下一阶段应以更大格局打造"山区 26 县"整体文旅品牌，系统谋划游线和服务；应以更细思维做好文旅 IP 体系设计，扩大 IP 延展力；应以更新手段搭建文旅宣传平台，为山区 26 县做好整体推介和新媒体引流。第一，在文旅 IP 设计上花"大心思"。注重文旅 IP 规划和设计，推动文旅 IP 成为山区 26 县旅游产业转型升级的强内核。围绕"国家公园、钱江源头、根宫佛国、养生开化"旅游品牌，开化县以"有根有缘有味道，开化是个好地方"为主 IP，创新设计了根雕、美食等系列子 IP，使品牌特色更为聚焦。第二，在文旅营销推广上下"绣花功"。开化县每年举办"长三角国民休闲节"和"根艺文化节"，全面打响"开化是个好地方"主品牌。做深长三角，走进京津冀，面向全中国，不断拓展开化旅游市场，持续打响千万浙江人畅游钱江源、旅游专列、钱江源国家公园马拉松赛等旅游推介品牌。第三，在文旅服务优化上打"攻坚战"。开化县持续加大投入，不断完善旅游交通、旅游住宿及购物街、美食街、集散中心等配套服务设施。设立"疫"后旅游餐饮行业重振专项经费 200 万元，推出 300万元的旅游消费券，开启全民免费旅游时代。

14.2.3　让数字说话，用科技赋能，加快智慧文旅新步伐

在数字化改革大背景下，山区 26 县应加快文旅产业数字化应用步伐，打通 26 县之间的文旅数据，实现文旅市场共建共享，构建数字文旅大格局。第一，"大数据＋平台管控＋网格员"促进政府效能提升。开化县以文旅融合为理念，充分利用大数据、云计算、移动互联等技术，在项目建设基础上，梳理文旅核心数据与业务，加快文旅内部业务与产业深度融合，构建覆盖地区的文旅产业运行监测体系。第二，"大数据＋平台营销＋网红经济"带动文旅产业发展。开化县以数字经济带动产业发展为目标，促进文旅企业数字化转型。优化"码上趣开化"平台界面，增设"食在开化""游在开化""宿在开化""美在开化""非遗开化"等专栏，在平台上立体介绍开化的美食、美景、

美宿,及时发布消费者关心的一手信息,让游客更直观便捷地了解和享受开化的旅游资源和优质服务。同时,平台入驻的近千家企业定期推出优惠活动,利用抖音等网红平台增加营销渠道,实现企业和消费者共赢,助推全县文旅体企业数字化转型,带动全县数字经济发展。第三,"大数据＋主客共享＋惠民服务"提升游客体验感受。开化县将景区周边的旅游厕所、停车场等旅游服务设施和标志通过手机互联让游客感知,整合线下文旅体公共服务资源,打通线上线下咨询、查询、导游、导览等服务,发布各个景区宜游指数,方便游客提前制定行程路线,更好地实现智慧旅游。

14.2.4　深山海协作,协多元力量,合力构建文旅共同体

在新发展阶段,山区 26 县应进一步深化山海协作,加快打造山海协作工程升级版,推进文旅领域的高端要素协作;同时,以山区 26 县美丽的山水环境、相对优惠的财税手段和柔性灵活的引才思路招商引资引智,吸引四大都市圈的研发机构、科创基地和转化项目生根落户。第一,加强在文旅领域的山海协作,共建文旅共同体。开化县与桐乡市紧密开展协作共建工作,成立"开化—桐乡"山海协作生态旅游文化产业示范区,并于 2015 年被正式命名为省级山海协作产业园。第二,柔性引智,通过"26 县文旅智库"等形式为山区文旅发展出谋划策。2019 年 7 月,开化县成立文化旅游智库,成为文化旅游业发展的思想库、智囊团。第三,柔性引资,引进品牌旅游企业。推动山区 26 县编制规范化的《招商手册》《招商指南》,创新招商方式,吸引乡贤回归。开化县完善文旅项目决策咨询机制,编印文旅招商手册,完善文旅产业发展政策,对接根缘小镇、国家公园小镇招商,推进美食商业化合作等项目落地。

14.2.5　促全民参与,活山区就业,营造共建共享新格局

依托文旅产业发展,山区 26 县要真正助力当地百姓安居乐业,通过文旅多元发展,例如民俗活动、农家乐经济或民宿经济,助推多层次就业岗位提供,尤其要推动核心景区与周边村子的乡村振兴、百姓的增收致富形成良性互动,实现"人人有事做、家家有收入"。第一,指导乡镇挖掘地域文化资

源,举办多种民俗文化旅游活动,以喜闻乐见的形式推动百姓参与。开化县在各个乡镇都设置了文旅办,明确将吸引县外游客数量作为重要考核指标,倒逼各乡镇拼创意、拼效益,形成"月月有主题,周周有活动,次次有亮点"的"文旅融合"活动新常态。第二,充分发挥民众智慧、民众力量,解决人才资源缺乏问题。如开化县文旅部门广泛动员全县文艺爱好者,组成开化国家公园艺术团,逐步传承打造出一支优秀、专业的文艺演出队伍。第三,完善基础设施,保障公共服务,让生态经济致富百姓。开化县华埠镇发展生态旅游带动农民增收,养殖场变身花牵谷,有景区、有游客、有市场,促进在外打工的村民回乡就业。

15

浙江省建设美丽中国先行示范区的路径选择①

2020年8月,浙江省发布《深化生态文明示范创建,高水平建设新时代美丽浙江规划纲要(2020—2035年)》(以下简称《规划纲要》),系统谋划和部署未来15年浙江省建设美丽中国先行示范区的总体战略和实施路线图。本文在调研的基础上,总结分析了当前浙江省建设美丽中国先行示范区面临的问题,提出了"十四五"期间深度推进美丽中国先行示范区建设的新理念与新路径。

15.1 浙江省美丽中国先行示范区建设尚存不足

15.1.1 生态示范区绿色产业集聚模式有待完善

通过规模效应和知识溢出效应,产业集群在促进企业创新和提升区域产业竞争力方面发挥了重要作用。但调研发现,产业集聚甚至绿色产业集聚区也存在比较严重的环境生态污染问题。如衢州绿色产业集聚区定位于打造浙江省绿色发展示范区,以氟化工、硅化工、金属制品业、特色石化材

---

① 本文发表于《浙江社科要报》2021年第24期(总684期),获时任浙江省委书记袁家军、时任省长郑栅洁同志批示。作者:易开刚、厉学芹、傅嘉艺。

料、新材料等产业为主导,生物化工、环保产业等新兴产业同步发展,但在
2020 年 9 月 9 日至 13 日,中央第三生态环境保护督察组下沉督察时发现,
该绿色产业集聚区污水处理厂长期超标排放,且有大量固体废物违法堆存,
严重污染了地下水,污染问题长期得不到解决。

15.1.2 "绿水青山就是金山银山"价值转化通道有待进一步深化和打开

浙江省共有湖州市、衢州市、安吉县、丽水市、温州市洞头区等 5 地入选
生态环境部"绿水青山就是金山银山"实践创新基地,安吉县、江山市、宁海
县入选文化和旅游部首批 71 个国家全域旅游示范区,入选数量均是全国最
多的省份,但在"绿水青山就是金山银山"价值转化的实践过程中仍存在一
些问题。一是存在对现有模式生搬硬套的现象。乡村旅游、乡村养老、绿色
农产品等转化模式,在省内都能找到成功典范,但是很多乡村资源利用与转
化模式单一,过度同质化,造成恶性竞争。二是发展存在偏重短期效益而造
成过度消耗资源现象。有的地方在乡村基础设施建设到位后,开始搞网红
打卡地等无实质内容和联结效应的一次性消费景点建设,急于将乡村资源
"变现",而忽视了相关配套、后期管护机制等问题,导致资源无度消费以及
先发展后治理的隐患。

15.1.3 数字技术助推环境治理的作用有待落实

目前,在生态环境治理层面,数字技术的深度应用暴露出不足。以"生
态云"为主要载体的全省一盘棋、平台共建、数据共享的数字化生态治理体
系尚未形成,"线上+线下"联动机制还没有建立。政府借助"生态云"平台
及时准确地把握生态环境,在最短的时间制定合理的治理改进方案,但在环
境治理的监管层面,尚未实现数字化的广泛应用。土壤生态环境数字化、信
息化、智慧化监管系统体系尚未彻底形成,对重点监管企业的实时、可视化
智慧监管、建设用地开发利用全生命周期的"云端"联动监管,以及地下水污
染防治、农村生活污水治理的智能研判、精准管控尚未实现全面覆盖。

15.2 浙江省美丽中国先行示范区建设的路径研究

15.2.1 以优化顶层设计为抓手,科学架构"美丽浙江"示范区建设体系

建议进一步科学架构"有规划先行引领,有方案细节落实,有规定过程控制"的美丽浙江建设体系,深度实践一张蓝图绘到底。在规划层面,"十四五"期间,浙江省应在"十四五"规划纲要指导下,推动编制"美丽浙江"专项规划,系统设计美丽浙江建设指标体系,切实将生态文明、绿色发展等美丽要素融入发展目标、原则、路径、保障中。在方案层面,编制"美丽浙江建设重点任务分工方案"等文件,分阶段、分层次、分力度推进重点工作;制定更加严密可行的建设政策,进一步深化工作责任制,完善考核制度,严格考核机制,建立美丽浙江建设长效机制。在规范层面,应深入实施"过程管理",制定环境治理、乡村建设具体领域的规定办法,详细指导生态保护的工作规范和细节标准。

15.2.2 以聚焦绿色产业为引擎,有力推进"美丽经济"价值创造

建议将绿色基因植入产业发展的"全链条"和企业发展的"全环节"中,通过"产业链重构＋价值链重构"的双重路径实现全产业美丽现代经济发展。从产业链的重构看,要跳出传统产业,发展绿色无污染产业、科技高精尖产业,从源头保证绿色发展。按照"高起点发展数字经济、高水平提升现代生态农业、高质量打造全球先进制造业基地、高标准推进生态服务业"建设方向,重塑产业结构,推动新旧动能转换。把发展绿色产业作为招商引资的底线和重点,重点推进文化、旅游、健康、养老、体育等民生幸福产业发展,推动绿水青山的资源优势转化为经济社会的发展优势。从价值链的重构看,推动制造企业技术迭代、模式升级,打破加工生产环节的"低端锁定",消除对生产要素的"路径依赖",保证对生态环境的尊重和低伤害甚至无伤害。一方面,鼓励企业"做加法",着力向研发设计、品牌营销等价值链高端环节

延伸,推动企业绿色升级;另一方面,鼓励企业"做减法",通过技术创新实现制造环节的轻型化、环保化,推动企业蝶变重生。

15.2.3 以数字科技赋能为支撑,持续提升"美丽浙江"建设保障

在技术保障方面,以"治理+监管"相结合的方式,加强环保等领域关键共性技术的攻关,构建环保科技创新体系,为水、气、土等环境质量的改善提供环保技术支撑,例如应用技术改造推进火电、热电行业烟气超低排放治理。进一步充分运用遥感、地理信息等技术赋能污染源、资源环境承载力等在线监测监控,提升环境监督管理的智能化水平。在机制保障方面,以"激励+惩戒"相结合的方式,继续优化以负面清单为依据的政绩考核和责任追究机制,完善以环境准入为依据的守信激励和失信惩戒机制,全面实施主要污染物排放总量财政收费制度,健全绿色发展财力奖补机制。

15.2.4 以强化上下联动为推手,切实发挥"建设主体"协同力量

建议系统构建以政府部门为主导、以基层组织为主体、以社会力量为补充的"纵向联动+横向协同+全域合作"的网络化体系。第一层是省、市、县三级联动的纵向网络。建立美丽浙江建设工作专班,负责对市、县建设工作的指导、协调、监督、服务,并协同省级相关部门密切配合、各级政府逐级分解落实建设责任。第二层是多元社会主体协同的横向网络。构建政府、企业、社会组织三极的社会生态结构,充分发挥其环境监测等方面的重要补充作用。如"河长制"便是美丽浙江建设中"政府主导、部门联动、全民参与"的实践创举。第三层是核心区域合作的全域网络进一步落实《关于支持长三角生态绿色一体化发展示范区高质量发展的若干政策措施》提出的要素流动、服务创新、共建共享、组织保障等22项政策措施,助力区域生态绿色一体化发展。

15.2.5 以生态文化实践与教育为载体,传播"美丽浙江"文明好声音

建议继续加强生态文化实践基地建设,在基地数量、质量上发挥示范先行作用。创新生态博物馆、自然学校等形式,将生态文化实践基地建于城

镇、乡村、社区等载体中。例如,余杭区青山村依托自然生态,建成"青山自然学校",该项目由阿里巴巴公益基金会与万向信托、大自然保护协会联合发起善水基金信托,引入国际水基金模式,在青山村龙坞水库探索乡村小水源地保护,成为乡村生态文化实践基地建设的典型案例。在实践基础上,要加强生态文化思想的宣传,加强生态文明教育内容在课程设置、社会实践、校园活动等环节的充分融入,加强全媒体的常态宣传,继续用公益广告、电视电影等公众喜闻乐见的形式进行生态文明知识传播,提升全民生态文明认知水平。

16

抓紧推进国家公园体制从"形态之治"向"内容之治"转变①

　　我国在 2021 年 10 月,联合国《生物多样性公约》第十五次会议 (COP15)缔约方大会上发布国内首批国家公园名单,这标志着我国正式迈入国家公园时代。为做好《国家公园法》等相关政策支持研究工作,2021 年 2 月至 4 月,接生态环境部调研函,张海霞教授率领国务院发展研究中心、中国科学院地理所北京天恒可持续发展研究所等机构专家组成的调研组,赴钱江源、武夷山、香格里拉普达措、东北虎豹、海南热带雨林、三江源等国家公园实地开展生态环境部"GEF 中国国家公园体制研究"课题调研。2021 年 5 月 12 日,自然资源部国家公园办、国家林草局(国家公园管理局)、国土空间规划局等部门的 13 位专家在民盟中央委员会召开了专题成果论证会。与会专家和课题组一致认为,我国国家公园体制改革亟须从划界确权的"形态之治",向兼顾保护与利用的高质量"内容之治"转变,在"人与自然和谐共生"这一全球议题上充分体现"中国智慧"。

---

① 本文作者:张海霞、苏扬。

16.1 存在问题

16.1.1 国家公园仍存在"天窗社区"现象，一定程度上制约了我国生态文明高质量发展进程

调查发现，一些国家公园以"生态保护"之名，将本土居住民视为与自然对立的干扰因素，硬性实施空间剥离。如，为解决保护地内原住居民人口社区发展问题，海南热带雨林国家公园总体规划将 5 个大型原住居民集聚区以"天窗社区"的形式划出了规划范围，将生态治理与社会治理简单直接剥离，属于狭隘的生态文明观体现在国家公园生态保护中的行为，本土居民生产生活出行方式严重受限，加剧了"返贫"风险，与共同富裕中央文件精神背道而驰。另外，多数国家公园原住居民，包括搬迁到城镇集聚的原住居民，生计替代措施保障缺乏。

16.1.2 国家公园自然资源资产国家所有者主体虚置，中央与地方权责不清、历史遗留问题仍然突出

调查显示，香格里拉普达措国家公园的迪庆州旅游集团、神农架国家公园的神旅集团、武夷山国家公园的武夷旅游发展集团公司等地方国资企业，长期掌控国家公园及周边项目开发并开展垄断性经营活动，门票、交通服务类项目利润空间高达 90％，然而企业财务报表上却连年亏损。按照现行法律法规，从项目审批、定价到质量监督，地方国家公园管理局都不是法定职能部门，不具备自然资源资产管理所有权，要开展国家公园特许经营活动仍存在体制性障碍。同时，地方国家公园管理局对引入市场竞争机制，推动生态产品价值转化创新的理解不足，在历史遗留问题未解决的情况下，个别国家公园管理局还出现非市场化的"特许"经营行为。

16.1.3 国家公园野生动物增长迅速,人兽冲突不断升级

中共中央自推进国家公园体制改革以来,各地野生生物种群增长迅速。三江源国家公园的标志性物种藏羚羊从 2 万只增长到 7 万多只,顶级旗舰物种雪豹从"罕见"成为"常见";东北虎豹国家公园中有 10 个东北虎定居家族、7 个东北豹定居家族。由于种群扩大带来的人兽活动空间趋同重叠,野生动物种群活动对居民生产生活的侵扰越发频繁,人兽生态稳定的新风险加剧。虽然政府出台了人身财产损失补偿与家畜保险基金等政策,但实际上又面临着损失认定难、补偿资金不足等问题,人兽冲突将会随着野生动物种群数量增加而不断升级。

16.1.4 国家公园公益性形象宣传滞后,群众认同度不高

调研发现,武夷山国家公园、神农架国家公园、香格里拉普达措国家公园均存在相当程度的国家公园景区化现象,国家公园公益性服务缺位明显。访客与居民对国家公园的概念和全民公益性的价值认知普遍模糊,与建设"让人民群众满意的国家公园"目标尚有距离。

16.2 有关建议

一是建议重新调整部分国家公园的生态红线。自然资源部继续推进实施精细化管理,允许在资源环境可承载范围内,尊重原住居民需求,开展合理方式、合理规模的人类活动;尊重国家战略需求,研究永久基本农田、镇村、矿业权逐步有序退出的补偿制度,建立生态红线范围动态调整机制,严格限制国家公园内的天窗现象。

二是建议在即将出台的《国家公园法》中,明确自然资源主管部门具有代表统一行使全民所有自然资源资产所有者职责,探索委托省级和市(地)级政府代理行使自然资源资产所有权的资源清单和监督管理制度。

三是建议自然资源部、生态环境部等相关部委尽快推动中国特色国家

公园特许经营机制的顶层设计,完善国家公园生态产品价值实现机制,出台国家公园特许经营管理办法。

四是建议尽快健全自然—人—动物的冲突处理机制。自然资源部加快推动建立国家公园人兽冲突保险基金、损失赔偿基金;完善基于社区的侵扰补偿与监督机制;建立侵扰补偿信息管理平台,推进出险与赔偿信息公开化。

五是建议牢固树立国家公园全民公益性形象,将打造国家标志性的自然教育、生态体验服务项目作为国家公园建设标准的关键内容。